日本古代の文字と表記

沖森卓也著

吉川弘文館

目次

第一章　漢字の伝来と受容

第一節　漢字の受容

一　文献に記された漢字の伝来

漢字が日本列島に伝来する以前に、固有の文字が存在していたということは現在では信じるに値しない。日本に固有の文字があるという考え方は、卜部懐賢（兼方）の『釈日本紀』（文永十一年〔一二七四〕〜正安三年〔一三〇一〕頃成る）に見えるのが最も古い。その記事には、漢字の伝来は応神天皇の時代であり、それ以前の神代に「和字」が起こっていたと記されている。その「和字」が「伊呂波」（仮名）となったとも述べているが、その「和字」が具体的にどのようなものであるかについては全く触れられていない。このような、神代にあったとする文字のことを「神代文字」と称するが、それらはすべて後世の偽作である。

その理由としていろいろと指摘できるが、まず固有の文字とされる現物の資料として奈良時代以前のものがなく、それらは江戸時代中期以降に至って、平田篤胤の「日文《ひふみ》」、鶴峯戊申の「天名地鎮《あないち》」などがようやく見えるにすぎない。このような神代文字は、「日文」がハングルに基づく偽作であることが一目瞭然であるように、多く表音文字であって、文字の発達段階から見て、表音文字は表語文字（表意文字）よりも後のものと認められる。そして、そこに反映されている音韻は、イロハ四七音もしくは五十音図による五十音を書き分けるという域を出ないもので（これらに「ん」が加わる場合もある）、奈良時代以前に見られる「上代特殊仮名遣い」(1)に合致していない。さらに、漢字伝来以前に日本には固有の文字が存在しなかったことから、万葉仮名によって日本語の音節が表記され、平仮名・片仮名が作り出されたものであることはすでに明らかである。そもそも、数多くの相異なる神代文字が唱えられていること自体、その存在を疑わせるものであって、それによって記述された内容も顧みるに値しない。したがって、漢字伝来以前に日本に固有の文字がなかったと見る以外にないのである。

ところで、『釈日本紀』に漢字の伝来が応神朝であると記されているのは、次のような記事に基づくものである。『日本書紀』応神十五年八月丁卯条によると、百済の王が阿直岐を遣わして、良馬二匹を貢進した。阿直岐は経書・典籍をよく読むことができたので、太子である菟道稚郎子がこれに師事した。この阿直岐に、あなたより秀でた博士がいるかと質問したところ、王仁というすぐれた者がいるというので、使者を遣わして王仁を招聘しようとした。そして、翌十六年二月条には王仁が来朝したことを記し、太子菟道稚郎子が師事し典籍を習ったところ、通暁しないことがなかったというのである。この内容は、『古事記』中巻応神条にも、百済の照古王が和邇吉師を遣し、『論語』一巻、『千字文』十巻をもたらしたと記されている。この応神十六年は書紀の述作によれば、西暦二八五年に相当する。しかし、「照古王」とは『三国史記』に近肖古王（三四六〜三七五年在位）とある百済第十三代の王のことで、これでは年代が照合しない。そもそも、書紀の述作は干支を二巡繰り上げるという操作を施したものと見られ、応神朝とは四世紀末から五世紀初め頃とするのが穏当である。その理由としてはいろいろと挙げられるが、この前後の出来事でいえば、『日本書紀』では応神三年是歳条に、百済の辰斯王が倭国に友好的でなかったため、紀角宿禰・羽田八代宿禰などを百済に遣わしたところ、百済は辰斯王を殺して、阿花王（『三国史記』には「阿莘王」とある）を即位させたと記す記事がある。この応神三年は干支を二巡繰り下げると、三九二年に相当する。一方、『三国史記』巻二十五・百済本紀・辰斯王八年条に、七月に高句麗王談徳（好太王）が兵四万を率いて百済を攻めてきたこと、十一月に辰斯王が死んだこと、それを受けて阿花王が即位したことが述べられている。また、高句麗好太王（広開土王）碑文にも、倭の軍隊が辛卯年に海を渡り、百済などを破ったと記されている。辰斯王八年は三九二年、辛卯年は三九一年に相当することから、これらの比定の年次はほぼ一致し、互いの記事が符合するのである。したがって、応神朝とは百済の阿花王、高句麗の好太王（広開土王）とほぼ同時代であり、その五世紀初頭に漢字が伝来したというのが記紀の記すところとなる。古代文献による漢字の伝来はこのような理解に基づくものであって、『釈日本紀』の記述もそれを反映するものである。

ただ、このような漢字伝来の記事はその間の事情を象徴的に示すものであって、もちろん史実そのものとは信じられない。応神紀では、応神十四年是歳条に秦氏の祖である弓月君、同十五年には阿直岐史の始祖である阿直岐、同十六年には西文氏の始祖である王仁、同二十年には倭漢直の祖である阿知使主が渡来するという記事が続くが、これらは百済など朝鮮半島から、高い技能を有した人々がこの時期に相当多く渡来したことを物語るものである。そのなかに文章作成を専門とする、東文（倭漢書）氏と西文（河内書）氏とが含まれていることは、漢文による本格的な文章作成がこの頃に始まったことを裏付けるものであろう。

また、『日本書紀』履中四年八月戊戌条には諸国に「国史」を置いたという記事が見えるが、これは漢籍による潤色であって、国々に記録をつかさどる書記官が実際に置かれたかどうかは不明である。ただ、次第に漢字漢文が地方に広がっていくことを示唆する記事であると言うことはできよう。(2)

さて、四世紀末から五世紀初頭頃に本格的な漢文作成が開始されたことはどのような背景によるものであろうか。それは国家の形成にとって文書や記録の作成が不可欠であったからであり、そのために漢字が本格的に移入されねばならなかったということである。

三一三年に楽浪郡が高句麗によって、翌三一四年には帯方郡が高句麗・百済によって滅ぼされると、朝鮮半島では諸国の動きが活発になり、新羅は三五六年に周辺諸国を統合し、百済も三六九年に高句麗の侵攻を阻止して周辺諸国を平定し、さらに三七一年には平壌にまで勢力を拡大した。これらの国はそれまで漢字圏の埒外にあったのであるが、新たな緊張関係が生まれた四世紀の朝鮮半島において、中国を中心とする外交上、中国文化に通じた人材が求められる一方、また国内でも文書行政において文字すなわち漢字の使用が不可欠になってきた。高句麗では建国（紀元前三七年）後の比較的早い時期から漢字が用いられていて、そこで定着した字音が朝鮮半島における字音の最古層をなしたものと見られるが、それでも安岳三号墳墨書銘に中国から亡命して高句麗に仕えた冬寿が永和十三年（三五七）に死んだ旨が記されているように（韓国古代社会研究所編『訳註韓国古代金石文』一、駕洛国史蹟開発研究所、一九九二年）、当代の最新の漢文能力が求められていることがわかる。このように朝鮮半島では外交上・政治上の要請によって漢字漢文の本格的使用が急速に広がりを見せるのである。百済はさまざまな面で倭国に大きな影響を与えたが、『三国史記』巻二十四・百済本紀・近肖古王三十年条によれば、その百済に漢字がもたらされたのは前記した近肖古王の時代であると記されている。

古記云、百済開国已来未有文字記事。至是得博士高興。始有書記。然高興未嘗顕於他書。不知其何許人也。

この記事は、「高興」なる人物が未詳とあるなど、記述自体やや信憑性に乏しく、唐突な感を免れないが、前述の高句麗と同じような理由で、百済もまた同じ頃に漢文に堪能な人材を得たということを象徴するものと見られる。このように、百済における漢字の本格的移入が四世紀中葉から第3四半世紀にかけてであるとすれば、漢文による文章作成が百済に定着して暫く経った四世紀末から五世紀初頭に倭国に及んでいくのも自然な流れである。漢字の本格的使用が政治的な背景による文章作成の必要性から東アジアを呑み込んでいった瞬間であった。

二　漢字による日本語表記

漢字が日本列島で本格的に使用されるようになった経緯については前述したが、漢字の受容というのであれば、その本格的でない使用や、国外での倭国語に対する漢字使用についても触れておく必要があろう。そこで、まず後者に関して述べておこう。

国内で倭国語と漢字が出会う以前に、その出会いはすでに見られる。「漢委奴国王」と刻まれた金印である。これは『後漢書』東夷伝に「建武中元二年、倭の奴国、貢を奉じて朝貢す。使人自ら大夫と称す。倭国の極南界なり。光武、賜うに印綬を以てす」と記すところの「印綬」に相当すると認められる。最近まではこの金印についての偽造説も根強くあったが、今日では同時代の金印との比較などから実物に相違ないというのが定説となった。したがって、右の金印は、建武中元二年（五七）に倭国の使者に与えられ、日本列島に持ち込まれた実物そのものと認められる。この奴国が倭国の極南界であるというのは、『後漢書』がこれより先に成立した『魏書』東夷伝を参考にして書いたからであって、この国が「儺県《なのあがた》」（福岡市博多区）に相当するものであることは動かない。国名である固有名詞「ワ」「ナ」が「委」「奴」というように字音を借りて記されているのであって、倭国語と漢字の最初の出会いということになる。

このような倭国語の漢字表記は、中国で外国語の固有名を表記する用法に基づくものである（有坂秀世『上代音韻攷』三省堂、一九五五年、一七四頁）。このような用例は『魏書』東夷伝のほか、宋書倭国伝・隋書倭国伝などにも見えるのであるが、ここでは漢字の本格的伝来以前に成立した、いわゆる魏志倭人伝の表記を取り上げておきたいと思う。「伊都国」「末盧国」「邪馬壹国」「卑弥呼」「壹與」「卑狗」「卑奴母離」などの地名・人名・官名が記されているが、従来からこの音訳の表記は中国人または朝鮮人、それとも倭国人が加わっていたのかどうかという点が論議されてきた。有坂秀世（前掲書、一九三～四頁）は、「卑・奴・狗」などの用字から見て、倭国人によるものではなく、中国人による表記であるとされた。これに対して、大野透（『万葉仮名の研究』明治書院、一九六二年、四〇～二頁）は、好ましくない字が用いられているとは言えず、むしろ、暁母［h］（喉音清）の字である「呼」でコ（甲類）を表しているのは中国人（または朝鮮人）ではなく、日本人が音訳者だったからであると反論した。ただ、ヒミコを「卑弥呼」というように、日本語のカ行子音／k／を暁母［h］（喉音清）で表すことは母国語である中国人にはないとしても、はたして朝鮮人にもそれがないと言えるのであろうか。そこで、『三国史記』の次のような地名表記を見てみよう。

日谿県　本熱兮県或云泥兮景徳王改名今未詳　（巻三十四・雑志第三）

杞渓県　本芼兮県一云化雞景徳王改名今因之　（巻三十四・雑志第三）

新羅の三国統一後、七五七年に景徳王は地名を漢語風に改名するが、その新旧の名を併記した一部が右のものである。たとえば、「日谿」は「熱兮」、そして「泥兮」と通じて用いられていることを意味する。ここでは、前者によって「谿・兮」が、後者によって「渓・兮・雞」が互いに相通じていて、結局「谿・兮・渓・雞」が互いに相通することになる。これらは切韻ではいずれも斉韻に属し[3]、同韻であることがわかる。ただし、「雞」は見母（牙音全清）、「谿・渓」は渓母（牙音次清）であるのに対して、「兮」は匣母（喉音濁）である[4]。新羅において牙音と喉音とが相通しているということは、先の暁母［h］（喉音清）の字で日本語のカ行子音を音訳した可能性を示すものであり、おそらく高句麗や百済などでも同様であって、古代朝鮮半島の人々に共通する表記法であったと考えられる。したがって、漢字に習熟した者が倭国人には皆無に近いという状況で、倭国人が『魏書』東夷伝の地名表記に携わったとは到底考えられない。帯方郡（もしくは楽浪郡）の役所において朝鮮人が倭国の地名表記に何らかの関与をしていたと考えるのがむしろ自然である。また、『魏書』東夷伝全体を見れば、朝鮮半島の記事がまず書かれ、その後に倭人条が記されるというように、それらが一連の記述であることからも、そのような推測が補強されよう。朝鮮半島においては紀元前一〇八年に楽浪郡などが設置され、中国文化が流入するとともに、文書による行政も行われたであろう。それは、釜山郊外の茶戸里遺跡から紀元前一世紀後半頃の、柄の両端に筆毛のある筆、ならびに誤字などを削り取る鉄製環頭刀子が出土していることでも明らかである。そして、三世紀代にはすでに一部の朝鮮人に漢文による文章作成が可能となっていたと考えられるのである。

ところで、前記の茶戸里遺跡からは同時に「×」や「V」などといった記号が付された土器も発掘されている（国立清州博物館『韓国古代の文字と記号遺物』通川文化社、二〇〇〇年）。加耶の地域が古来から日本列島と密接な関係にあったことを考えると、土器に記号を付すということもまた朝鮮半島から伝来した可能性が高い。たとえば、高句麗好太王壺杅の上部に記された「◇」は朝鮮半島で出土する土器にも見えるほか、日本でも数多く確認できる（平川南『墨書土器の研究』吉川弘文館、二〇〇〇年）。これは魔除けの記号であって、朝鮮半島から、さらに限定すれば高句麗から日本にもたらされたものと見られている。また、広く一般に土器に記号を付す発想そのものも朝鮮半島から伝来したとも考えられる。そして、そのように土器に付される記号のなかには、ある種の漢字またはそれに類似した記号が含まれていた場合もあろう。しかし、それらは漢字文化という観点から見れば断片的なものにすぎず、言語記号として分節性を有するものではない。先に述べたとおり、漢字の本格的な使用は四世紀末に始まるのである。

三　「形」を中核とする受容

次に、具体的に日本国内の漢字資料について述べることにする。

日本国内で発見された漢字資料のなかで、製作年代が古いと認められるものに、前漢（紀元前二〇二～西暦八年）の舶載鏡の銘文や五銖銭、それに続く新（八～二三年）の「貨泉」、「貨布」などがある。これらは大陸から伝来したり下賜されたりしたものであるが、それらの伝来時期は特定しがたい。これらに対して、前述の「漢委奴国王」の五文字が篆書で印刻された金印が伝来時期の確定する最も古いものである。それは西暦五七年というのが一応の目安である。

倭国が外交上、漢字を読み書きできる人物を擁していたことは想像にかたくない。後漢や魏への使者の派遣から見て、そう考えるのが自然である。その意味で言えば、紀元一世紀後半の日本列島において漢字が使われることはあったであろう。ただし、それは倭国に中国語を理解できる者がいたということであって、いわば中国語の世界が倭国に「飛び地」として存在していたということにすぎない。その時点で漢字は、中国語（漢語）が理解できない、一般の倭国の人々にとって、「線で構成された、描かれたもの」にすぎないのであって、まとまった伝達内容を書き記す「文字」として意識されることはなかったであろう。

たとえば、「景初三年」（二三九年）銘の三角縁神獣鏡（島根県神原神社古墳出土）や、「景初四年」「正始元年」（二四〇年）の銘をもつ中国鏡などが各地で出土しているが、そのような銅鏡には銘文をもつものがある。日本で渡来の鏡を模して製作された鏡を「仿製鏡」と呼ぶが、このなかには、奈良県広陵町新山古墳出土の方格四神鏡や、東京都狛江市亀塚古墳出土の人物画像鏡などのように、銘文の文字が漢字の体裁をなしていないものも多い。このことは、一般の倭国の人々にとって漢字は一種の模様のようなものとして意識されていたことの証左となろう。

ただ、それらは単なる装飾としての模様というだけでなく、政治的もしくは呪術的な権威を象徴するものとしても意識されていた可能性が高い。それゆえ、怠りなく模倣されているのでもある。

このような意識は、次のような銘文を有する刀剣においても、漢字を読み書きできる、ほんのわずかの人々を除いては同様であったであろう。

◎金錯銘花形飾鐶頭大刀（奈良県天理市東大寺山古墳出土）

中平□年五月丙午造作文刀百練清剛上応星宿□□□□（下辟不祥）

二四字が金象嵌されているもので、「中平」は後漢の年号で、一八四〜一八九年に相当する。それ以外の表現は定型的であって、月そして干支を記した後、吉祥句が続くという銘文である。渡来の時期は不明であるが、中国から倭国の王へ下賜されたものであるとすれば、その銘文は一種権威の象徴であったことは疑いない。ちなみに、東大寺山古墳は四世紀後半のものと見られている。これに対して、次の「七支刀」の銘文は文言に具体性を備えており、その意義はさらに明確になる。

◎七支刀（奈良県天理市石上神宮）

泰和四年□月十六日丙午正陽造百練鋼七支刀□辟百兵宜供供侯王□□□□作（表）

先世以来未有此刀百慈（済）王世子奇生聖音故為倭王旨造伝示後世（裏）

刀身の左右それぞれに三本ずつ互い違いに枝刃が出ている剣で、合わせて六一文字が金象嵌されている。「百慈王」の「慈」に相当する字はおそらく「済」の異体字であろう。『日本書紀』巻九・神功摂政五十二年九月丙子条に、百済の王が久氏たちを遣わして、「七枝刀一口・七子鏡一面」などを献上したという記事が見え、また、『古事記』中巻・応神条にも百済の照古王が横刀・大鏡を献上したと記している。その「七枝刀」に相当するのが右の刀であろう。前述したように、百済の照古王とは近肖古王（三四六～三七五年）のことで、また、書紀の述作によれば、神功摂政五十二年は二五二年であるが、干支を二巡繰り下げると三七二年となる。一方、銘文の「泰和」は東晋の年号である「太和」に音を通じさせたもので、その四年は三六九年にあたる。これらの年代およびこの銘文の意義については次のように考えられる。

前述したように、三六九年は百済が高句麗の侵攻を阻止した年（『三国史記』巻二十四・百済本紀第二・近肖古王二十四年九月条）であり、その二年後の三七一年には高句麗領であった平壌にまで攻め入っている（同上・近肖古王二十六年条）。これらの軍事行動にあたっては、百済に対して倭国が軍事協力をしていたように思われるのである。『日本書紀』巻九・神功摂政四十九年三月条に軍を派遣したと記す記事は、百済側の資料に基づく書紀の述作と見られる。このような一連の軍事協力による勝利を記念したのが七支刀の銘文であろう。そのため、その起点となる三六九年、すなわち東晋の年号である「泰和（太和）四年」を銘文表面の冒頭に記し、月・干支そして吉祥句を続けたと解釈される。一方、裏面には、百済の王家がその協力関係を後世にまで伝え示すべく、倭王に刀を造った旨を記したと考えられる（川口勝康「七支刀銘」『書の日本史』一、平凡社、一九七五年）。そして、高句麗を再度撃退した三七一年の翌年に倭国に贈ったとすれば、書紀の述作もあながち架空のものではなく、それがむしろ史実に近いのではないかと見られる。

このように、七支刀が戦勝記念にちなんだ百済からの贈り物であるという状況証拠によって、銘文の意味が理解できなくとも、「漢字（の形）」が政治外交上の権威に関わるものとして意識されたことは明らかであろう。ただ、この銘文は、その記された内容が単なる吉祥句から成る東大寺山古墳出土の銘文と違って、特にその裏面において具体的な記述を踏まえている点で注目すべきである。記述内容が普遍的抽象的な鏡や刀の銘文に対しては興味が湧かないが、自らの事績と密接に関わる、しかも誇るべき内容が記されているとなれば、その内容を詳しく知りたい、銘文自体を読みたい、また人々に読ませたいと思うのも自然であろう。そのような個別的具体的な記述内容に対する興味を引き起こしたという点で、七支刀は日本列島への漢字の本格的な伝来をもたらす先駆けとなったのではなかろうか。王仁の渡来説話に先立つだけに、日本における漢字の受容を考える上でこの銘文の意義は改めて強調しておかなければならない。こうして、百済との緊密な関係のなかで、本格的な漢字使用の機運がいよいよ盛り上がってきたのである。

以上のような国外から持ち込まれた漢字史料とは別に、次に倭国において弥生時代後期から古墳時代にかけて刻書・墨書がなされた史料を見ることにする。

大城《だいしろ》遺跡（三重県安芸郡安濃町内多）出土土器に「奉」もしくは「年」と読める刻書が見える。土器の年代は二世紀中頃のものと推定されており、高坏の表面にへらのような道具で刻んだものである。

三雲遺跡（福岡県前原《まえばる》市）から出土した三世紀中頃とされる甕型土器の口縁部に線刻で記されたものがある。平川南は、他の古墳から出土した五世紀代の銅鏡などを参考にして、これを「竟（鏡）」と判読した。中国で製作された銅鏡の銘文の一部を、漢字と理解することなく、ただそのまま模写したものかと考えられる。

貝蔵遺跡（三重県嬉野町中川）出土の、三世紀頃のものと推定される壺型土器に、「田」のような形の墨書が見られる。現存最古の墨書史料とされるものである。これに隣接する片部遺跡（嬉野町）から出土した土器の口縁部外面にも、「田」のような符号を墨書した、四世紀前半のものが出土している。

根塚遺跡（長野県下高井郡木島平村）から出土した三世紀後半の土器片には「大」と刻まれている。平川南によれば、「二」を終画とする筆順は伽耶の六世紀代の刻書土器と共通するという。

柳町遺跡（熊本県玉名市河崎）の井戸跡から出土した木製短甲留具墨書に「田」のような符号が見える。四世紀初頭の国内産と推定される木製短甲の棒状留め具の裏側に書かれていて、ほかに四カ所、判読できない文字らしい墨の跡が付いている。

このような刻書・墨書の史料が近年続々と発見され、日本での漢字使用の時期を遡らせようとする向きがある。しかし、それは文章の体裁をなすものではなく、漢文を綴る「文字」という意識には達していない段階である。単なる記号・符号の域を出ないもので、前述したように、土器に付された記号や符号のなかには漢字に近いもの、もしくは一部の漢字が含まれていたかもしれないが、それらは呪的な意識、予祝としての意味が色濃く付与されたものと考えられる。言語記号たる漢字を含め、記号・符号の形だけの模写という段階であって、倭国の人々には呪力や権威の象徴として、まずその形がもてはやされていたにすぎない。

そもそも、漢字の有する三つの側面を古くから「形音義」と呼ぶ。つまり、漢字は、字形・字音・字義をもつというものである。言語体系を異にする日本語が日本列島において漢字とめぐりあい、それがどのように受容されたかということを整理する場合、この「形音義」という要素が段階的に深く関わっているように思われ、そのまず最初の段階が「形」の受容であったのである。

四　「音」を中核とする受容

漢字は中国語の文章（漢文）を書き記すものである。前に漢字を読み書きできる人が倭国にいたであろうと述べたが、その段階で漢文を読むとは、中国語で発音して文章を理解するということであり、漢字を中国語音で読んだということに他ならない。それは、あくまでも中国語としての漢字の使用であって、中国語の能力を除外して漢字の使用を想起することはできない。そして、中国語を話すことはできても、漢字でそれを書ける識字層はほんの一部に限られていた。
三七二年に舶来したと見られる七支刀の、倭国と実際に関わるような記述内容は、漢字表記に対する興味を高めたに違いない。また同時に、倭国内においても政治上の必要性から銘文の作成がその頃には求められるようになっていたと見られる。四世紀末から五世紀初頭にかけて第一次の渡来人が大挙日本に渡ってきたが、そのなかには、東文(倭漢書)氏と西文(河内書)氏という漢文作成を専門とする人々の祖先もいることは記紀の記すところである。こうして、国内において渡来人による漢文作成が本格的に始まったのであるが、その後まもなくの五世紀前半に製作されたのが「稲荷台一号墳鉄剣銘」(千葉県市原市)である。

(表)　王賜久□敬□　(王、久□を賜ふ。敬して(安)んぜよ)

(裏)　　此廷□□□□　(此の廷(刀)は□□□)

漢文の体裁を有する日本国内製作のものとしては現存最古である。全体の文意は解しがたいが、おそらく畿内の「王」が奉仕の賞与として鉄剣を授ける旨を記したものかと見られる。漢字を介して王権の発露を具体的に看取できる。

その後、『日本書紀』雄略七年(四六三)是歳条によれば、新たに百済から陶部・鞍部・画部・錦部などの工芸技術者や通訳などが渡来し、「今来《いまき》の才伎《てひと》」と呼ばれたことが記されているが、漢文による文章の作成にも少なからぬ影響を及ぼしたに違いない。それからすぐの時期に製作されたのが『稲荷山古墳鉄剣銘』(埼玉県行田市)である。

(表)　辛亥年七月中記乎獲居臣上祖名意富比垝其児多加利足尼其児名弖已加利獲居其児名多加披次獲居其児名多沙鬼獲居其児名半弖比

(裏)　其児名加差披余其児名乎獲居臣世々為杖刀人首奉事来至今獲加多支鹵大王寺在斯鬼宮時吾左治天下令作此百

錬利刀記吾奉事根原也

《訓読》　辛亥年七月中記す。乎獲居臣、上祖、名は意富比垝、その児多加利足尼、その児名は弖已加利獲居、その児、名は多加披次獲居、その児、名は多沙鬼獲居、その児、名は半弖比、その児、名は加差披余、その児、名は乎獲居。臣、世々杖刀人の首として奉事し来りて今に至る。獲加多支鹵大王の寺、斯鬼宮に在りし時、吾、天下を左治す。この百錬利刀を作らしめ、吾が奉事れる根原を記す。

冒頭の「辛亥年」は四七一年にあたること、「獲加多支鹵」が雄略に比定できること、「大王」号が用いられていることなど、古代史に大きな波紋を広げた史料であることは贅言を要しない。この漢文で書かれた文章は渡来した文章作成の専門家によって作成されたもので、書風の上でも次の「有銘環頭大刀」（東京国立博物館蔵、伝大韓民国昌寧出土）の銀象嵌による銘文と極めて似ていることは改めて注目に値しよう。

……不畏也□令此刀主富貴高遷財物多也

ところで、この銘文には次のように、日本固有語を反映する人名・地名が表音的に表記されている。

乎獲居（ヲワケ）　意富比垝（オホヒコ）　多加利足尼（タカリスクネ）　弖已加利獲居（テヨカリワケ）　多加披次獲居（タカハシワケ）　多沙鬼獲居（タサキワケ）　半弖比（ハデヒ）　加差披余（カサハヤ）　獲加多支鹵（ワカタケル）　斯鬼（シキ）

国内資料で日本固有語が音訳されている現存最古のものであるが、表音的な漢字の用法はすでに『魏書』東夷伝倭人条にも見られたもので、そもそも中国に由来する。これらが『万葉集』に多く見られることから、日本ではふつう「万葉仮名」と呼ばれている。そして、このような万葉仮名のうち、字訓を借りるのではなく、字音を固有語の音節表記に借りるものを「音仮名（借音仮名）」と呼ぶ。(5)

ただ、字音といっても、中国語の発音も時代とともにかなり変化しており、また地方によって同じ漢字の読み方も異なる。さらに、そもそも中国語と日本語とでは音韻体系に相違があり、中国語の発音そのままでは日本語として用いることはできない。そのため、日本語の発音に合わせた字音が用いられることになり、これを「日本漢字音」と呼んでいる。しかし、この日本漢字音もなかなか複雑である。たとえば、「行」は「修行」ではギョウと読むが、「孝行」ではコウと読む。このように、一つの漢字が複数の字音をもつ場合も少なくない。それは日本に伝来した時期などの違いに起因するものであって、広く用いられている字音体系には呉音と漢音がある。呉音は漢音が伝来する以前に朝鮮半島を経由して伝来したもので、中国の南方系の発音に由来するものである。一方、漢音は遣唐使や中国からの渡来人たちが主として奈良時代から平安時代初期までにもたらしたもので、唐の都である長安（現在の西安）辺りの黄河中流域の発音に基づくものを指す。前述でいえば、ギョウが呉音、コウが漢音にあたる。(6) ただ、稲荷山古墳鉄剣銘では、たとえばオに「意」、ホに「富」、ヨに「已」が用いられている。このような字音は呉音伝来以前のものであって、「古音」と称されている。古音は、五世紀以前の朝鮮半島において用いられていた字音で、中国語の音韻史上では漢代以前の音に由来するものと見られる。当時百済で用いられていた字音が渡来人によって漢字の本格的な使用に際してもたらされたのである。このような古音を反映する音仮名字母は多く『百済記』『百済新撰』などにもその使用が見られることから、朝鮮半島で常用的に音訳字として用いた字母表がそのまま日本列島に持ち込まれたと考えられる。

次に、字音をどのように借りるかという点について見ることにしよう。古代日本語の音節は、たとえばカ（ka）は子音のkと母音のaに分解できるように、一つの子音と一つの母音から構成されていた。今日と大きく違っている点は、拗音（キャ・シュの類）が存在しないこと、「ん」に相当する撥音や「っ」で書かれる促音がないことである。すなわち、「子音＋母音」という、極めて単純な音節構造であった。これに対して、中国語の音節構造は複雑であって、隋・唐時代の中国語では次のようであった。

たとえば「官」はkwan（声調は平声）であって、頭子音k、介音w、中核母音a、韻尾nから成り立っていて、日本漢字音では古くこれをクヮンと発音していた。そもそも日本語は中国語と音韻体系において子音や母音の数が異なる。したがって、最も類似している音に反映させるしかない。たとえば、喉頭摩擦音［h］は「呼」「許」などの頭子音であるが、日本漢字音ではこれらをカ行で反映している（先に暁母［h］でカ行子音を表した例を示したが、これも言語間における音韻体系の相違を反映するものである）。

そして、母音で終わる「開音節」しか持たない日本語と、子音で終わる「閉音節」をも有する中国語とでは、韻尾をめぐって決定的な違いが見られる。隋・唐時代において、韻尾には母音韻尾のi、u（これを副母音ともいう）のほか、子音韻尾のm、n、ŋ（ng）、p、t、kがあった。これらの韻尾は日本漢字音ではm、n韻尾はン（古くm韻尾はム）、ŋ韻尾はウ、p韻尾はウ（字音仮名遣いではフ）、t韻尾はチ・ツ、k韻尾はキ・クで書き記されている。たとえば、ホウ（法）、イチ（一）、ヤク（薬）などの類である。

そこでこの子音韻尾を中心に音仮名用法を分類すると次のようになる（春日政治『仮名発達史の研究』岩波書店、一九三三年による）。

無韻尾で一音節表記するもの（全音仮名）
字音の韻尾を省いたもの（略音仮名）
字音の韻尾を後続音節の頭子音によって解消するもの（連合仮名）
字音の韻尾に母音を添えて二音節相当にするもの（二合仮名）

この分類に従って『稲荷山古墳鉄剣銘』所用の音仮名を見ると、多くは全音仮名、すなわち無韻尾の漢字が用いられていることがわかる。開音節という日本語音節の特質にふさわしい仮名字母として選ばれているのである。その一方で、字音に韻尾を有する漢字も用いられているが、その例は次の通りである。

二合仮名……多加利足尼

連合仮名……乎獲居臣　獲加多支鹵

略音仮名……半弖比（ハテヒと読むならば、「半」はn韻尾を省いていることになる）

まず、「足尼」の「足」は古音ではsukのような音であって、その韻尾kに母音を添えてスクにあてたものである。この「足尼」の用例は他の資料にも見える。

巷奇大臣名伊奈米足尼　（天寿国繡帳銘）

新川臣児斯多々弥足尼　（山名村碑、六八一年）

『稲荷山古墳鉄剣銘』の出現によって二合仮名は五世紀にまで遡れることとなったが、固有名詞の表記にはこの用法が多く見え、「信濃（シナノ）」「相模（サガミ）」「丹波（タニハ）」「讃岐（サヌキ）」「播磨（ハリマ）」「平群（ヘグリ）」「当麻（タギマ）」など、韻尾を有する漢字一字に日本語の二音節が当てられたものは少なくない。それは、漢語が複合する場合二字を基本とすることから、日本語の三音節以上の語については必然的に二合仮名を用いざるをえないためである。特に地名については、『続日本紀』和銅六年（七一三）五月二日条に「郡郷の名には好字をつける」という官命が見えるように、二字表記でなければならないのである。そのため、借音表記の場合には二合仮名の出番が多くなることになる。

次に連合仮名であるが、「獲」は古い字音のワクに由来するもので、ワの音を表すが、それはそのk韻尾が後続の

「居」および「加」の頭子音kによって解消されたからである。すなわち連合仮名も同じく五世紀に確認できる。ただ、このような二合仮名・連合仮名という用法は日本語で初めて試みられたものではなく、また渡来人による発明でもない。たとえば、漢訳仏典で、梵語（サンスクリット）のnaraka（地獄の意）を「奈落」、Śākyaを「釈迦」と書き表したのは、それぞれ「落」の韻尾に母音aを添えてrakaという二音節相当にさせた二合仮名であり、「釈」のk韻尾を後続の「迦」の頭子音kで解消した連合仮名である。『魏書』東夷伝倭人条にも、「末盧国」の「末盧」はマツラ（松浦）を表すもので、「末」は二合仮名であり、「弥馬獲支」の「獲」はワを表すが、子音韻尾kを後続の「支」（キ）の頭子音によって解消した連合仮名である。このように韻尾には特別の配慮がなされていることは留意すべきである。

これらに対して、略音仮名かと見られる例として、「半弖比」がある。これをかりにハテヒと読むならば、「半」の韻尾nが省かれたことになるが、このように韻尾を省いた用法は古く類例がなく認めがたい。後にはt韻尾の「吉」を「吉備（キビ）」、n韻尾の「安」を「安藝」などとも用いるが、その最古の例は『万葉集』の柿本人麻呂歌集に見える、たとえば次のようなものである。

紐鏡能登香山誰故君来座在紐不開寐（『万葉集』巻十一 2424）

「能」「登」はいずれもŋ韻尾で、それがそれぞれタ行、カ行の音仮名に続いていることから、ここではŋ韻尾が省略されてノ・トの音節表記に用いられていることが明らかである。このように略音仮名は、七世紀第4四半世紀頃以降にしか確認できないのである。

そこで、「半」の用法についてであるが、これはソガ（蘇我）を「嗽加」（『釈迦如来及脇侍像銘』六二八年）と記した表記と等しいものと見るべきである。「嗽」はŋ韻尾を有するが、その鼻音性によって後続の「加」の頭子音を同じ調音点（硬口蓋音）であるがゆえに、濁音に相当させた表記である。このような表記の背景には、日本語の濁音が古く鼻音性を有していた事実があると見られる。現代でも広く知られているガ行鼻音（ヵ行鼻濁音）はガ行音の古い発音であり、またダは「ンダ」に相当するような発音であったのである。このように前接する漢字の、鼻音性をもつ韻尾によって、後続の濁音節の表示がなされているのであって、その韻尾が後続子音によって解消されたものとして連合仮名に通じる用法と認められる。『稲荷山古墳鉄剣銘』の「半」もその n 韻尾を、後続の「弖」の、同じ調音点（舌音）である頭子音によって解消したもので、「弖」をデと読ませるための用法であったと見られる。したがって、「半弖比」の「半」は略音仮名ではなく、ハデヒと読むべき連合仮名の用法と解釈されるのである。

このように、渡来人たちは朝鮮半島で行なっていたのと全く同じ音訳の手法を日本語表記に対しても実行し、音仮名の用法も中国で行われていたままにかなり忠実に踏襲されてきたことが明らかである。

『稲荷山古墳鉄剣銘』は漢文で書かれているものであるが、この五世紀代ではこのような漢文を中国語の発音によって読み、文章を理解したと見られる（後述参照）。その意味で、音仮名表記を除く部分は中国語そのものであって、日本語における漢字の受容という観点から見ると、それは日本語の音（音節）とのみ出会っていたという段階であることになる。もちろん全体を意訳的に日本語に翻訳したことはあったであろうが、日本語と直接に関係するのは「音」の側面が中心であって、しかもその音訳という手法も中国語に既存のものであった。

五　「義」を中核とする受容

漢文（中国語文）を書き記す漢字はそれが語そのものを表すということから、表語文字という名称で分類される。表意文字と呼ぶ場合もあるが、漢字は単に意味を有する文字というのではなく、字音も有して語そのものと対応する点で表語文字と称するのがふさわしい。このように、漢字は中国語の語（word）と結びつくものである。これに対して、「山」をヤマ、「田」をタと読むように、その字義を介して日本語の語と結びつくようにもなる。これが「訓」と呼ばれるものであるが、その由来と成立時期については従来曖昧なままであった感が否めない。そこで、この問題と深くかかわる『稲荷山古墳鉄剣銘』とほぼ同時代に製作された二つの金石文を次に見ておくことにする。

一つめは『江田船山古墳太刀銘』（熊本県玉名郡菊水町出土）である。

治天下獲加多支鹵大王世奉事典曹人名无利弖八月中用大鉄釜并四尺廷刀八十練九十振三寸上好刊刀服此刀者長寿子孫洋々得三恩也不失其所統作刀者名伊太和書者張安也

《訓読》天下治しめしし獲加多支鹵大王の世に奉事れる典曹人、名は无利弖、八月中、大鉄釜を用ゐて四尺の廷刀を并はす。八十たび練り、九十たび振《う》つ。三寸上好の刊刀なり。此刀を服する者は、長寿にして子孫洋々、三恩を得。その統ぶる所を失はず。刀を作る者、名は伊太和、書する者は張安そ。

冒頭部分が判読不明であって、旧説では「蝮宮弥《たぢひのみやみ》図歯《づは》大王」などという訓が推定されていた。しかし、『稲荷山古墳鉄剣銘』の出現によって、これが「獲加多支鹵大王」と解読すべきことが明らかになり、ワカタケル大王（雄略）の治世である五世紀後半頃の製作であることが確定した。つまり、「鹵」という訓仮名も、その訓仮名と「弥図」という音仮名との交用表記も、そして「蝮宮」という訓による表記もすべて否定されたのである。これによって、固有名は「无利弖・伊太和」など音仮名のみによって表記されていることが明らかとなり、右記の文章は漢文そのものであって、そこに訓の使用を想定する根拠を失ったのである。

もう一つは『隅田八幡宮人物画像鏡銘』（和歌山県橋本市隅田町）である。

癸未年八月日十大王年男弟王在意柴沙加宮時斯麻念長泰遣開中費直穢人今州利二人等取白上同二百旱作此竟

《訓読》 癸未年八月、日十大王の年、男弟王、意柴沙加宮に在しし時、斯麻、長く泰らかなることを念じ、開中費直、穢人今州利二人等を遣して、白上銅二百旱を取りこの鏡を作らしむ。

「斯麻」は百済の武寧王の諱であろう。『日本書紀』巻十六・武烈四年（五〇二）是歳条に所引の『百済新撰』にその即位が記されている（ただし、『三国史記』では五〇一年とする）。冒頭に記された「癸未年」はその即位の翌年（五〇三年）であり、武寧王斯麻が即位に当たって倭と百済の両国関係の末長い友好を祈念し、使者を遣わして鏡を作らせ、倭国の大王に献上したというのがその内容であろう。

ところで、「男弟王」は文字どおり、兄弟のうち年下の男をいう漢語であって、ヲホド王（継体）を表記したものではない。また、「開中費直」は通説ではカハチのアタヒ（河内直）と訓読し、「加不至費直」（『日本書紀』欽明二十七年条所引の百済本記）のこととしている。しかし、この倭人であろう「河内直」に対して斯麻が命令を与える立場にあったかは疑わしく、「開中費直」はむしろ百済の人と見るのが穏当であろう。したがって、「開中」は借音表記と見るべきであり、ケチウなどと読まれよう。また、「費直」も「発鬼」（『日本書紀』敏達四年条。「発」はホツを表す二合仮名）、「弗知鬼」（推古八年条。「弗」はt韻尾を持つが、これを「知」の頭子音で解消した連合仮名）に等しく、「費」は古音でホ、「直」は二合仮名としてチキ（呉音ヂキ）であることによってホチキを音訳した表記と考えられる。「開中」をカハチ、「費直」をアタヒの訓と見る通説は再考の余地があり、この銘文においては固有名がすべて字音で表記されていることになるのである。

すなわち、この三つの金石文を通して見ると、六世紀極初期までは、事柄は中国語の文章として記され、そのなかで中国から見れば外国語に相当する日本固有語の名（後世の姓となるスクネ・ワケなどを含む）が音訳されるという文章表記であったことがわかる。そして、この段階では訓がいまだ普及していないと認められるのである。

そこで、字義と和語との結びつきである訓についてであるが、その最古の確例は現在のところ『岡田山一号墳鉄刀銘』(島根県松江市大草町)に見える次のものである。

各田マ臣□□□素伯大利刀

古墳の築造年代は六世紀第３四半世紀頃で、円頭大刀の製作は六世紀第３四半世紀頃以前かと見られている。銀象嵌による銘文は欠損や剝落があって、その一部しか確認できないが、一八字以上あったと考えられている。そこに「各田マ臣」と読める表記がある。この「各」は「額」の省文(漢字の字画の一部を省いたもの)で訓のヌカを、「田」は訓のタを、「マ」も「部」の省文で、訓のベを表し、「額田部臣」でヌカタベノオミという固有名を表したものと認められる。『出雲国風土記』の大原郡の条に「額田部臣押嶋」「額田部臣伊去美」などの人名が見えるが、これらは銘文に記す「各田部臣」の末裔であろう。「素伯」の「伯」は「白」に通じることから、照り輝く意の吉祥句と考えられるが、全体の文意をとることは困難である。しかし、『稲荷山古墳鉄剣銘』などに見えるような音仮名によるのではなく、漢字の訓によって固有名や姓が書き表されていることの意義は極めて大きい。それは漢文脈にありながらも、少なくともその一部は、本来の中国語で読まずに、その字義に対応する訓すなわち和語で読まなければならない文章となっている。間違いなく訓であると確認できる例のうち、年代の推定できる現存最古のものである。

さて、六世紀初め、百済は高句麗・新羅と対抗するために倭国に外交的軍事的な支援を要請し、その見返りに、新たな文物の倭国への移入を積極的に推し進めた。『日本書紀』巻十七によれば、継体七年(五一三)六月条に、百済が五経博士の段楊爾を派遣したという記事が見え、継体十年(五一六)九月条には、五経博士として段楊爾に代えて漢高安茂を派遣したと記されている。このような博士の派遣によって百済の儒学が日本でも行われるようになり、本格的な学問研究が始まったと見られる。さらに、『日本書紀』巻十九の欽明十三年(五五二)十月条には、百済の聖明王が釈迦仏金銅像一軀、幡蓋若干、経論若干巻を献上したことを記す。ただし、仏教の公伝は『上宮聖徳法王帝説』『元興寺縁起』によれば宣化三年（五三八）のこととしているが、個人の信仰はそれよりも早く、六世紀初頭には私伝があったとも考えられる。その後、欽明十五年（五五四）二月条には、百済が五経博士として王柳貴に代えて固徳馬丁安を、また僧として道深らに代えて曇慧などを派遣した旨を記すとともに、医博士・易博士・暦博士・採薬師・楽人なども百済から来朝した記事が見える。

このように、継体朝における儒学の移入に始まり、その後欽明朝までに仏教や医学などの分野においても文化移入が行われたのであるが、そのような渡来文化との接触が日本の表記活動にも大きな影響を与えたことは間違いない。また、朝鮮半島における緊張した国際関係も新たな文化の摂取を一段と加速させたに違いない。六世紀中葉には訓が成立していた背景には、学問・仏教の移入、そしてその定着があったと見るべきであろう。

話しことばで中国語を日本語へ翻訳するというレベルでは訓は成立しない。漢籍・仏典も伝来当初は漢文すなわち中国語のまま読まれ理解されていたであろう。しかし、次第に漢字を介して理解されることが多くなるに従って、字義と対応する和語が意識され、やがて字義に対応する和語で読みを置き換えてゆくようになるのも自然である。そして、その結びつきが個別的な一回性のものではなく、次第に社会に共通するものとなり、さらに固定化するようになる。このように、漢文を理解する過程において、漢字そのものを介して字義と和語とが固定的に結びついたところに訓の成立がある。その契機は六世紀初頭以降の、漢籍・仏典を本格的に解釈しようとする文化的状況および社会的要請にあると見られ、しかも時期的にも『日本書紀』所載の一連の記事と符合している。

ただ、訓という用法は倭国において創出されたものではなく、古代朝鮮半島において、その字義に対応する朝鮮固有語を当てたことに由来するものである。たとえば、『三国史記』巻三十六・雑志第五地理三に次のような地名記事が見える。

石山県、百済珍悪山県。景徳王改名、今石城県。

李基文（『韓国語の歴史』藤本幸夫訳、大修館書店、一九七五年、四七頁）によれば、「石」を意味する百済語 turak が「珍悪」と表記されているもので、中世語 tork に対応するという。このような「珍」を tur にあてるのは朝鮮固有語の訓によるものと見ている（「悪」は ak の音訳）。これによれば、百済には訓の用法がすでにあったことになる。また、『日本書紀』の百済関係資料にも次のような例が見える。

新羅王波沙寐錦即微叱己知波珍干岐　（神功紀摂政前紀）

この「波珍」は新羅の官位「波珍飡」ないし「海干」（『三国史記』による）に当たり、「海」の朝鮮古訓 patar に相当する（日本古典文学大系『日本書紀』上、六一一頁）。すなわち、「波珍」の「珍」は tar に当たり（「波」は pa の音訳）、右に同じく訓による表記と見てよかろう。

言うまでもなく、訓の用法は中国語以外の外国語において生じたものである。中国と陸続きの朝鮮半島ではかなり古くから訓の用法が行われていて、それによって固有名が表記されるとともに、借訓による右のような表記も行われていたのであろう。そのような訓の用法が渡来した人々によって日本列島にも持ち込まれたのである。渡来人もしくはその末裔が日本語表記において訓を用いる際に、あるいは朝鮮固有語の訓を介在させていた可能性も捨てきれない。すなわち、古代朝鮮半島で行われていた訓としての朝鮮固有語を和語に置き換えるという過程を経て、日本における訓が成立したとも考えられる。

漢字と和語とが固定的に結びつき、それが社会に共通のものとして認められるには、それなりの時間が必要である。また、普通の漢文には用いられない用法でもあるわけだから、認知されるためには大多数の同意も必要である。訓がそれ以前に一部行われていた可能性を全くは否定できないが、書記活動における訓の本格的な使用は漢籍・仏典の理解行為が増大していく六世紀前半に始まると見るのが穏当であろう。こうしてみると、日本語そのものが漢字を受容した第三の段階は「義」であり、またこれによって漢字の基本的な用法が出そろったことになる。

おわりに

単純化して言えば、日本列島における漢字は四世紀以前ではもっぱら「形」が重んじられ、五世紀には「音」を中核とした受容が始まり、六世紀に至って「義」をも本格的に日本語に同化させて、ここに日本語と漢字との基本的な結びつきが完了したと言ってよかろう。

本節では、漢字を日本列島に受け容れた、その極初期の段階を述べたにとどまる。「漢字の受容」というテーマで述べるべき点は実に厖大である。たとえば、「形」で言えば、書体・書風、そして字体に関しては異体字・略字また国字などを含め、論ずるべき点は多岐にわたる。「音」の面では日本漢字音の形成、とりわけ呉音の伝来、それと古音との関係、漢音のさまざまな側面など字音体系に関わる問題のほかにも、個々の字音について、また声調をめぐる受容に関してもさまざまな問題点がある。「義」に関して言えば、主として虚字（助字）と関わる文法的な問題として特に『万葉集』や『古事記』の表記に注目すべき点があり、さらに語彙の面では漢語の使用とその形成、漢語に影響された和語の意義変化など、漢字を語彙と関わらせれば、その一語一語に論ずべき問題があると言ってもよい。その一部については拙著『日本語の誕生――古代の文字と表記――』（吉川弘文館、二〇〇三年）を参照していただければ幸いである。

最後のむすびにあたって、一言すべきは、漢字の受容は単に文字というレベルでの受容だけではなかったということとである。漢字を通して理解できる内容、言うなれば「中国の知」そのものを受容したという点で、希にみる大きな文化移入であったのである。

註

（1）奈良時代以前の文献だけに見られる万葉仮名の使い分けを言い、平安時代以降は同じ音になってしまった、キヒミケヘメコソトノヨロ（『古事記』ではモも）とギビゲベゴゾド、そしてエ（ア行・ヤ行）が発音の違いによって二種類に書き分けられているもの。
（2）たとえば、杜預の春秋左氏伝序に「諸侯亦各有国史」などと見える。
（3）韻鏡ではいずれも外転第十三開平声四等に属する。
（4）趙大夏『古代日本漢字音の研究』（二〇〇〇年度立教大学博士論文）による。
（5）「音仮名」に対して、字訓を借りるものを「訓仮名（借訓仮名）」と呼ぶ。訓仮名の現存最古の例は七世紀中葉頃のものであるが、その成立はそれをさらに遡るものと見られ、六世紀代の可能性もあろう。
（6）このほか、「行」は「行脚」「行灯」などではアンとも読まれるが、これは鎌倉時代以降に伝来した字音で「唐音」または「唐宋音」などとも呼ばれるものである。

第二節　鉄剣銘・木簡

一　稲荷山古墳鉄剣銘

国内で製作された現存最古の漢字文は『稲荷台一号墳鉄剣銘』（千葉県市原市、五世紀前半）であるが、これには漢文体の銘文が見えるだけで、万葉仮名の使用はない。これに次ぐのが『稲荷山古墳鉄剣銘』（埼玉県行田市、四七一年）であって、注目すべきは日本語として音形の確定する現存最古の固有名表記が見える点である。

（表）　辛亥年七月中記乎獲居臣上祖名意富比垝其児多加利足尼其児名弖已加利獲居其児名多加披次獲居其児名多沙鬼獲居其児名半弖比

（裏）　其児名加差披余其児名乎獲居臣世々為杖刀人首奉事来至今獲加多支鹵大王寺在斯鬼宮時吾左治天下令作此百錬利刀記吾奉事根原也

万葉仮名で記された人名・地名は次のとおりである。

乎獲居（ヲワケ）　意富比垝（オホヒコ）　多加利足尼（タカリスクネ）　弖已加利獲居（テヨカリワケ）　多加披次獲居（タカハシワケ）　多沙鬼獲居（タサキワケ）　半弖比（ハデヒ）　加差披余（カサハヤ）　獲加多支鹵（ワカタケル）　斯鬼（シキ）

この万葉仮名の使用はかなり整理されていると言える。たとえば、「獲居」を初めとして「多加」「加利」のように同じ音節連続が表記も同じくしている点は注目してよい。このことは音節表記に当てる漢字に一定の原則があったということを示すのであろう。たとえば、常用的な借音字があったとか、同一の形態素には一定の用字が当てられたとか、連合仮名や二合仮名を巧みに用いることがあったとか、いくつかの原則が想定されるのである。

『魏書』東夷伝倭人条にも「蘇奴国」「華奴蘇奴国」、「邪馬壹国」「邪馬国」、また「卑弥呼」「卑弥弓呼」などのように共通するものが見られ、高句麗の『広開土王碑』にも「古須耶羅城」「□而耶羅城」、「牟婁城」「古牟婁城」などとあって、同一形態素には同じ表記を当てるというのは書記する側からすれば表記の統一性という点で当然のことであろう。いわば書記者の暗黙の了解であったとも言える。ただ、そのような原則から見ると、サに「沙」と「差」が、シに「次」と「斯」がそれぞれ用いられているのはやや不可解な感が否めない。そこで、これらの字音を中古音に探ると、その頭子音はそれぞれ次のように歯音の摩擦音系と破擦音系に分かれることがわかる。

摩擦音系（s）　「沙」生母　「斯」心母
破擦音系（ts）　「差」初母　「次」清母

上代日本語のサ行頭子音の音韻についてはいまだに定説を見ない。有坂秀世はサ行頭子音の源流として摩擦音系と破擦音系の両者が存在する可能性を示唆しているが（『上代音韻攷』三省堂、一九五五年、四九〇頁）、この時代にその別が存在したか否かはしばらく措くとして、その区別が識別できた可能性について若干考察を加えておきたい。

中国漢字音ではこの両者は上古音まで遡っても区別されていたと見られるが、この字音が経由してきた古代朝鮮半島ではどうであったのだろうか。記紀によれば百済から王仁が応神朝に『論語』『千字文』をもたらしたという記事に徴して、『三国史記』の百済の地名表記について見ると次のとおりである。(1)

尚質縣　本百済上漆縣　（巻三十六）

この例は次のような頭子音の対応例となる。

「尚」禅母　「上」禅母　「質」章母　「漆」清母　（中古音による）

「尚」「上」は全く同じであり、「質」「漆」も破擦音系で対応している。

支潯縣　本只彡村　（巻三十七）

これを歯音のものについてみると、次のとおりである。

「潯」邪母　「彡」生母　（中古音による）

「潯」「彡」はともに摩擦音系である。これらの「本」の表記を示したものに対して、次のようなものも見える。

分嵯縣　一云夫沙　（巻三十七）

完山　一云比斯界伐　一云比自火　（巻三十七）

この「沙」は生母、「斯」は心母で、いずれも摩擦音系であり、一方「自」「嵯」はともに従母で、破擦音系というように、対応が不十分である。ここではいずれも「一云」という書き方がなされていて、「本○○縣」という書式とは別に扱われている点が注意される。すなわち、「一云」はまさに別の伝承を記したものであって、その結果、音韻の対応が不都合なものも含まれるのであろう。これらの挙例では必ずしも十分とは言えないものの、百済においては歯音の摩擦音系と破擦音系は区別されていた可能性が高いと見てよかろう。ただ、こうした百済における区別がそのまま日本語における音韻の別に反映されていると見るのは早急に過ぎるが、渡来人がその違いを聞き分けていたという可能性は否定できない。異音としてそれぞれ別音に音写したことは十分に考えられる。

このほか、「余」と「已」については、この両者は奈良時代にはともにヨ乙類の万葉仮名に用いられているが、「余」は上古音では魚部に属し、広母音（a）を有していたと考えられていることから、『稲荷山古墳鉄剣銘』における「余」は古音としてヤに用いられたと推測される。また、「鬼」もキ乙類相当としてキ甲類の「支」（ケ甲類とも通用される）と区別すべきもののように思われる。このように、渡来人の書記能力は今さら言うまでもなく、かなり高いレベルであったということを再確認しておきたい。

二　江田船山古墳太刀銘

『江田船山古墳太刀銘』（熊本県玉名郡菊水町出土）は末尾に「書者張安也」と記されていて、この時代の文章作成が渡来人の手になっていたことを知らしめている。

治天下獲加多支鹵大王世奉事典曹人名无利弖八月中用大鉄釜并四尺廷刀八十練九十振三寸上好刊刀服此刀者長寿子孫洋々得三恩也不失其所統作刀者名伊太和書者張安也

「張安」とはいかにも中国系の渡来人かと思わせる名である。ところで、安岳三号墳墨書銘には冬寿が東晋・西燕から亡命して高句麗に仕え、永和十三年（三五七）に死んだことが記されている。高句麗には建国後の早い時期に漢字が伝わっていたと見られるが、三一三年に楽浪郡が、翌三一四年には帯方郡が滅ぼされて、朝鮮半島では外交上優れた漢文能力を有する者が積極的に求められていたことが知られるのである。『三国史記』巻二十四・百済本紀には、百済で漢字による書記が始まったのは近肖古王の代（三四六〜三七五年）であるという記載が見える。

古記云、百済開国已来未有文字記事。至是得博士高興。始有書記。然高興未嘗顕於他書。不知其何許人也。（近肖古王三十年条）

「高興」がどのような人物であるかは不明であるとしているが、「高」という姓から見て中国からの移住者かと考えられる。『日本書紀』継体十年（五一六）九月条には五経博士の「漢高安茂」が段楊爾に代わって百済から来朝した記事が見えるが、そこには段楊爾、さらには欽明十五年（五五四）二月条の王柳貴や固徳馬丁安には「漢」を冠していないことに徴するに、高安茂が中国系の渡来人であることを明記したものかとも考えられる。恐らく、先の記事は、百済も高句麗と同じような理由で四世紀の中葉頃に漢文に堪能な中国人を得たということを象徴的に示したものであろう。その際、漢字の使用は国内における行政にも不可欠になっていたことも留意しておくべきであり、また高句麗にせよ百済にせよ、それぞれ楽浪郡や帯方郡を併合することでその漢字文化を吸収するとともに、中国本土から直接それを移入することもあったであろう。三世紀末に成立した『魏書』東夷伝倭人条には「一大国」とあるが、これは「一支国」の誤りと見てまず間違いないことから、「支」はキ（詳しくはキ甲類）を表したものであって、中古音シではなく、上古音に基づくものであることは明らかである。三世紀代は上古音の末期と見ることができ、楽浪・帯方郡などで用いられていたそれが、少なくとも四世紀までは高句麗や百済に継承されていたと考えられる。これが日本に伝来した「古音」と称せられるものである。こうして、朝鮮半島で定着した借音字が日本列島でも渡来人の手によって用いられることとなった。

さて、『江田船山古墳太刀銘』の冒頭「治天下」以下の部分は、『稲荷山古墳鉄剣銘』の出現によって「獲加多支鹵大王」と解読されるに至ったのであるが、それ以前は「蝮宮《たぢひのみや》弥《み》図《づ》歯《は》大王」の表記かと推定されていた。そもそも「獲」と「鹵」はその痕跡が見えるが、それらに挟まれた間の三字は全く判読できない。それを「加多支」と解読するためには、この二つの銘文に共通した表記法の存在を裏付ける必要がある。その観点から見ると、『江田船山古墳太刀銘』の「无利弖」によって「利」「弖」が、そして言うまでもなく両者に「獲」「鹵」が共通して用いられている点は、渡来系の書記者たちが一定の借音字の用法を有していた可能性を思わせる。百済記の「職麻那那加比跪」（神功紀四十七年四月条）と「意富比垝」はコの万葉仮名が偏が異なるものの似た漢字が用いられており、また「意富」は垂仁紀二年条の「意富加羅国」のオホと同じである。恐らく、そこには共通する用字法が存在したと見られる。ただし、時代が下り、また性質の異なる資料においてはそれぞれ表記を異にする場合もあったことも付言しておく。(2)

三　隅田八幡宮人物画像鏡銘

前記のような原理から見ると、『隅田八幡宮人物画像鏡銘』（和歌山県橋本市隅田町）には少し気になる文字がある。

癸未年八月日十大王年男弟王在意柴沙加宮時斯麻念長泰遣開中費直穢人今州利二人等取白上同二百旱作此竟

「日十大王」はしばらく措くとして、「斯麻」は百済の武寧王の諱であって、冒頭の「癸未年」とは五〇三年であると見られる。武寧王斯麻が即位（『日本書紀』では武烈紀四年〈五〇二〉、『三国史記』では五〇一年とする）に当たって倭と百済との関係が末長く友好であることを祈念し、使者を遣わして鏡を作らせ、倭国の大王に奉ったという内容を記したものであろう。ここで問題となるのは「意柴沙加」の「柴」である。この字は中古音では佳韻に属し、上古音ではア段音に相当するかと推定されるものである。『魏書』東夷伝倭人条の「奴佳鞮」と見える「佳」はナカテなどと試訓されているようにカかとされる。これらによって、『万葉集』巻十二2859の第二句を諸本「高川避紫越」とする本文を「奈川柴避越」と校訂し、これをナヅサヒワタリと読む説が出されることともなる。しかし、上代ではこれ以外に使用例がなく、サであるとは断定しがたい(3)。

他方、『韻鏡』では去声に「売」（メ甲類）も見え、従って「柴」もセに相当するとすれば、『天寿国繡帳銘』に「等已弥居加斯支移比弥乃弥己等」（豊御食炊耶姫命）ともあるように、メ甲類とミ甲類は相通されていることから、シに用いられる可能性も大いに考えられる。また、上古音としてイのような核母音を含む字音として推定することも可能であり、古音としてシを想定することも根拠がないわけではない。結局現時点では決定的とは言いがたいが、宮の名としてオシサカと見るのが穏当であり、「柴」はシとすべきであろう。しかし、この「柴」は珍しい用字である。「意・沙・加」はともに『稲荷山古墳鉄剣銘』にも見えるのであるが、「柴」だけは現存の古代朝鮮半島の金石文にも、『三国史記』の三国の地名表記にも例がない。『隅田八幡宮人物画像鏡銘』ではシの借音字として百済王の「斯麻」に「斯」を用いたことから、これを避けるのであれば、『稲荷山古墳鉄剣銘』に見える「次」も用いることができたはずである。それにもかかわらず「柴」を用いるには何らかの事情があったと解するべきであろう。

たとえば、後の製作であるが、『船首王後墓誌銘』（六六八年の年記があるが、後に追葬されたもの）には「乎娑陁宮」「阿須迦宮」と見え、「沙」や「加」に増画した万葉仮名が宮の名に用いられている。その点から見ると、「柴」は本文中にも「作此竟」とあった「此」（音シ）を増画させて用いたものかとも考えられる。「此」を借音字に用いた例は『大邱戊戌塢作碑銘』（大邱市大安洞で発見、現在慶北大学校博物館蔵、五七八年）に地名表記として「烏珍此只村」と見える（韓国古代社会研究所編『訳注韓国古代金石文』二、駕洛国史蹟開発研究所、一九九二年、九七頁以下参照）。このように古代朝鮮半島において借音字として用いられた「此」を増画して万葉仮名としたのが「柴」で、それを宮の名に用いたというのではなかろうか。前記のように『船首王後墓誌銘』にも宮の名に増画された文字が見えることから、これは待遇表現に関わる文字法が渡来系の書記者の間に共通して存した可能性を示唆するように思われる。ちなみに、『隅田八幡宮人物画像鏡銘』の「此」と、「柴」の上部は全く同形である。

四　難波宮跡出土木簡

七世紀中葉頃と見られる木簡であるが、人形に作るために加工の施されたものが難波宮跡から出土している。原文は次のとおりである。

・奴我罷間盗以此□在
　□言在也自午年□□
・於是本奴主有□□□
　□ア君之狂此事□口言□

右の一行目は「奴我罷る間、盗みて此を以て往き在《た》り」（国立歴史民俗博物館『古代日本　文字のある風景』朝日新聞社、二〇〇二年）などと試訓されている。仮にこのように読めるならば、この「在」は完了の助動詞タリ、またはその語源テアリ（テは接続助詞）を表記したものとなろう。もちろん、助動詞リに相当するものとして「盗みて此を以て往けり」などと訓読することも可能である。このような、「在」をタリまたはリに当てる例は『万葉集』に多く見える（ケリに当てた例も柿本人麻呂歌集に見えるが、第二章第三節を参照されたい）。

朝月日向山月立所見遠妻持在人看乍偲（巻七 1294）

（朝づく日向ひの山に月立てり見ゆ遠妻を持ちたる〈一説に「持てらむ」〉人し見つつ偲はむ）

ところで、このような「在」の用法が前記の『戊戌塢作碑銘』にも「此成在□人者」（一行目）と見える（次節参照）。訓読すれば「此を成したる□人は」などとなるものと見られ、「在」の下接字が不明ではあるが、恐らく完了・継続の意で用いたもののように思われる。すなわち、日本語ではこの「在」は助動詞のタリまたはリなどに相当しよう。この時期、新羅だけでなく古代朝鮮半島にこのような「在」の用法が広まっていて、そうした俗漢文の用字法が日本にも普及し、前記の難波宮跡出土木簡に見えるような「在」の使用に至ったと見るべきであろう。このように見るならば、筆者が『万葉集』の漢字使用において「補助字」（拙著『日本古代の表記と文体』吉川弘文館、二〇〇〇年、八九頁）と名付けたもののなかには、古代朝鮮半島での用法に由来するものが確実に存することになる。[4] また、「高□塢作記之」（一行目）は「高き□塢を作りて記す」などと訓読でき、目的語の「高□塢」が動詞「作」に先行しているなど、新羅語の語順に従って記されている点も注目される。[5]

このように、『南山新城碑』（五九一年）以前にも明らかに破格の漢文が新羅で用いられていた事実によって、六世紀中葉頃には確実に朝鮮風の俗漢文が存在していたことがますます明白となる。[6] 六世紀末から七世紀にかけての推古朝に現存最古の和化漢文が存在するのは、その流れから見て自然な成りゆきである。

註

（1）趙大夏『古代日本漢字音の研究』（二〇〇〇年度立教大学博士論文）の指摘に基づく。
（2）たとえば、ソガは「嗽加」（釈迦如来及脇侍像銘、法隆寺蔵、六二八年）、「巷奇」（天寿国繡帳銘）、「蘇我・宗我」（上宮聖徳法王帝説）などと表記されている。
（3）大野透『万葉仮名の研究』（明治書院、一九六二年）五六頁では「柴」の字音をサとしている。
（4）役職名としての「大工人」、また書記者を示す「文作人」のような「〇〇人」という表現も「杖刀人」「典曹人」などと共通する点も改めて注意される。
（5）目的語が動詞に先行する諸例は次節を参照されたい。
（6）『日本書紀』敏達元年（五七二）五月丙辰（十五日）条のいわゆる「鳥羽之表」の記事は古代朝鮮半島における俗漢文の存在を象徴的に示すもので、その頃から和化漢文の体裁をとる文章表記が公的に広まっていったのではないかと解釈される点についてはすでに述べたことがある（拙著前掲書、七九頁参照）。ちなみに、『壬申誓記石』については最も古く見積もるのが五五二年成立説であるが、今なお諸説があり、ここでは対象外とした。

第三節　古代東アジアにおける漢文の変容

一　古代東アジアと漢字漢文

古代東アジアを文化的な観点から捉える場合、漢字文化圏という概念は一つのキーワードとなる。この概念は、西嶋定生が『中国古代国家と東アジア世界』（東京大学出版会、一九八三年）で古代東アジア世界を冊封体制という概念でとらえ、この国際秩序を特徴づける要素として儒教・仏教・律令制とともにあげたことで定着をみたものである。冊封とは、中国の皇帝が周辺諸国の君主と名目的な君臣関係を結ぶことを指し、そのような体制が東アジア世界にさまざまな文化をもたらしたと指摘する。ベトナムはここでは除外するとして、古代の極東アジアの国々は、中国皇帝から冊封を受け、その国家制度を移入し、さらに漢字漢文を導入して中国の文化・思想などを受容し発展させ、中国を中心とした国際関係のなかで政治的自立を確保したというのである。

これら四つの要素、漢字・儒教・仏教・律令制は古代東アジアを考える上で欠かすことのできないものであるが、ただ、構造的に見ると、これらは重層的に位置する。すなわち、言語は思考や情報伝達の、いわば道具であり、その道具によって、儒教・仏教といった思想や、律令制といった政治制度が理解され定着していく。つまり、言語は文化や社会の基底にあるといってもよい。その意味で、個別的な、それ独自の自立的な歴史を描くことも許されるであろう。ちなみに、現代の東アジア世界に対する文化圏概念の名称として、「仏教文化圏」「儒教文化圏」などに比べて「漢字文化圏」が具体的かつ包括的であるのは、漢字文化の形跡が顕著であることによる。

そもそも言語はたゆみなく変化する。中国語も古代から変化を遂げてきたことは言うまでもないが、中国を除く古代東アジアにおいても漢字漢文が定着していく過程で、それぞれの地域の自国語との間で軋轢と寛容、創造と借用が繰り返され、その漢文も変容していく。当然のことながら、中国語の能力が高ければ正しい中国語文（漢文）が書ける。その一方で、自国語の言語を記す文字体系として漢字が盛んに用いられると、自国語特有の要素を表記しようとして次第に漢文から乖離していくこともあった。本節ではそこに焦点を当てて、古代の朝鮮・日本における文字資料を俯瞰し、その変容の共通性と特殊性について確認してみたい。朝鮮三国の資料の釈文・解釈については以下のものを参考にしたが、私意で改めた部分もある。

韓国古代社会研究所編『訳註韓国古代金石文』全三冊（駕洛国史蹟開発研究院、一九九二年）

『韓国古代金石文資料集』全三冊（国史編纂委員会、一九九五年）

南豊鉉『吏読研究』（大学社、二〇〇〇年）
『韓国古代の文字と記号遺物』（韓国国立全州博物館、二〇〇〇年）
『文字で見た新羅』（韓国国立慶州博物館、二〇〇二年）

二　高句麗

(1)『広開土王碑』

高句麗の碑文では『広開土王（好太王）碑』（四一四年）が著名であるが、これには非漢文的な要素がほとんど見られない。そのなかの最後にある「其有違令、売者刑之、買人制令守墓之」（其れ、令に違ふこと有らば、売る者は之を刑し、買ふ人は制して墓を守らしむ）の「之」については、前者は代名詞的用法であるのに対して、後者は他動詞の目的語の後に「之」がある点で、文末助字としての用法に少し特異な感がする。

(2)『中原高句麗碑』

『中原高句麗碑』はその成立年について、五世紀前半あるいはその後半などという諸説があって未詳であるが、かりに五世紀前半と見ておくことにする。

五月中高麗大王相王公□新羅寐錦世世為願如兄如弟上下相和守天東来之寐錦忌太子共………

ここでは、時を表す格表示に用いられた「中」、そして、自動詞の後に用いられた「之」が注意される。これらは漢文にも見られる用法であるが、書記用字としてやや慣用的固定的に用いられたものかと見られる。

(3)『平壌城壁刻書』

（第一石）　己丑年五月廿八日始役西向十一里小兄相夫若侔利造作

《試訳》　己丑年五月二十八日、役を始む。西に向ひて十一里は、小兄の相夫、若侔利、造作しぬ。

（第二石）　己丑年五月廿一日自此下向東十二里物省小兄俳須百頭作節矣

《試訳》　己丑年五月二十一日、此より下、東に向ひて十二里は、物省の小兄、俳須百頭、作り節す。

「己丑年」は五六九年かといわれているが、注目すべきは第一石の「西向十一里」と第二石の「自此下向東十二里」の部分である。一方は方角を表す「西」が「向」に前置し、他方は「東」が「向」に後置している。「〜より東に向ひて」のように、前に句がある場合には「東」が動詞に後置すると見ることも可能かもしれない。しかし、第五石には表現が、次のように「自此東廻上」とあって、

（第五石）　掛婁蓋切小兄加群自此東廻上□里四尺治

《試訳》　掛婁蓋切の小兄、加群、此より東に廻り上りて、□里四尺を治めり。

表現は少し異なるものの、どうもこの措辞法は一定していないようにも見える。漢文では、「内向」「外向」という熟語があり、また「人若已卜不中、皆祓之以卵、東向立」（『史記』巻一二八・亀策列伝第六八）というような例が見え、「○向」となることが多いようである。ただ、「西北に向かふ」を「向西北」と書いた例もあることから断定できないものの、「向○」が漢文法に則るように語順を類推した結果かとも考えられる。

三　新　羅

(1)『迎日冷水里新羅碑銘』

（前面）　斯羅喙斯夫智王乃智王此二王教用珍而麻村節居利爲證爾令其得財教耳
癸未年九月廿五日沙喙至都盧曷文王斯徳智阿干支子宿智居伐干支
喙爾夫智臺干支只心智居伐干支本波頭腹智干支斯波暮斯智干支
此七王等共論教用前世二王教爲證爾取財物盡令節居利得之教耳
別教節居利若先死後令其弟児斯奴得此財教耳
別教末鄒斯申支此二人後莫更導此財

《試訳》　斯羅の喙、斯夫智王と乃智王と、此の二王教しけらく、「珍而麻村の節居利を用て證となす。其をして財を得しめよ」と教しけり。癸未年九月廿五日に、沙喙の至都盧　曷文王、斯徳智　阿干支、子宿智　居伐干支、喙の爾夫智　臺干支、只心智　居伐干支、本波の頭腹智　干支、斯波の暮斯智　干支、此の七王等、共に論ひて教すらく、「前世の二王の教を用て證となす。財物を取るに、盡く節居利をして得しめよ」と教す。別に教すらく、「節居利、若し先に死なむ後は、其の弟児、斯奴をして此の財を得しめよ」と教す。別に「末鄒と斯申支と、此の二人は後に更に此の財を導《い》ふこと莫れ」と教す。

「癸未年」は五〇三年かとされているもので、ここで注目すべきは、「教すらく〜と教す」などというように、引用文を前後から挟むように表記した点である。このような引用形式は、古代日本語にそのまま引き継がれたもののようで、たとえば『法隆寺薬師如来像光背銘』（文中の「丁卯年」（六〇七年）が制作年ではなく、持統朝頃の制作）には次のような引用形式が見える。

池辺大宮治天下天皇大御身労賜時歳次丙午年召於大王天皇与太子而誓願賜我大御病太平欲坐故将造寺薬師像作仕
奉詔然当時崩賜造不堪者小治田大宮治天下天皇及東宮聖王大命受賜歳次丁卯年仕奉

「誓ひ願ひ賜ひしく『……』と詔ひき」というように同じ語を用いてはいないが、「いはく…といふ」などの、引用文を挟んで明示する方式で、『続日本紀宣命』『竹取物語』など古代の文章に広く見えるものである。このような引用形式は新羅語の語法に由来するもので、これは明らかに「韓化漢文」と称せられよう。

（後面）若更導者教其重罪耳

典事人沙喙壹夫智奈麻到盧弗須仇休喙耽須道使心訾公

喙沙夫那斯利沙喙蘇那支此七人踸踪所白了事煞牛抜誥故記　踪

《試訳》若し更に導はば、其れに重き罪を教す。典事人、沙喙の壹夫智　奈麻、到盧弗、須仇休、喙の耽須　道使　心訾公、喙の沙夫、那斯利、沙喙の蘇那支、此の七人、踸踪きて白せる事を了へたり。牛を煞し誥を抜きし故に記す。

この文章では「所白了事」の部分が読みにくい。「所」は動詞を体言化する用法、「事」は《仕える》などの意ではなく、コトの意であろう。そうすると、「白せる事を了へたり」もしくは「白すところ了りぬる事なり」と解することなどが考えられる。ただ、いずれにしてもやや不自然な漢文である感を免れない。これは次の上面にも「了事」があることから、そこで併せて述べることにする。

（上面）村主臾支干支須支壹今智此二人世中了事故記

《試訳》村主、臾支干支と須支壹今智と、此の二人は世の中の事を了へたる故に記す。

「世中…事」は「世の中の事」の意で、人々を動員して碑を建てるなど、この地域でなすべき仕事をさすという説が有力である。これは前述の「白せる事を了へたり」と同様、「世中」「所白」が動詞を飛び越えて「事」を連体修飾するという、極めて特異な構文で解釈することとなる。これに対して、「此の二人は世の中に事を了へし故に記す」と解すると、「事」の内容が不明確になる。また、前述の「白すところ了りぬる事なり」のように解すると、「此の七人」という主語が後節では転換すると捉えなければならず、これも可能性が低いように思われる。いずれにしても特異な表記であるものの、どちらかと言えば前者のように、「所白」「世中」が「了」を飛び越えて「事」を連体修飾すると見るのが穏当であると思われる。つまり、この碑文では「了所白事」「了世中事」などという措辞法は採用せず、「了事」を一つのまとまりとして「了」に後置させるのは「事」だけという構文で書き記したように解される。非漢文的な措辞法であるということは、おそらく新羅語によって漢文解釈がなされていたため、その影響で変格の漢文となったものであろう。

また、前面に見える「教耳」という文末詞の「耳」が三例あり、後面の冒頭の文の文末にも「教其重罪耳」とあって、慣用的な一定の書記法を踏まえたものと見られる。

(2)『戊戌塢作碑銘』

『戊戌塢作碑銘』（慶北大学校博物館蔵）の原文は次のとおりである。

戊戌年四月朔十四日另冬里村高□塢作記之此成在□　（第1行）
人者都唯那宝蔵阿尺干都唯那慧蔵阿尺干　（第2行）
大工人仇利支村壹利刀兮貴干支□上□壹□利干　（第3行）
道尺辰□生之□□村作上夫住村毛令一伐奈生一伐　（第4行）
居毛村伐丁一伐另冬里村沙木乙一伐珎得所利村也得失利一伐　（第5行）
鳥珎此只村□□尓一尺□立一尺另所□一伐伊叱木利一尺　（第6行）

伊助只彼日此塢大広廾歩高五歩四尺長五十歩此作　（第7行）
起数者三百十二人功夫如十三日了作事之　（第8行）
文作人壹利兮一尺　（第9行）

《試訳》　戊戌年四月朔十四日、另冬里村に高き□塢を作りしことを記す。此を成したる□人は、都唯那の宝蔵阿尺干、都唯那の慧蔵　阿尺干、大工人仇利支村の壹利刀兮　貴干支、□上□壹　□利干、道尺の辰□生之　□□、村作上夫住村の毛令　一伐、奈生　一伐、居毛村の伐丁　一伐、另冬里村の沙木乙　一伐、弥得所利村の也得失利　一伐、烏弥此只村の□□尓　一尺、□立　一尺、另所□　一伐、伊叱木利　一尺、伊助只　彼日なり。此の塢の大きさは、広さ廾歩、高さ五歩四尺、長さ五十歩なり。此を作り起せし数は三百十二人なり。功夫の如くして、十三日に了《つひ》に作れる事なり。文を作る人は、壹利兮　一尺なり。

「戊戌年」は五七八年に当たると見られ、「塢」は堤、土手のことで、それを築いた功績をたたえる内容を記したものである。第二行の「都唯那宝蔵」から第七行の「伊助只彼日」までは、役職・（出身の）地名などをまず記し、次に人名・官位を記したもので、以下、堤の大きさ、所要人数、工期などを付記し、最後に「文作人」としてこの文章を作成した人名を記したものである。

この碑文で注目されるのは字順である。第一行の「高□塢作記之」は「高き□塢を作りて記す」のように解釈されるもので、目的語の「高□塢」が動詞「作」の前に位置している。その次の文頭の「此成在」も「此を成したる」、第七行「此作起数者」も「此を作り起しし数は」、第八行「功夫如」も「功夫の如くして」、第九行「文作人」も「文を作る人」などというように、いずれも本来あるべき字順とは異なっている。すなわち、漢文法ではなく、新羅語の語順のままに記されているのである。このように措辞法に破格が多いというのに照らすと、第一行の「高□塢作記之」の部分も「高き□塢を作りて記す」などと読むよりも、「高き□塢を作りしことを記す」というように、「作」までが「記」の目的語と見る方が自然であろう。第八行「十三日了作事之」は四月十四日の前日である十三日に作り終えたの意と解される。しかし、この部分を「作る事を了へき」と読むと、この碑文中で唯一目的語を顚倒させた部分ということになる。そこで、この「了」を副詞と見て、「了《つひ》に作れる事なり」と読むならば、意味も変わらず、また語順の上でも固有語のままで問題がない。次の『南山新城碑』の「事之」における「之」の用法（指定の文末詞）、そして、『壬申誓記石』と同じように新羅語の語順通りに従っていると解釈される点からも、それが穏当な読み方のように思われる。

(3)『南山新城碑』

辛亥年二月廿六日南山新城作節如法以作後三
年崩破者罪教事為聞教令誓事之阿良邏頭沙喙
音乃古大舎奴含道使沙喙合親大舎栄沽道使沙
喙□□倣知大舎郡上村主阿良村今知撰干漆吐
□□知尓利上干匠尺阿良村末丁次干奴含村次
□叱祀干文尺□文知阿尺城作上阿良没奈生上干匠尺阿漆寸次干文尺竹生次一伐面捉上珎巾
□面捉上知礼次面捉上首尓次干石捉上辱厂次
□□受十一歩三尺八寸

（以上、第一碑）

《試訳》　辛亥年二月廾六日、南山の新城を作りし節に、如《も》し法を以て作りて後三年に崩れ破れなば、罪なへよと教する事として聞き、教令を誓ふ事なり。（以下、略）

『南山新城碑』の銘文は一〇個が確認されているが、書き出しの「辛亥年二月二十六日南山新城作節如法以作後三年崩破者罪教事為聞教令誓事之」の部分がすべて同一で、続けて職名・部名・（出身の）地名、および人名・官位が記されている。河野六郎「古事記に於ける漢字使用」では、上記の冒頭部分を「辛亥ノ年二月廿六日、南山ノ新城ヲ作リシ時、法ノ如ク作ル。後三年崩破スル者ハ罪セシメラルルコトト聞カセラレ、誓ハシムルコトナリ」（『河野六郎著作集3』平凡社、一九八〇年）と解読されている。しかし、「教」は新羅の古代金石文によく見られる「教」（命令の意）と解すべきであり、また、「罪教事為聞教令誓事之」の部分も、前掲の『戊戌塢作碑銘』に照らすと、その字順通りに訓読するのが穏当である。そうすると、「もし築城法によって作った後、三年のうちに崩壊したならば、罪に服させよと命令なさることと聞き、その命令を誓う事である」と解される。この「辛亥年」は五九一年で、『戊戌塢作碑銘』の一三年後であることから見て、「南山新城作節」の部分だけが固有語の語順のままというのでなく、基本的には返読しなくてもよい字順に並べられていると認められる。

(4)『壬申誓記石』

壬申年六月十六日二人并誓記天前誓今自
三年以後忠道執持過失无誓若此事失
天大罪得誓若国不安大乱世可容
行誓之又別先辛未年七月廿二日大誓

詩尚書礼伝倫得誓三年
《試訳》 壬申年六月十六日、二人して共に誓ひて記す。天の前に誓ふ。今より三年以後忠道を執持し、過失なきことを誓ふ。若し此の事を失はば、天に大罪を得むことを誓ふ。若し国安からず大きに世乱れなば、よろしく(忠道を)行ふべきことを誓ふ。又別に先に辛未年七月廿二日に大きに誓ふ。詩経・尚書・礼記・左伝をこもごも習得せむことを誓ひて三年(にして了へたり)。

本来漢文法では、「天前誓」は「誓天前」、「今自三年以後」は「自今三年以後」、「忠道執持」は「執持忠道」、「過失无誓」は「誓无過失」などとなるべきもので、以下「不・可」を除くほかは返読すべき箇所がない。この文章は新羅語の語順のままに記されていることは明らかである。その意味で表記史上重要な意味を持つが、ただ、この「壬申年」は忠道の実践を根本とする花郎徒が盛んであった五五二年もしくは六一二年と見る説がある一方、『尚書』『礼記』というような書名から新羅で国学が体制を整えた以後の七三二年とする説もあって、いまだに確定しない。ただ、『戊戌塢作碑銘』『南山新城碑』で、基本的には自国語の語順に対応させた字順で表記している点を見ると、表記スタイルの面では六世紀後半から七世紀前半であっても特に不自然ではない。

四　朝鮮三国における漢文の変容

このように、『戊戌塢作碑銘』(五七八年)、『南山新城碑』(五九一年)には明らかに新羅語の語順通りに漢字が並べられた、破格の漢文が用いられているのである。そして、『戊戌塢作碑銘』には、そのような文章の書き手(文作人)として「壹利兮一尺」の名が記されているのは興味深い。「一尺」は新羅の外位の一つで、「一伐」の下、「彼日」の上で京位の第一五等にあたる(新羅は官位一七等が制定されている)。壹利兮という「文作人」は地方の下級官人ということになるが、変格の漢文がそのような地位の者に用いられていることは注目すべきであろう。つまり、六世紀後半の新羅にあっては、少なくとも地方において実用的な文章が変格の漢文で普通に書かれていたという事実は動かしがたい。

ただし、このような新羅の状況は、漢字使用の先進国、高句麗からもたらされたものと思われる。『日本書紀』敏達元年（五七二）五月丙辰条に、高句麗が烏の羽に墨で書いた上表文を献じてきたところ、諸々の史は読めなかったが、王辰爾がこれを解読したという記事が載せられている。この故事を史部の漢文能力の低下を示すものとする説もあるが、馬淵和夫『上代のことば』（至文堂、一九七〇年）で明らかにされたように、高句麗人の書いた漢文が正格のものではないために、史部には解読できなかったと見るべきである。高句麗においては、外交文書に「韓化漢文」を用いるほど、その表記法が発達していたように解釈される。百済国王貴須王を祖とする王辰爾がこれを解読できたということは、高句麗と同様、百済でも「韓化漢文」が用いられていた可能性が高く、また新羅も高句麗から影響を受けていたと考えられる。残念ながら百済の文字資料は乏しく、そこでの漢文の変容を例証するには至っていないが、前述のエピソードは百済にも変格の漢文が存在したことを伺わせる。

以上のような資料を通してみると、朝鮮三国における漢文の変容は次のような過程を経ていったものと理解される。

①付属辞要素の慣用的固定的表現〔例〕中原高句麗碑「中」「之」

②非漢文的な構文表現〔例〕迎日冷水里新羅碑銘「所白了事」

③固有語の語法が反映する漢文的表現〔例〕迎日冷水里新羅碑銘「教…教」

④固有語の語順に従う表記〔例〕戊戌塢作碑銘

五　日本における漢文の変容

(1)『稲荷山古墳鉄剣銘』と『岡田山一号墳出土鉄刀銘』

『稲荷山古墳鉄剣銘』（四七一年）には「辛亥年七月中記」とあることにより、時格を表す「中」の用法が見えることはよく知られている。また、『江田船山古墳太刀銘』（五世紀後半）には「八十練九十振三寸上好刊刀」（八十たび練り、九十たび振《う》つ。三寸上好の刊刀なり）という表現が見える。『金錯銘花形飾鐶頭大刀』に「百練」、『七支刀銘』に「百練鋼七支刀」、『稲荷山古墳出土鉄剣銘』に「百練利刀」とあるのに照らすと、『江田船山古墳太刀銘』の銘文が純漢文ではあるが、文章作成の発想に、記紀万葉に見える「百足《ももた》らず八十《やそ》」（また「八十島《やそしま》」「八十伴男《やそとものを》」など）というような日本語の表現が絡んでいることは確かである。このような、漢文的ではない表現は、漢語・漢文に対する和語・和文の意識の芽生えでもあろう。

ちなみに、訓の、最古の確かな例は『岡田山一号墳出土鉄刀銘』（六世紀中葉）の「各田部」である。これはヌカタベ（額田部）と記したもので、漢文では固有名を音訳（音写）することが常套的であったのに対する、大きな変化である。このような訓の用法はおそらく朝鮮半島での用法に学んだものであろう（『日本書紀』巻二十四に見える「伊梨柯須弥」は「泉蓋蘇文」のことであるが、李基文『韓国語の歴史』（藤本幸夫訳、大修館書店、一九七五年）ではイリは「泉」の高句麗語であると見ている）。

(2)『菩薩半跏像銘』

七世紀初めになると、現存最古の和化漢文が確認できる（丙寅年は六〇六年）。

歳次丙寅年正月生十八日記高屋大夫為分韓婦夫人名阿麻古願南无頂礼作奏也

《訓読》　歳丙寅に次る年、正月生十八日に記す。高屋大夫、分れし韓の婦夫人、名は阿麻古が為に願ひ、南无頂礼して作り奏す。

「作奏」の「奏」を本動詞のマヲスと見る立場もあろうが、銘文の末尾に「……と奏《まを》す」という表現をとる銘文はこの時代に類例がないことから、これはマヲスの補助動詞の用法であろう。漢文では「奏」を、〈申し上げる〉という意で動詞（本動詞）として用いることはあっても、謙譲語の補助動詞として用いることはない。日本語の口頭表現がそのまま書き言葉に書き留められたことを示すものである。

ところで、西大寺本金光明最勝王経平安初期点などでは「たまふ」「たてまつる」「まをす」「います」など敬語の補助動詞が補読されている。このような訓読のあり方を見ると、「作奏」という表記も漢文訓読に由来する可能性がある。漢文の訓読とは漢字を訓によって解釈することであり、同時にそれは訓読によって訓がますます社会的に定着していくことにもなる。そもそも、漢文を日本語で理解する行為、すなわち訓読は、日本語の文章を新たに作り出すという意味で、日本語およびその表記に大きな影響を与えたのであった。

(3)『法隆寺金堂四天王像銘』

先に述べたように、高句麗からの国書を史部が解釈することができず、王辰爾がこれを解読したという日本書紀の記事は「韓化漢文」の伝来を象徴的に示すものであろう。「韓化漢文」は日本語の語順そのものでもあり、また訓に従えば日本語として理解できる。このような「韓化」の漢文は「和化」の漢文の源流をなすものと見てよい。韓化漢文の手法を借りることで、日本語において書き言葉の新たな段階を迎えるのである。

『法隆寺金堂四天王像銘』（六五〇年頃）は日本語の語順のままに記されたものである。

山口大口費上而次木閇二人作也　（広目天光背）

《訓読》山口大口費を上として次木閇と二人して作るぞ。

薬師徳保上而鉄師手古二人作也　（多聞天光背）

《訓読》薬師徳保を上として鉄師手古と二人して作るぞ。

接続助詞「て」に相当する「而」の表記はこれ以前の文章表記には見られないものである点も注意される。ただ、この文章では『菩薩半跏像銘』の「作奏」（作り奏す）とは異なり、「作」（作る）とだけあって、敬語の補助動詞が記されていない。同じような時期の製作にかかる、『釈迦如来及脇侍像銘』（法隆寺蔵、戊子年＝六二八年）の「敬造釈迦仏像」、『光背』（観心寺蔵、戊午年＝六五八年）の「敬造弥陀仏像」などの同趣の表現とは明らかに異なるもので、メモや書き付けの類に近いと見られる。そのような簡略な記録であるため、日本語の語順のまま、和化された漢文で書かれたと考えることもできる。こうして、七世紀中葉には口頭語に基づいた書き言葉がかなり用いられるようになっていたと認められる。このような書記法は歌の文字化にも採用されることとなり、柿本人麻呂歌集（略体歌表記は六八〇年以前成立と見られる）には次のような表記が見られる。

春日山雲座隠雖遠家不念公念（巻十一　2454）

（春日山雲居隠りて遠けども家は思はず君をしぞ思ふ）

「雖」「不」などの助字は返読すべき位置に置かれているが、第四・五句では「思ふ」の目的語はその前に記されていて、日本語の語順のままである。ちなみに、否定の助字の用字法については『壬申誓記石』の「不安」と共通していることも注目される。こうして、口に出した言語音のままに表記するというシステムが確立されていったのである。

このような漢文の変容を、朝鮮三国の場合と対照させると次のようになる。

①付属辞要素の慣用的固定的表現〔例〕稲荷山古墳鉄剣銘「中」
②非漢文的な表現〔例〕江田船山古墳太刀銘「八十練」、岡田山一号墳出土鉄刀銘「各田部」
③固有語の語法が反映する漢文的表現〔例〕菩薩半跏像銘「奏」
④固有語の語順に従う表記〔例〕法隆寺金堂四天王像銘

六　漢文からの逸脱へ

朝鮮三国と日本では、基本的に同じような段階を踏んで漢文が変容していったという共通点が見られることは明らかである。すなわち、固有語に影響された書記法が朝鮮三国で少しずつ発達し、それが日本に伝来し定着していったことを如実に物語っている。また、これは訓点の書記法にも通じるものである。同じ膠着語という性質を有しているため、朝鮮三国での変容の過程を日本語でも可能にさせたのであろう。

ただ、その後において、日本語は独自の書記法を発達させる。それは万葉仮名によって音節表記する様式である。

難波宮跡出土木簡（七世紀中頃という）
　皮留久左乃皮斯米之刀斯□
北大津遺跡木簡（七世紀後半）
　賛　田須久

前者は近年出土したもので、「春草《はるくさ》の初《はじ》めの（し）年《とし》」という和歌の一部であろうと考えられている。トシ（年）のトは上代特殊仮名遣いでト乙類であるが、ト甲類の「刀」が用いられている点で、疑問も残る。ただ、七世紀末には一音一字表記の「難波津」木簡が多く出土しており、万葉仮名による韻文表記は七世紀代に発達したものであることは間違いない。後者は漢文の訓読注と見られ、「賛」の字にその意義として小字双行で「タスク」という訓を示したものである。それが音義の類の注においてであれ、固有名ではなく普通の単語が、漢字で表意的に書き記されるのではなく、万葉仮名で表音表記されていることは留意すべき点である。このような一音一字式の表記様式は、表語文字としての本来の漢字使用から逸脱し、単なる音節文字としての「仮《か》の字《な》」という性格を強めていく。漢文のさらなる変容は、日本において仮名文（万葉仮名文）の成立という方向へと踏み出していくことになる。

万葉仮名専用の文章表記が朝鮮半島では発達せずに、日本で大いに発達したのはなぜであろうか。いろいろな理由が考えられるが、主たるものとして次の二点をあげておく。

(1) 日本語は音節構造が単純な開音節言語であるため、無韻尾の漢字を用いれば、比較的容易に音韻を書き表すことができたこと。

(2) 日本は中国と地理的により隔たっているため、中国からの政治的文化的影響力がより小さかったこと。

七世紀半ば以降、新羅と日本それぞれの言語の書記法に少なからぬ差異が生じていったのは、そのような言語内的要因と言語外的要因などによるものと見られる。また、白雉四年（六五三）の遣唐使の顔触れからもわかるように、七世紀半ば以降、渡来系の人々に代わって、土着系の倭人が学問・文化の面で台頭してきたことも新たな書記法や表現法を生み出す契機となったであろう。ここに、漢字文化圏のなかに新たな変種の出現を見るのである。

最後に、今後もますます、日韓両国において更なる古代資料の発掘・発見が行われることによって、古代東アジアにおける書記法の共通性と特殊性がより明らかになっていくことを期待したい。

第四節　漢文の受容と訓読

一　漢字の受容

漢字の受容　日本語、それを遡ると倭国語と呼ぶ方が穏当であろうが、それと最初に邂逅した文字は漢字であった。漢字は文章表記として本来は漢文（中国語）を書き表す文字体系である。一般に文明の高きから低きに文物が伝播するように、漢字は東アジアで唯一文字を有した中国から近隣の地域に伝わったのであるが、そのような漢字がいつどのように倭国に受容されてきたのであろうか。

漢文の受容に触れる前に、まずこの点について簡略に述べておきたいと思う（詳しくは第一章第一節を参照されたい）。漢字は字形・字音・字義という三つの側面を有しているが、これを「形音義」と呼ぶことがある。この三つの側面は漢字の受容のされ方と段階的に深く関わっている。

まず第一の段階は、いわゆる金印や鏡、また七支刀など大陸伝来の金石文、ならびに土器などに刻書・墨書された史料に反映されているものである。仿製鏡のなかには、文字が漢字の体裁を有していないものも多く、このことは、一般の倭国の人たちには漢字が一種の模様のようなものとして意識されていたことを示すものであろう。土器などの刻書・墨書に関しては一字のものが多く、なかには複数の漢字と見るべきものも若干あるが、いずれも文章の体裁をなすものとは認められず、漢文を表記するための文字であるという意識には達していない。すなわち、この第一の段階では、漢字はその「形」が受容され模写されたのであって、倭国の人々には呪力や権威の象徴として意識されていたというレベルが想定される。

第二は、漢字漢文の本格的な伝来にともなって、漢文の書き方そのものをそっくり模倣するという段階であって、伝達内容を漢文（純漢文）で記し、倭国語の固有名は音訳するというものである。『稲荷山古墳鉄剣銘』がこの段階の代表例であり、そこには人名・地名が借音字によって書き表されていることは周知のとおりである。ただし、中国においても外国語の固有名などを音訳した例がすでに漢訳仏典や史書などに見えており、梵語（サンスクリット）のŚākyaを「釈迦」、naraka（地獄の意）を「奈落」というようにその音が字音によって書き写されている。また、倭国語との関係でいえば、その音訳例は『魏書』東夷伝倭人条の「伊都（国）」「卑弥呼」などに確認できる。このような仮借の用法を日本では万葉仮名と呼び慣わしているが、文章表記自体は音訳を除くと中国語そのものであって、しかもその音訳という手法も中国語に既存のものであった。もちろん文章全体を意訳して日本語に翻訳することもあったであろうが、日本語と直接に関係するのはその音節表記に用いる「音」のレベルであったのがこの段階である。

第三の段階は「義」の受容ということになるが、それは中国語ではない他の言語において「訓」と呼ばれるものに相当する。すなわち、字義に対応させて、他の言語の単語をそれに当てること、またはその単語のことをいうが、日本列島においては『岡田山一号墳鉄刀銘』（島根県松江市大草町、六世紀中葉）の「各田マ」（「各」は「額」、「マ」は「部」の省文で、「額田部」でヌカタベを表記したもの）が訓の現存最古の確例である。

各田マ臣□□□素伯大利刀

漢字と和語　このような訓は、古代朝鮮半島ではかなり古くから行われていたと見られる。なかでも高句麗は、楽浪郡などとの接触によって漢字の使用が始まり、それにともなって比較的早い時期から訓も確立されていたようで、それらは『三国史記』の地名表記から窺い知ることができる。そして、そのような訓の用法を、渡来人が日本列島に持ち込んだのである。しかし、漢字と和語（やまとことば）との固定的な結合において、それが社会共通のものとして広く認められるためにはそれなりの時間が要する。訓という用法が五世紀以前に一部行われていた可能性を全くは否定できないが、書記活動における訓の本格的な使用は漢籍・仏典の理解行為が増大していく六世紀前半に始まると見るのが穏当である。このように、漢字の受容は「義」という第三の段階で、一応完結したと見ることができよう。

二　漢文の伝来

渡来人と留学生　書物の舶来に関する起源的な記事としては、『古事記』の次のような一節がつとに知られている。

又科賜百済国、若有賢人者貢上、故受命以貢上人、名和邇吉師、即論語十巻・千字文一巻幷十一巻、付是人即貢進。（応神記）

この『論語』『千字文』は応神朝の頃に漢文もしくは学問が伝来したということを象徴させたものであって、史実そのものと見ることはできない。しかし、古くそのような初学の書物によって漢字漢文が学習されていたことは事実であろう。学令に『論語』『孝経』を必修とすると記されているように、また観音寺遺跡（徳島市国府町）出土の木簡には「論語」（六四〇年前後のものか）と記されたものや、「子曰　学而習時不孤□乎□自朋遠方来亦時楽乎人不□亦不慍」などと『論語』学而篇の一部が記されたものが見えるなど、おそらく地方の官人に至るまで初学者はまず『千字文』や『論語』などを学んだのであろう。もちろん、他にも漢籍、後には仏典の類が舶来したであろうが、ただし、そのような書物の舶来がそのまま漢文の伝来ととらえることはできない。すなわち、書物だけは伝来したが、それを理解できる人や教える人がいなければ、初学者の漢文の理解や学習がおぼつかない。その初期の段階では、畢竟どのような書物が舶来したのかということが問題となるのではなく、まずは漢文を書ける能力を有する人を介して漢文が伝来したことに留意すべきであろう。

文字に関わって渡来した人についての、最も古い年代の記事は『日本書紀』に次のように見える。

応神八年三月　　阿花王が王子直支を遣わす（百済記所引）

応神十四年　　秦氏の祖の弓月君が百済より来朝する（是歳条）

応神十五年八月丁卯　百済王が阿直岐を遣わして、良馬二匹を貢る

応神十六年二月　　王仁が来朝し、太子菟道稚郎子がこれに師事する

応神二十年九月　　倭漢直の祖の阿知使主や、その子都加使主らが渡来する

これらの一連の記事は、後に有力氏族となる渡来系の人々の第一陣が応神朝の四世紀末から五世紀にかけて盛んに渡来したことを象徴的に示すものである。そして、この時期以降、渡来人およびその子孫によって日本列島における文字表記が本格的に開始されたことをも物語っている。そのなかには、中国人が直接中国から、また朝鮮半島を経由して渡来したというケースも否定できないものの、基本的には、中国人の子孫であるにせよ、古代朝鮮半島に住んでいた人たちがそこでその当時使っていた漢文を日本列島にもたらしたと見られる。そして、文筆をもって大和朝廷に仕えた「史《ふびと》」という官人集団を形成して日本語の表記を担っていくことになるのである。このように初期の段階では渡来人および渡来系の人々が文筆の任に当たっており、推古十六年（六〇八）に遣隋使に随行した、倭漢直福因など八名の学生や学問僧はいずれも渡来系氏族の出身であったこともその一例である。その後、『日本書紀』によれば、白雉四年（六五三）に至ってようやく土着系の倭国人が遣唐使に随行している（孝徳紀白雉四年五月壬戌条）。その時の学問僧の一人が藤原（中臣）鎌足の長子、定恵（貞慧）であり、また学生には巨勢臣薬、氷連老人などの名も見える。

このように学問僧・学生に非渡来系の者が任命され、直接中国に留学することができるようになったということは、

渡来系の人々以外にも漢文能力の高い者が育ってきたということに他ならない（馬淵和夫『上代のことば』至文堂、一九七〇年）。しかし、逆に言えば、その頃までは渡来系の氏族の出身者によって、漢字漢文による文筆活動がいわば独占的に継承されてきたことを意味するものであり、それは漢文修得の過程を想定すれば当然のこととも言えよう。

ところで、漢字は漢文という中国語の文章を書き記すためのものであり、このことは漢字が中国語の文法に基づいて用いられるものであることをも意味する。日本語には固有の文字がなかったから、漢字と出会って初めて日本語が書き記されるようになった。その当初においては取りあえず、漢文という中国語そのものを用いて表現すべき内容を書き記すしかなかった。おそらく倭国は大陸との外交上、通訳として中国語を話し、また書ける人を擁していたと見てよかろう。中国語の読み書き能力のある人物によって、外国語である中国語で外交儀礼用の文章が作成されることはあったと想定されるが、それは東アジアにおいて、中国語が共通語として用いられていたということにすぎない。それと四世紀末以降渡来した史との大きな違いは、倭国において内政上漢文を用い始めたということであり、大陸文化を背景としてさまざまな分野の高い文化とともに書記用言語が伝来したという意味で歴史上画期的な出来事であったのである。

こうして国内における本格的な漢字の使用が始まることとなり、ここに漢文によって倭国の事柄を書き記すという、いわゆる書き言葉が行われるに至るのである。このような「漢文による倭国の書き言葉の創始」という言い回しは一見奇妙に見えるが、その奇妙さゆえに漢字の用法に変容が始まることになる。ただし、それは漢民族以外の漢字文化圏の地域に共通する事情でもある。

渡来人の漢文　それでは渡来人がもたらした漢文とはどのようなものであり、その子孫たち、すなわち史はどのようなレベルの漢文能力を継承していったのであろうか。まず、後者についていえば、普通に予想されるのは、世代が下れば下るほど徐々に漢文能力が低下していったかもしれないということであろう。しかし、実際は手を拱いて能力低下を容認したというのではなく、六世紀に入った継体朝では、百済から儒学を積極的に移入しようとしているのであった。

継体七年（五一三）　百済が五経博士の段楊爾を奉る（六月条）

継体十年（五一六）　五経博士、段楊爾に代わって漢高安茂が来朝する（九月条）

そして、欽明十五年（五五四）には、百済が五経博士、王柳貴に代えて固徳馬丁安を、僧、道深らに代えて曇慧などを来朝させている。さらに、医博士・易博士・暦博士・採薬師・楽人なども百済から渡来した（二月条）。これらに加えて、欽明十三年（五五二）十月に、百済の聖明王による釈迦仏金銅像一軀、幡蓋若干、経論若干巻の献上、すなわち仏教の公伝があった（『上宮聖徳法王帝説』『元興寺縁起』では仏教の公伝を戊午年すなわち宣化三年（五三八）のこととしている）。このように、六世紀前半頃においては、儒学・仏教・医学などの移入、そして新たな学者・僧侶たちの渡来にともなって、漢文による学習分野は多岐にわたり、おそらく学習の機会も増大したと見られる。したがって、漢文能力が徐々に低下していったなどという予想は成り立ちにくく、それとは逆に、ある一定の漢文能力が継承されていたと見るのが自然であろう。

俗漢文　これに対して、『日本書紀』敏達元年（五七二）五月丙辰条に、高句麗の国書を東西の諸々の史が解読できなかったが、船史の祖である王辰爾がこれを見事に読み解いたという記事が見える。一般には、これを史たちの漢文能力の低下を示すものと説かれているが、この見方は先の解釈と齟齬する。高句麗の国書を、その漢文運用能力の低さから読めなかったというのでは、欽明朝における儒学・仏教などの学習はおよそ真似事にすぎず、その学問的理解は到底不可能であったということになるのではなかろうか。もちろん、なかにはそのような能力の低い者もいたかもしれないが、史たち全体に対してそのような見方をとるのはやはり行き過ぎであろう。

前節でも述べたように、高麗人の書いた文章は正格漢文ではなく、中国語としては読めなかったために、史たちがそれを解読できなかったと解すべきである。つまり、高句麗の国書は、漢字をその正用に従って読むと意味のわからないような、中国語としては読めない漢文であったと想定される。朝鮮半島における、このような漢文を鮎貝房之進は「俗漢文」と名付けている（河野六郎「古事記に於ける漢字使用」『河野六郎著作集3』平凡社、一九八〇年）。その際、高句麗の国書に書かれた「俗漢文」がとりわけ悪文であったという可能性も否定できないが、その当時日本においては変格の漢文が一般には意識されていなかったために、諸々の史たちはそのような漢文を解読するコードを持ち合わせていなかったということを物語るように思われる。一方、王辰爾は『続日本紀』延暦九年七月辛巳条によれば、百済国王貴須王を祖とするという伝承を持ち、そのような百済からの新たな渡来人であったがゆえに、当時朝鮮半島で用いられていた「俗漢文」を解読することができたというようにこの記事を解釈するのが穏当であろう。そして、この説話は、敏達朝頃から古代朝鮮の「俗漢文」の体裁をとる文章表記が日本列島でも広まっていったことを象徴的に示すものかもしれない。

その古代朝鮮における漢文についてはすでに第三節で触れたので、その詳細は省くことにするが、『戊戌塢作碑銘』（五七八年）、『南山新城碑』（五九一年）には明らかに新羅語の語順通りに漢字が並べられた、破格の漢文が用いられていることがわかる。そして、『戊戌塢作碑銘』のような俗漢文が地方の下級官人によって書かれている点も注目すべきであろう。つまり、六世紀後半の新羅にあっては、少なくとも地方においては実用的な変格漢文が通用していたことは疑いない。前に王辰爾の解読記事から高句麗の国書における変格漢文の使用を推測したが、新羅のこのような状況は、むしろ漢字使用の先進国、高句麗からもたらされたものかと思われる。百済については史料が乏しく現在のところ確かなことは不明であるが、おそらくは変格漢文の跋扈は三国に共通することであったのではなかろうか。ただし、百済も日本への漢字文化の公的な伝授には正格の漢文を用いるのが建前であったであろう。王辰爾は、欽明十四年（五五三）七月甲子条に船との関係が記されていることから見て、文筆に直接関わることのない分野の新しい渡来人であって、それゆえ変格の漢文に明るかったということも考えられる。もちろん、王辰爾にまつわるこれらの記事が事実そのものではないにせよ、それが朝鮮三国からの変格漢文の伝来とその時期を暗に物語るという見方は蓋然性が高いように思われる。朝鮮半島の固有語の影響を受けた変格漢文が、遅くとも六世紀の第4四半世紀には確実に存在していることとも時期的に符合するものであり、また六世紀末から七世紀にかけての推古朝に現存最古の変格の漢文（和化漢文）が確認できることとも時期的にほぼ照合するのである。

三　和化された漢文

和化漢文　現存最古の和化漢文は東京国立博物館蔵『菩薩半跏像銘』（六〇六年）であることはすでに述べたところであるが、このような和化表現が見えるようになるのは、本節の冒頭で述べた、漢字受容の第三段階としての訓の成立を前提としたものであり、また古代朝鮮半島で行われていた変格漢文が渡来人によって日本列島に持ち込まれたことに由来している。朝鮮三国のいわゆる「俗漢文」は日本語の語順そのものでもあり、また漢字を訓で読めば日本語としても理解できる性格のものである。このような「韓風」の漢文は「和風」の漢文の源流をなすものと見て間違いない。韓化表記の手法を借りることで、日本語における新たな書き言葉が創始されたと言える。

ただし、前記『菩薩半跏像銘』における「和風」の表現が敬語に関係して見られるということは、たとえば西大寺本金光明最勝王経平安初期点などに「たまふ」「たてまつる」「まをす」「います」などを補読しているように、漢文の訓読とかかわっている可能性を示唆している。そもそも漢文を日本語で理解する行為、すなわち訓読は、日本語の文章を作り出すという意味で、日本語の散文表現に大きな影響を与えたことを想起しておかねばならない。その文章は、話し言葉に基づくものでもなく、もちろんその当時もあったであろう歌謡などの韻文とも質の異なる、漢文の翻訳というレベルにおける新たな文体として創造されたものであった。

和文体と訓　このような日本語的な書き言葉のあり方を、「漢文体」に対して「和文体」と呼ぶことが許されるであろうが、この「和文体」とは〈日本語を基盤とした書記体〉というほどの意であって、平安時代の、〈話し言葉に基づく表現文体〉という意の「和文体」とは性質を異にする。訓が成立した当初、単語のレベルでは、たとえばヌタカベを「各（額）田部」というように当てることはできたであろうが、格表示や付属語表現などが関わる文というレベルでは漢文との文法上の乖離も大きいことから、訓によって漢字を並べさえすれば、それで書記ができたとは想定できない。つまり、話し言葉に基づいて文章表記するという段階には至っていないものであって、日本語の書き言葉は、ある表現内容を書き記すという行為そのものが所与のものではなく、漢文の理解（訓読）と漢文の模倣というなかで徐々に形成されてきたという性格のものである。その意味で、話し言葉に近づけようとして洗練されていく過程における七世紀の「和文体」と、その結果話し言葉に近いものとして確立された平安時代の「和文体」とは共通点があるとともに大きな差違が見られる。

ところで、訓読という行為と、漢字の訓とは表裏一体の関係にある。訓によって訓読することが可能になると同時に、訓読することによって訓が次第に定着していくのである。前記『菩薩半跏像銘』における「奏」の補助動詞マヲス表記はその段階を如実に反映したものであろう。漢文訓読が六世紀代から始まったと見ることとも、時期的に齟齬しない。このように、散文的な表現形式は主として漢文の訓読と朝鮮三国の俗漢文の模倣とによって形成されたと考えられる。

和化漢文の資料としてそれに次ぐと見られるのが『法隆寺金堂四天王像銘』（法隆寺蔵、六五〇年頃）で、そこでは、日本語の語順のままに表記されており、接続助詞「て」に相当する「而」の表記はそれ以前の文章表記には見られないものであった。「而」が接続助詞「て」の訓読として定着していたことを背景としていることは疑いない。

右のように、七世紀中葉には口頭語により近づいた書き言葉が用いられるようになってきており、古代の書き言葉は新たな段階に入ったと見てよかろう。それは天武朝における柿本人麻呂歌集編集という和歌の文字化につながるもので、口に出した言語音のままに表記することを可能にするシステムでもあった。そこに、この新しい表記システムに深く関与する漢文の訓読について最後に触れることにしたい。

四　黎明期の漢文訓読

漢文の訓読　翻訳、すなわちある表現内容をAという言語からBという言語に移し換えることは、Aという言語に対する理解行為であると同時に、Bという言語によってその事柄を言い表す表現行為でもある。漢文によって表現されている内容を日本語に移し替えるという訓読（漢文訓読）が単に漢文を理解することにとどまるものではないという点には特に留意する必要がある。つまり、漢文の訓読は日本語による表現行為でもあり、日本語で書き記すという側面をも内包していることをまずは強調しておきたいと思う。
漢文の訓読自体について言えば、その最も古い痕跡は、七世紀後半と推定される北大津遺跡（滋賀県大津市）出土の、いわゆる「音義」木簡に見られる。この注記の形式には大きく二通りのものが見える。
A　万葉仮名で読みを示したもの

賛田須久

誈阿佐ム加ム移母

精久皮之

B　漢字で意味を示したもの

采取

披開

大字で掲出した漢字の下に、いずれもその読みや意味が小字または小字双行で記されている。このうち、Aの第二例の被注字「誈」の字は字書類には見えないが、これは「誣」の異体字かと考えられる。「欺かむやも」というように、アザムク（欺）に助動詞ム、助詞ヤモが接続した表現となっていて、原漢文（それがどのような典籍であるかは現在未詳）を訓読したままの読みを記した「音義」の類と認められよう。

中国の音義は字音または字義を注記したものであるが、右の木簡がAの方式で日本語の発音（音）を示し、Bの方式でよりわかりやすいように漢字の意味（義）を示している。中国の音義書に倣ったものではあるが、特にAの方式は日本語に即したものであり、訓読や訓詁のあり方を見る上できわめて貴重である。それとともにAの第二例から知られるように、その発音の注記が後世の字書のように、対応する意味としての和語のみを記したのではなく、本文の文脈に従って訓読した語句（読み下し）を記してある点も重要である。このような形式は、善珠（七二三～七九七）撰『成唯識論述記序釈』にもたとえば次のように見える。

秀比伊天多利

読み下した語句のままを注記するという形式は七世紀中葉頃までは確実に遡ることができるのである。さらに注目すべきは文脈に従った読み下しの注記から知られる訓読の語法である。『万葉集』では助詞ヤが反語の意を表して助動詞ムに接する場合、次のような語法をとる。

昔の人にまたも逢はめやも〈亦母相目八毛〉（巻一31）

雲に飛ぶ薬食むともまたをちめやも〈久毛爾得夫久須利波武等母麻多遠知米也母〉（巻五847）

すなわち、ヤモが助動詞ムに接する場合、その已然形に付いてメヤモとなる。この場合の已然形は強意の用法であり、歌の叙情的表現が露出したものかと見られる。これに対して、音義木簡ではアザムカムヤモというようにムヤモとなっていて、助詞ヤの終止形接続として中立的表現となっている。反語の意か否かはしばらく措くとしても、このような違いは『万葉集』のような韻文の表現と、漢文訓読のような散文的もしくは翻訳的表現とでは語法においてすでに差異があったことを示すものであろう。言い換えると、漢文訓読に用いる言葉は、七世紀中葉頃には歌の言葉と位相を異にするものとして存立していたということになる。そして、訓読の発生から定着に至る期間を逆算するに、それは六世紀にまで遡る蓋然性が高く、六世紀以降の五経博士の派遣や仏教の公伝などを通して内典外典を日本語で理解（訓読）することが頻繁に行なわれるようになったために、徐々に漢文訓読の語法も定着していったと見るのが自然であろう

読み方の定形化　読み下し方の定着に関しては、つとに山田孝雄『漢文訓読によりて伝へられたる語法』（宝文館出版、一九三五年）に言及がある。たとえば助動詞「しむ」（同書九四〜一〇一頁）についてみると、「しむ」は平安時代の仮名文学では敬意を表わすものがほとんどで、使役を表わす用法はきわめて少なく、これに対して、奈良時代には使役の「しむ」の用法しかないことを指摘した上で、次のように述べている。

これを以て論ずれば、「使」「令」「教」「俾」等を「しむ」とよむことも亦奈良朝以前によみはじめしままを踏襲

せるものといふべきなり。

このように、奈良時代以前に行なわれた漢文の読み方が徐々に定形化していったことが推測されていたのであるが、それがいつ頃から始まるのか、あるいはいつ頃には行われていたのかという点に関しては、実例を欠いていたのが近年までの状況であった。その意味で、北大津遺跡出土の音義木簡の意義は大きい。

しかも、その万葉仮名に、ヤを「移」で表わすような、呉音より古い字音（いわゆる古音）が用いられていることも、この漢文訓読の経緯を示している。すなわち、古代朝鮮半島からの渡来人の末裔が表記をつかさどると同時に、漢文受容の担い手でもあったことは明らかであろう。

この音義木簡では「田」が唯一訓仮名として用いられている点も注目される。音仮名の文字列「須久」に「田」が交え用いられ、それが字音のデンではなく、訓のタを表象し、「賛」をタスクと読むべきことを注記しているのは、「田」における訓の定着度の高さを如実に物語っていよう。「田」は好字であって、しかも簡略な字体であるから、タの万葉仮名として用いられやすかったに違いない。このような訓仮名は漢文訓読を介した、漢字に対する訓の固定化を背景とするが、なかでも漢文助字の訓仮名用法は、黎明期の漢文訓読を考える上で重要な手がかりとなる。

者田　（法隆寺命過幡銘、壬午年〈六八二〉）

者々支　（藤原京跡出土木簡）

右のように『万葉集』以外にも、ハの訓仮名「者」は七世紀第4四半世紀に確実に見えている。漢文において主題の提示を表わす「者」がハと読まれ定着したということは、それが漢文訓読を媒介としていることを明示するものであり、また、その訓の固定度に関しても注目されるところである。

「矣」について　そこで、これに加えて漢文助字の「矣」をめぐる問題を考えてみたい。万葉仮名の「矣」が訓に由来すると意識されていたという指摘は古く三矢重松『古事記に於ける特殊なる訓法の研究』(文学社、一九二五年)に見られる。「地矣阿多良斯登許曾」(『古事記』上巻)の音注に「自阿以下七音以音」とあるのを引いて、「字音なるまじく思へど、いまだ先哲の説を見ず」と記し、その字義によって「我が感歎のヲ」に用いたと見るのが妥当かと述べている。このように訓に起源を持つとする見方を、有坂秀世『上代音韻攷』(三省堂、一九五五年)も支持している。

ところで、「矣」は止韻喩母であるから、古くオ段音に反映された可能性が高い。そして、「為・葦」などと声母を同じくしていることから、子音はワ行音に対応するものと見られる。すなわち、「矣」は古音としてヲという字音を有していた蓋然性がある。しかし、「矣」の万葉仮名としての使用には限定があって、音仮名としての一般性を欠いていることも見逃せない事実である。『万葉集』柿本人麻呂歌集の略体歌に見える「矣」の用法を見ると、次のとおりである。

花矣我小端見 (花を我はつはつに見て) (巻十一 1306)
夢見妹形矣 (夢にぞ見つる妹がすがたを) (巻十一 2241)
妹名告忌物矣 (妹が名告りついむべきものを) (巻十一 2441)
我妹吾矣念者 (わぎもこし吾を思はば) (巻十一 2462)
袖乾日無吾恋矣 (袖乾る日無く吾は恋ふるを) (巻十二 2849)
衣有裏服矣 (衣に有らなむしたに着ましを) (巻十二 2852)
聞鴨妹於事矣 (聞きてけるかも妹が上の事を) (巻十二 2855)

右のように助詞「を」に相当するところにしか用いられていない。このことは『古事記』においても同様であって、いまだ漢文助字としての用法から大きく逸脱しているとは言いがたく、単に音節を表わすレベルには達していない。

ただ、2462の「吾矣念者」の「矣」などは感歎の意を欠き、単に目的格のみを表すものと見ることもでき、次の伊場遺跡（静岡県浜松市）出土木簡の「矣」も同趣のものと認められる。

乙酉年二月□《(下カ)》□□《(父カ)》□□御□久何沽故□《(買カ)》□□

□御調矣本為而私部政負故沽支□者

□《(老カ)》天□□□□□□不患上白

「御調矣本為而私部政負故沽支」は「御調を本として、私部政負ふが故に沽りき……」と解釈できる。「矣」は格関係を明示したものであって、ヲの訓仮名と見るのが穏やかである。有坂秀世が述べているように、これらの「矣」の用法は漢文における強意を表す語気詞を転用したものであり、それは漢文訓読の場において「矣」字を固定的に「を」と一般に広く訓読されていたということを意味しよう。ここにも七世紀の後半における、訓読の固定化が反映していると言える。

ちなみに、「矣」は公州宋山里で発掘された塼銘に次のような例が見える。

梁官瓦為師矣

これは、「梁の官の瓦を手本（師）とした」という意に解されている（韓国古代社会研究所編『訳註韓国古代金石文』一、駕洛国史蹟開発研究所、一九九二年）。同じ発掘場所からは「壬辰年」の年紀のある塼銘が発掘されているが、この「矣」が百済で用いられた語気詞の現存最古の確例となる。このような「矣」の用法は漢文の本来的用法に基づくものであるが、百済での「矣」の使用が和文に影響を与えるとともに、それが和語で「を」と読まれるようになったのかもしれない。近年、小林芳規の一連の研究（「韓国における角筆文献の発見とその意義――日本古訓点との関係――」『朝鮮学報』一八二、二〇〇二年、『角筆文献研究導論』汲古書院、二〇〇四年）によって新羅から訓点が由来したことが明らかになりつつあるが、七世紀以前でも別の段階で、漢文訓読において朝鮮半島からの影響があった可能性も考えられる。

「てあり」という文体　この点に関連して、次に「てあり」の表現形式を取り上げることにしたい。『続日本紀』の宣命には「てあり」という表現が第25詔に初めて見え、それ以降の第26詔から第46詔の称徳期に集中し、都合四一例にのぼる。これに対して、この時期におけるタリ（テアリの融合形）の用例はわずか三例にすぎない。

復己我先霊仁祈願弊流書乎見流仁、云天在良久、「(中略)」止云利。「復己怨男女二人在。此乎殺賜弊」止云天在。（第34詔、天平神護元年八月一日）

《訓読》また己が先霊《おやのみたま》に祈《こ》ひ願へる書《ふみ》を見るに云ひてあらく、「……」と云へり。「また己が怨男女《あたをとこをみな》二人あり。これを殺し賜へ」と云ひてあり。

「云ひてあらく『……』と云へり。また『……』と云ひてあり」というように、「云ひてあらく」が一旦「と云へり」と呼応するが、その後「また」で続けて最終的に「と云ひてあり」と呼応していて、全体としては「てあり」の形式で呼応している。ここでは、「また己の祖先の霊にこい願った文書を見るに、言っていることには」というように、結果の残存のような意として用いられている。

今年乃六月十六日申時仁東南之角爾当天甚奇久異爾麗岐雲、七色相交天立登天在。（第42詔、神護景雲元年八月十六日）

《訓読》今年の六月十六日の申の時に、東南の角に当たりて、いとあやしく異に麗しき雲、七色相交じりて立ち登りてあり。

六月十七日尓度会郡乃等由気乃宮乃上仁当天、五色瑞雲起覆天在。（同右）

《訓読》六月十七日に、度会の郡の等由気の宮の上に当たりて、五色の瑞《あや》しき雲立ち覆ひてあり。

タリとはならない未融合形テアリには、「あり」の意味が強く示されていて、存続・継続の用法も多く見受けられるが、右のように過去の出来事の叙述にも用いられている。すなわち、完了だけでなく過去の事態をも表わしている点で形式的な文末表現としての側面も有しているように考えられる。このことに関して、春日和男『存在詞に関する研究』（風間書房、一九六八年）は「テアリの形は当時僧侶によつて保たれたやゝ保守的な用語ではなかつたか」と述べ、成実論天長点では、連体形はタルと融合するのに対して、終止形は次のようにテアリとなる例を示している。

　即得解脱（即ち解脱を得てあり）　（巻二十一）

仮にテアリ体に継続の意味が強く実質的な表現価値があれば、光仁期以降も当然用いられてよいところである。しかし、それ以後に「てあり」の使用が見られないということは、テアリ体が実質的意味においてではなく、一種の文末形式としてのみ機能していたからではなかろうか。称徳期宣命における漢文訓読の影響については以前に指摘したことがあり（拙著『日本古代の表記と文体』吉川弘文館、二〇〇〇年）、テアリはそのような漢文訓読に特有の文体であった可能性が高い。そして、それは奈良時代以前から受け継がれた読み下しの形式であったように思われる。

「在」がテアリもしくはタリに用いられたものは『万葉集』より以前にも七世紀中葉に見られる。

・奴我罷間盗以此□在
　□言在也自午年□□　（難波宮跡出土木簡、七世紀中葉）

「□在」が「往在」であるとすれば、「奴我罷る間、盗みて此を以て往き在《た》り」（国立歴史民俗博物館『古代日本　文字のある風景』朝日新聞社、二〇〇二年）もしくは「往きて在《あ》り」（テは無表記）というような表記と見られる。「在」をタリもしくはテアリに当てる用法は新羅の『戊戌塢作碑銘』に「此成在□人者」（一行目）と見え、「此を成したる□人は」などの意味かと解される。新羅におけるこのような「在」の用法について詳しくは不明であるが、こうした俗漢文の用字法が日本にも普及し、前記の難波宮跡出土木簡に見えるような「在」の使用に至ったと見るべきであろう。

それとともに、「在」が未融合形テアリとして散文に用いられ、そのテアリがさらに漢文の訓読においても文末形式の一種として用いられたことも十分に想定される。このように、称徳期における文末形式としてのテアリは七、八世紀代の漢文訓読の一端をうかがわせよう。

漢文訓読と字音　漢文の訓読には字音も使用したであろうことは、平安時代の訓点資料からも予測できることであるが、この方面でも飛鳥池遺跡からいわゆる字書木簡（八世紀初頭）が発見されている。

・熊《汙吾》羆彼《下》匝《ナ布》恋《累尓》○上横詠営詠

・蛬《皮伊》尸之忤懼

「熊」をウゴ（吾は子音韻尾ŋを表す）、「匝」はサフ（布は子音韻尾pを表す）というように、反切によらない、日本的な字音表記をも試みているのは、それだけ字音に親しくなっていたことの現れでもあろう。そして、その木簡が韻分類でも部首分類でもないところを見ると、何らかの文章から漢字を抜き出してその字音を記したもの、すなわち漢文訓読の場における営為であったとも考えられるのである。漢文の訓読において字音の注記にも心を砕くに至っていたということは、七世紀以前において訓読が社会的に定着していた一面を示すものかと思われる。

第二章　上代文献の文字法

第一節　上代の文字法

一　記号としての漢字

文字は言語音（音連鎖）と契約的に対応し、その音の記号としてコード化されるのが文字法の原則である。基本的には一対一の対応が曖昧性を排除する。その対応を厳密化するならば、語（もしくは形態素）を、その構成要素に可能な限り分析し、弁別特徴を有する最小単位である単音（もしくは音素）によって記述する方向に向かう。このような単音文字による記述方法はその文字体系に属する文字数を少なくし、より経済的である。単音文字は、記号表現《シニフィアン》の一部分を担い、線条的一次元的な音連鎖を導くべく配列される。その各々の文字は機械における部品のようなものであって、それらを組み立て統合することによって初めて何らかの価値が生じる。いわば聴覚映像に単音（音素）を一つ一つ刻みつけ、そのまとまりが一つの記号を形成する。

語を音声的に分解せずに、記号表現それ自体を一つの文字として表記したものが表語文字である。線条性の音連鎖から語を再生する単音文字よりも、語そして記号内容《シニフィエ》それ自体が視覚に訴えられる文字体系の方が、記号の意味作用において自律的、限定的である。その記号内容の喚起力は、漢字で言うならば、六書の一である象形に象徴されるような絵画的な限定符（漢字など表語文字を構成する最小の有意味な単位）によることもあれば、形声という音声的な限定符によることもある。いずれにせよ、その自律性、限定性は、同じ範列に属する他の語との排他的関係に基づいている。文字がそのまま視覚的に語を表示するという点で、絵画的な二次元的な性格を持つと言えよう。このような表語文字は、その語彙の体系において意味の差異が認められるだけの異なり字を必然的に要することとなる。漢字の総数は大漢和辞典によれば約五万にのぼる。また、それは表語文字という特性において、原則として（ある地域においては）一つの語そして音連鎖（音節）を象徴する記号である。

右のような漢字の自律性は方言音に相違の甚だしい中国にあっては望ましいもので、音を直接には介さなくともメッセージが伝達できるという利点があった。このことは、朝鮮・日本の構造の異なる言語においても、それが記号内容を有する以上、漢字による文字化が可能であることを示している。日本語の漢字利用には、漢字の記号表現の側面だけを借りてその記号内容を捨象する用法、すなわち六書でいう仮借と、記号表現である中国漢字音を捨象してその記号内容が和語（やまとことば）のそれと同一または類似である場合、その和語を表す記号として用いる用法、すなわち「訓《くん》」とがあった。「訓」という字の使用例としては、『古事記』の序文が有名である。

上古之時、言意並朴、敷レ文構レ句、於レ字即難。已因レ訓述者、詞不レ逮レ心。全以レ音連者、事趣更長。是以今、或一句之中、交二用音訓一、或一事之内、全以レ訓録。即、辞理叵レ見、以レ注明、意況易レ解、更非レ注。

太安万侶によれば、「訓」は、それによる表記では正確な伝達が望めないというのである。前述したように、漢字は表語文字として原則的には一つの中国漢字音を持つのであるが、文法や語彙の体系が相違する日本語においては、漢字の記号内容と和語が一対一で対応しないことも少なくないことから、複数の和語すなわち訓を持つこととなる。万葉集では「吾・我」などの一人称の人称代名詞は、「あ」「わ」のいずれで読むべきか紛わしいことが多い。また、巻一の一五番歌の結句「清明己曾」の訓読も諸家一致していないこと（たとえば、万葉集注釈ではマサヤカニコソ、日本古典文学大系本ではサヤニテリコソなど）など、その例証には事欠かない。

安万侶は古事記を、訓を中心として時には音を交えて記録した。亀井孝が「古事記が、後世の学者によつて、すべてにわたつてかなづけをほどこされるなどといふことの、ヤスマロにとつて思ひも及ばないところだつたのであることはいふまでもない」（「古事記はよめるか――散文の部分における字訓およびいはゆる訓読の問題――」『古事記大成3　言語文字篇』平凡社、一九五七年）と述べているように、万葉仮名の冗長な羅列に絶望して、記号表現に忠実な音写という方法を採らず、記号内容の統合にメッセージの伝達を委ねたということである。文脈が理解しやすい箇所については注を施すこともしないとも述べている。ここでは、特定の音を表すという記号の経済性を無視し、音列の厳密なる再生を予め放棄しているのである。

しかし、配列された漢字の文字列はその視覚性によって一定の意味のまとまりを表し、その統辞《シンタグム》による一定の文脈によって、個々の漢字は同じ範列《パラディグム》に属する訓のなかから特定の訓が選び出されるという構造を持つ。

春楊葛山発雲立座妹念　（巻十一2453）

右の人麻呂歌集の略体表記は文脈から訓が選ばれ、さらにそれに被《かぶ》さる韻律に支えられて、三十一《みそひと》文字《もじ》という音声の再生がなされうる。音数律が音列を規定するため、略体表記という「訓」だけの配列で十分であったという推測も成り立つ。このことは、漢字に対する特定の訓の結合がかなり固定的であったことを示している。

「訓」とは字義的には説明・よみ方の意であるが、漢字という表語文字の表す意味内容は、日本語の側においては当然のことながら和語をもってしか説明できない。したがって、訓《くん》は訳としての和語自体であり、和語から離れて訓は存在しない。そして、「春」を「はる」、「雲」を「くも」というように、漢字の本来的な字義に即した正規の訓を特に「正訓」と呼んでいる。この正訓の定着が、視覚的な認識において万葉仮名の冗長な羅列よりも経済的であるという表記原理の選択に基づき、前記のような略体表記を生み出したのである。

二　表訓機能

漢字は一部の助字を除いて一般に何らかの訓を持つ。このような、訓を表す機能を「表訓機能」と呼んでおく。表語文字である漢字が中国漢字音（もしくは和化された日本漢字音）を記号表現としたままで用いられることを、語を表すという本源的な意味で「表語機能」と呼びたいからである。表訓機能は漢字の基本的な正規の利用において認められるもので、これを中核的機能とするのが正訓字である。そして、いわゆる字音語は右の表語機能を中核的機能とするものである。

池神《いけがみの》 力士《りきじ》儛《まひ》可《か》母《も》　（巻十六3831）

比来之《このころの》吾恋《あがこひ》力《ちから》 記《しるし》 集《あつめ》 功《くう》尓《に》申者《まをさば》五位《ごゐ》乃《の》 冠《かがふり》　（巻十六3858）

「力士」「功」「五位」がそれである。

これに対して、記号内容を捨象し、その記号表現だけを記号として用いることもある。例えば、「師吉名倍手《しきなべて》」（巻一—1）のように、「師」はシ、「名」はナという音節を表すために用いられており、表語機能・表訓機能において認められる記号内容は関与せず全く捨象されている。このような場合の記号の働きを「表音機能」と呼ぼう。

ところで、上代（奈良時代以前）では、訓と漢字との結び付きが現代のようには強くなかった。

明日香川《あすかがは》四我良美《しがらみ》渡之《わたし》塞益者《せかませば》進留水母《ながるるみづも》能杼尓《のどに》賀《か》有萬死《あらまし》　（巻二197）

何時《いつ》左右二《までに》将生《いかむ》命曾《いのちぞ》凡 者《おほかたは》恋乍不有者《こひつつあらずは》死上有《しぬるまされり》　（巻十二2913）

「進」でナガル（流）、「上」でマサル[1]（勝）を表記するようにかなり緩やかなものであった。しかし、字義と訓とがこうした懸隔のあまりないものばかりではない。

待時而《ときまちて》落《ふりし》鐘礼《しぐれ》能《の》雨零奴《あめやみぬ》開 朝香《あけむあしたか》山之《やまの》将黄変《もみたむ》　（巻八1551）

観智院本類聚名義抄では、「零」の和訓として「オツ・フル」などが示されているように、漢語「零雨」は〈しとしとと降る雨〉の意であって、「零」は〈わずか〉ではあっても降っているというのが漢語の用法である。これに対して、右の万葉集では、「零」を、〈わずか〉であるから止んでいると捉えて、ヤムの表記としているのである。

漢字の「乏」の原義は、〈動きのとれないさま〉〈とぼしい〉の意であって、「出来月乃《いでくるつきの》光《ひかり》乏寸《ともしき》」（巻三290）など〈少ない〉〈貧しい〉の意などに用いられる一方、

味凝《うまこり》文尓《あやに》乏寸《ともしき》高照《たかてらす》日之御子《ひのみこ》　（巻二162）

吾妹子《わぎもこ》尓《に》吾恋行者《あがこひゆけば》乏雲《ともしくも》並居《ならびをる》鴨《かも》妹与勢能山《いもとせのやま》　（巻七1210）

〈心がひかれる〉〈羨ましい〉の意を表す場合にも用いられている。もちろん、この意味は漢語本来の意味にはない。基本的に訓は字義に対応するものではあっても、その字義と訓との意味領域が全体的に重なりあっていることが必ずしも前提となっているわけではない。部分的に一致していれば、訓が成り立っているのであり、また本来の意味にかかわらず、隣接する意味にも用いられるのである。そして、それは訓を介在させている限りにおいて正しく「訓」であるといえよう。

他方、次の「涙」「陰」のように、

涙言目《なくわれのめ》鴨迷《かもまとへる》大殿矣《おほとのを》振放見者《ふりさけみれば》　（巻十三3324）

陰夜之《くもりよの》田《た》時毛《どきも》不知《しらぬ》山越而《やまこえて》往座《います》君者《きみをば》何時《いつとか》将待《またむ》　（巻十二3186）

「なみだ→なく」「くらい→くもり」のように、関連の深いある特徴に着目してそれで換喩的に記すものも見える。この「涙」「陰」それぞれの用法は漢語に既に見えており、六書でいう「転注」、すなわち、本来の意味から転じて別の隣接した意味に用いる用法に相当する。前記の「零」「乏」との違いは漢語における用例の有無だけで、ともに「転注」一般として分類することもできる。これに対して、

寒過《ふゆすぎて》暖来良思《はるきたるらし》朝烏《あさひ》指《さす》滓鹿《かすが》能《の》山尓《やまに》霞軽引《かすみたなびく》　（巻十1844）

右の「寒」「暖」は、漢語においてはそれぞれ〈ふゆ〉〈はる〉の意味で用いられたことがないようであるが、ここでは、「ふゆ」「はる」という語が、その〈寒い〉〈暖かい〉という属性概念で提喩的に表わされている。本来の意味から転じて別の意味に転用するという点では、先の「涙」「陰」などの用法と共通しているが、その訓にあてる用字法は一般的でなく臨時的な特殊なものと認められる。こうしたことから、このような表記は特に「義訓」と呼ばれている。

一字による義訓の代表的なものとしては、このほか次のようなものがあげられる。

真気長《まけながく》恋心自《こふるこころゆ》白風《あきかぜに》妹音所聴《いもがおときこゆ》紐解往名《ひもときゆかな》　（巻十2016）

吾恋《あがこひを》嬬者《つまは》知遠《しれるを》往船乃《ゆくふねの》過而《すぎて》応来哉《くべしや》事毛《ことも》告火《つげなむ》　（巻十1998）

玉葛《たまかづら》絶事無《たゆることなく》万代尓《よろづよに》如是《かく》霜願跡《しもがもと》　（巻六920）

片岡之《かたをかの》此向峯《このむかつをに》椎蒔者《しひまかば》今年夏之《ことしのなつの》陰尓《かげに》将化《ならむ》疑《か》　（巻七1099）

最初二例の「白」「火」は、それぞれ本来の〈しろい〉〈ひ〉の意とは異なる用い方がなされているため義訓とされている。ほかにも、「金　厩《にしのうまや》・角　厩《ひむかしのうまや》」（巻十三3327）、「金待吾者《あきまつわれは》」（巻十2005）、「青草乎《はるくさを》」（巻十一2540）［「あをくさを」「わかくさ

を」と読む説もある」の「金・角・青」などが見える。また、後の二例の助詞ガモに当てた「願」、助詞カに当てた「疑」などは文法的範疇を転化したものである。これには、「やしろ」の訓から、社には祈ることから相手に対して希望する意の「こそ」の表記となった「社」や、〈およぶ〉意から「まで」の訓となった「及」などがあり、特に、「乍」のように、漢語で〈たちまち〉の意の副詞であったものが、万葉集ではツツの表記に転用されて、全く正訓と異なることなく頻用されているというものも見える。

五行説に基づくものや、文法構造の相違によって正訓の期待できない付属語の表記などの、これらの表記は文脈からコードを容易に推定して解読することができる。特に付属語は文脈による制限が強く、また五行説もパラダイムとして確立されており、コード化の度合が高い点で正訓に近いと言える。

こうした義訓が正訓と区別されるのは、その漢字の訓が一般的なものか特殊なものか、普遍的なものか個別的なものかという点にある。上代人のみならず、どの時代の人々でも、歴史的に本来の意味に遡って、それを語の中核的意味として意識するということはほとんどなかろう。一般に、前代から受け継いだ語の意味を、それが仮に本来の意味から隔たっていようとも、それを本来的なものとして意識するのである。言語の流れとしてこれは自然であって、語の中核的意味は固定的ではなく浮動性を有しているのである。共時的にも、人によって中核的意味に多少のズレがあることも事実である。その点で所与の表記を、歴史主義の立場から正訓か義訓かに厳密に区別しようとするのは意味がないと思われる。

ただ、一般的な表記か特殊な表記かという用字意識はあったに違いなく、その文字表現に骨身を削ったことは想像に難くない。仮に「なく」の表記に関して、「涙」が漢語にその用例があろうとも、通常多く用いられる一般的な「泣」を用いなかったということで、すでにすぐれて修辞的《レトリカル》であると言える。また巻十三3324のように一人称代名詞に上古漢語の用法の「言」を、巻十1844のように太陽には三本足のカラスが住んでいるという伝説から、ヒ（太陽）にその異称である「烏」を用いることなども、(2)特殊であるゆえに衒学的《ペダンティック》である。一般性と特殊性との相関にこそ上代人の表記意識を読み取るべきである。

正訓であるか義訓であるかという境界を厳密に線引きすることは、言語の自然な変化、漢語と日本語との語義・語法上のズレ、意識的な意義の転用など種々の要因によって本質的には不可能であり、分類自体にはあまり意義は認められない。しかし、説明のための一つの目安として便宜的に用いることに、この用語の価値を認めてもよかろう。

三　統合機能・置換機能・表意機能

さて、表訓機能において、訓としての和語と文字としての漢字との単位的対応関係を見ると、「はる」を「春」、「くも」を「雲」と書く類は一語一字表記であり、語を表していると言える。

真《ま》草苅荒野者《くさかるあらのには》雖者《あれど》　葉過去君之《もみちばのすぎにしきみが》形見《かたみ》跡《と》曾《ぞ》来《こ》師《し》　（巻一47）

右の「葉」は一字だけで「もみちば」と読むものと見られ、文脈にも依存していようが、「もみち」「は」の二語と対応している。また、

紫草乎《むらさきを》草跡《くさと》別々伏鹿之《わくわくふすしかの》野《の》者《は》殊異《ことに》為《し》而《て》心者同《こころはおなじ》　（巻十二3099）

右の「殊異」は、「殊欲服《ことにきほしき》」（巻七1314）、「異志麻尓」（正倉院文書天平勝宝九年宣命）のように、いずれも「こと」を正訓とするにもかかわらず、二字で一語を表記している。もっとも、「異」は万葉集では専ら「け（に）」の正訓字であって、この表記は「殊に異なって」の強調的用法とも考えられる。観智院本類聚名義抄にも見出し字に「殊異」とあってコトニの訓が付されており、漢語を出自とする並立的字義関係の表記であろう。

このように、語と文字とはその単位的境界を同じうするとは限らないが、万葉集では「大君《おほきみ》」（巻十八4094）のような分析的表記が多く、前記の「葉《もみちば》」や次の「王《おほきみ》」「皇《おほきみ》」のような非分析的表記は少数である。

王《おほきみは》者神西座者《かみにしませば》　（巻二205）

皇《おほきみは》者神二四座者《かみにしませば》　（巻三235）

分析的表記はその時代の単語の意識、そして漢字の意味作用と係わるが、次第に正訓字が浸透し体系化されてゆくことと相俟って、語（もしくは形態素）を表記単位とする分析的表記法が一般的であったと認められる。

ところで、「速」「稲」はそれぞれ「はやし」「いね」の正訓字であるが、この二字が分解できない一つのまとまりとして「わせ」という訓を表す場合がある。

嬬嬬等《をとめら》尓《に》行相乃《ゆきあひの》速稲《わせ》乎《を》苅時《かるときに》　（巻十2117）

このような表記を一般に「熟字訓」と呼んでいる。一字一字は訓を有しながら、熟合することによって各々の表訓機能を停止し、その記号内容の統合を経て特定の訓を表すのである。これを「統合機能」と名づけるならば、正訓であった「はやし」「いね」は統合機能によって表訓機能を消失し、「遅く」や「中間ぐらい」ではなく「はやく」という差異が、同じ範列に属する他の語――たとえば、「おくて」「なかて」から「わせ」を区別する。この限りではそれぞれの正訓は弁別的な意味特徴となっている。

このような熟字訓は万葉集には相当多く見える。そもそも言語のコードが異なるのであるから、漢字と訓が一対一で対応しない「速稲《わせ》」のような語彙体系の「ずれ」の露呈は不可避的である。ただ、その熟語は日本における新たな製作よりもすでに漢語として存在しているものを用いる方が圧倒的に多い。「鶏鳴《あかとき》」（巻二105）、「風流《みやび》」（巻二126）、「今朝《けさ》」（巻四540）、「黄泉《よみ》」（巻九1804）、「壮厳《かざりす》」（巻十一2361）、「本郷《くに》」（巻十九4144）などの類で、これらは漢語における熟語の意味内容を和語に対応させたものである。一方、日本で作られた熟字については、「春部《はるへ》者《は》花挿頭《はなかざし》持《もち》」（巻一38）などは比較的一般性が認められるため正訓的であるように見えるが、「遠音毛君之《とをおとにもきみが》痛念跡《なげくと》」（巻十九4215）などは、いかにも非漢文的で日本的な、個別的臨時的な印象が強く、義訓に分類されることになる。[3]ただ、日本語の側にあっては利用する漢字が一字であろうが、二字以上のまとまりであろうが、限定的に書き表せるならば、何ら区別する必要はない。その点で、これを正訓と呼ぶことも可能であろう。

　熟字訓のなかには、「今朝」のように意味作用の統合を通じて訓を導き出せるものもあるが、「景迹《こころ》」（巻十二2983）、「光儀《すがた》」（巻八1622）、「京兆《みさとつかさ》」（巻十六3859）などのように彼土からの借用としか考えられない表記もある。「こころ」のように正訓字として「心」「情」などがあるにもかかわらず、「景迹」という表記を用いるのはペダンティックでなければ、やはり戯れであろう。このような遊戯性は、正訓字を標準とした、それからの偏差において捉えられ、また表現技巧という美的観念にも通じる。

　統合機能は新たな訓を指向する。「向南山」（巻二161）の「向南」は南を向いている意から「きた」、「開木代」（巻七1286）の「開木」は木を切り開くところの意から「やま」、「聴去者為便無」（巻四532）の「聴去」は去くことをゆるす意から行かせる意の「やる」、「直海」（巻十三3335）は海にあたる意から海さながらの「にはたづみ」の訓とする。また、「白気《きり》」（巻七1113）、「火気《けぶり》」（巻十一2742）は類概念として提示した「気」の上にその意味特徴を示す。これらはその統合された意味内容が特定の訓に置き換えられたもので、そのような機能を「置換機能」と呼んでおく。熟字訓の場合、統合機能は必然的に置換機能を伴っている。

　このような置換機能は、熟字訓に限られることなく、既存の表訓機能の上に新たな訓を生み出す基盤でもある。全く脈絡のない無縁な記号に置換されることはなく、有縁な近接的関係にある訓と結びつく。「社」は「神社《かみのやしろ》」（巻十一2660）に見える「やしろ」の訓を持つが、社には祈ることから相手に対して希望する意の「こそ」の表記となっている。「乞」「与」も希望の意にかけられて「こそ」を表す。「鋒《と》心無《ごころもなし》」（巻十二2894）の「鋒」はほこの意であるが、ほこの先はとがっているところから「と」に用いる。また、「数悲哭《あまたかなしも》」（巻七1184）の「哭」は喪《も》の時に哭くことから「も」、「知僧《しるし》裳《も》無跡《なしと》」（巻四658）の「僧」は法師《ほふし》のことから「し」の万葉仮名として用いられている。また、「全夜」を文脈による全部否定から「ひとよ」と読むべき次の例は文脈依存の典型であろう。

荒田《あらた》夜《よ》之《の》全夜《ひとよ》毛《も》不落《おちず》夢《いめに》所見欲《みえこそ》　（巻十二3120）

〔「新夜《あらたよの》一夜《ひとよも》不落《おちず》夢《いめに》見与《みえこそ》」（巻十二2842）〕

熟字訓に話を戻そう。反対関係を示す「不」による「不怜《さぶし》」（巻二217）、「不遠《まちかき》」（巻四640）、「不穢《きよく》」（巻十1874）、「無」による「無恙《さきく》」（巻十二3204）や「少可《あしく》」（巻七1258）、「小可《あしく》」（巻十一2584）などは、「肯定／否定」という関係において、その置換機能は隣接的である。前記「殊異《ことに》」（巻十二3099）や「古昔《いにしへ》」（巻三339）、「更深《ふけ》」（巻十二2864）などの同義字の熟合は一方だけでも訓を表すに十分であって、他方はその確認とでも言うべき働きにすぎない。また、「速稲《わせ》」は「稲」が類概念を表し、「速」が意味特徴を示すため、「わせ」の訓を導き出しやすいが、次の「戯奴」のように、注を付さねばならないほど正訓という標準からの偏差が大きいものもある。

戯奴《わけ》変云和気之《が》為《ため》　（巻八1460）

このように、その置換機能の負担には大小あるが、装定や並立の字義関係が総体として訓と相関するのが一般的である。これに対して、その字義関係が直接、訓に反映されない表記も少なからず見える。これを四つに分類して示そう。

（1） 属性の表現

(a) 色

白雪仕物《ゆきじもの》 （巻三261）

(b) 形状

霰零吉志美我高嶺乎《あられふりきしみがたけを》 険跡《さがしみと》 （巻三385）〔嶺の高いようす〕

小石《いし》践渡《ふみわたり》 （巻四525）〔「こいしふみわたり」と読む説もある〕

東方重坂乎《あづまのさかを》 （巻十二3194）〔幾重にも続いている坂のようす〕

(c) 材料

木枕通而《まくらとほりて》 （巻十一2549）〔「而」を衍字として「こまくらとほり」と読む説もある〕

重石《いかり》下《おろし》 （巻十一2738）

(d) 性

妻呼雄鹿之《つまよぶしかの》 （巻十2141）

(e) 季節

春鵊《きぎし》鳴《なく》 （巻十1866）

冬薯蕷《ところ》葛《づら》 （巻七1133）

(f) 場所

夕衢《ゆふけ》占問《とひ》 （巻三420）〔「八十衢夕《やそのちまたにゆふけ》占問《とふ》」（巻十一2506）〕

(g) 使用法

櫂合《かぢ》之《の》声所聆《おときこゆ》　（巻六1062）〔かいは何本かずつ調子を合わせて漕ぐことから〕

(h)　役割

緑児之《みどりごの》為社《ためこそ》乳母《おも》者《は》 求云《もとむといへ》（巻十二2925）

(i)　美称

大卜《うら》置而《おきて》　（巻十三3333）〔「大夕ト置而」とする写本もある〕

梅花咲散苑尓《うめのはなさきちるそのに》吾将去《われゆかむ》君之《きみが》使乎《つかひを》片待香《かたまちが》花光《てり》　（巻十1900）〔花の咲きにおうようす〕

真玉《たま》葛《かづら》　（巻十二3071）〔字訓通り「またまづら」と読む説もある[4]〕

「白雪」は「雪」で「ゆき」の訓を表すにもかかわらず、「白」を書き添えて「しろい」の意を示す。音声（言《パロール》）には現れないが、文字法《エクリチュール》には意味内容が示されること、これは文字が音声に必ずしも従属していないことを意味している。このような、記号表現を捨象して記号内容だけを示す働きを「表意機能」と名づけておこう。右の「白」「重」「雄」「春」などはこの表意機能を担うもので、色、形状、性・季節などの属性を表現している。

(2)　同定 identification の表示

闇夜《やみ》有者《ならば》　（巻八1452）

妹之《いもが》咲容《ゑまひ》乎《を》　（巻八1627）

潔身《みそぎ》而《て》麻《ま》之《し》乎《を》　（巻三420）

身疾《やまひ》不有《あらせず》　（巻六1020・1021）

右は、闇であるのは夜、笑っているのは顔、病気をするのは身体という意で、「同定の表示」と仮に名づける。それぞれ、「闇《やみ》尓《に》見《み》成而《なして》」（巻四690）、「吾妹《わぎも》子《こ》之《が》咲眉引《ゑまひまよびき》」（巻十二2900）、「往水《ゆくみづ》丹《に》潔而《みそぎて》益乎《ましを》」（巻六948）、「心中《こころのうち》尓《に》疾《やまひ》跡《と》成有《なれり》」（巻七1395）〔「つつみ」「いたみ」と読む説もある〕のように、一方の漢字で訓を表しうるが、さらに表意機能の漢字を書き添えることで意味内容を補おうとするものである。

（3）類の提示

何物《なに》之《の》花《はな》其毛《ぞも》　（巻八1420）

従此《こ》間《ゆ》別《わかれ》者《なば》　（巻九1728）

鶏鳴《とりがなく》東方《あづまの》重坂《さか》乎《を》　（巻十二3194）

阿保《あほ》山《やま》之《の》佐宿木《さくら》花《のはな》者《は》　（巻十1867）〔「宿」を「案」の誤りと見て「佐宿（案）」を「さくら」と読む説による。他に「宿木」を「くら」と読む説もある〕

「なに」は事物、「こ」は場所、「あづま」は方角、「さくら」は木というように意味系列における上位のクラス、つまり類を書き添えた表記である。ちなみに、逆に上位のクラスを訓とし、そのクラスに属する種を列挙した表記もある。

春冬《とき》片設而《かたまけて》　（巻二191）

父母《おや》者《は》知友《しるとも》　（巻三363）

親族兄弟《うがらはらから》　（巻三460）

朝獦《あさかり》尓《に》鹿猪《しし》践起《ふみおこし》暮獦《ゆふかり》尓《に》鶉鴙《とり》履立《ふみたて》　（巻八478）

これらは表意機能の用例ではないが、類の提示に対して、「種の列挙」と言えよう。

（4）様態の表現

寐《い》者《は》不眠《なさず》友《とも》君《きみ》者《は》通速為《かよはせ》　（巻十一2556）

「通速為」の「速」はハヤの略訓であるハかとも見られるが、「不止《やまず》通為《かよはせ》」（巻十一2570）とあるところから、「速」は〈速やかに〉通うの意を暗示したものであろう。これにはカヨフという訓、すなわち語そのものに関与するのではなく、〈通う〉という動作の様態を解説しているのである。こうした用法を「様態の表現」と呼んでおく。これには、右の副詞的なものと、次のような動詞的なものが認められる。

秋去者《あきされば》山裳《やまも》動響尓《とどろに》左男《さを》鹿者《しかは》　（巻六1050）

トドロは「礒毛《いそも》動尓《とどろに》」（巻四600）の例もあり、ここでの「響」は〈響きわたる〉さまを暗示したものであろう。

右の（1）〜（4）は英語のスペリングでいうサイレントのようなもので、記号表現として音に還元されることはないが、記号内容が視覚的に示されているのである。文字と訓との対応形式から見ると、右の「白雪《ゆき》」「闇夜《やみ》」「何物《なに》」などはやはり熟字訓に分類される。その出自は別として、遊戯性に基づく文字法であると積極的に認められるものもあろう。

不読の文字は、次のようないわゆる助字にも見出せる。

春菜《はるな》採児《つむこ》乎《を》見之《みるが》悲也《かなしさ》　（巻八1442）

所挌《うち》将折《をらむ》鬼之《しこの》四忌《しこ》手《て》乎《を》指易而《さしかへて》　（巻十三3270）

前者は文末の断定を表す「也」、後者は連体修飾成分であることを表す「所」である。これらは文の構造に関する表意機能を持つもので、前記の語彙的な意味に関わるものと異なり、その遊戯性を言明することはできない。この漢字表記の背景には漢文法があり、「不―」「将―」「令―」などの反転表記は少数の例外を除いて遵守されており、「者・於・之・而」などの助字も規範的な用法で用いられている。したがって、時代や個人の差もあろうが、右の助字表記は漢文法の正用を意識したものと考えるのが穏当であろう。ただ、その使用が万葉集では稀有であり、標準的でないという意味で、その偏差に戯れならぬ気まぐれを看取することは許されるであろう。ちなみに、「苦者《くるしさ》」（巻六1007）、「長者《ながさ》」（巻六985）などの「者」は音仮名サの可能性があり、次の「之」の連体修飾成分であることを表すものも「いへにありし」と読む説もある。

家《いへ》尓《に》有《あ》之《る》櫃《ひつ》尓《に》鏁刺《かぎさし》　（巻十六3816）

このような表意機能が文脈の意味と関わる場合もある。

明《あ》日《す》香《か》能《の》清《き》御《よ》原《み》乃《の》宮尓《みやに》天下所知《あめのしたしらし》食之《めしし》　（巻二162）

「飛鳥之《とぶとりの》浄之宮尓《きよみのみやに》」（巻二167）と同じ読みであろう。不読にする「原」を表記したのは、キヨミノミヤとは「浄御原宮」のことであるという意味内容の限定を意図したものであろう。また、同時に記号表現とも有縁性を持つ例が見える。

食国之《をすくにの》遠御《とほのみ》朝庭尓《かどに》汝等之《いましらが》如是《かく》退去者《まかりなば》　（巻六973）

「御」は敬意の意味を添えていると同時に、ミの読みを導いているとも考えられる。こうした視覚的に解説用法で文脈に関わるものとして次の例がある。

三《み》国山木《くにやまこ》末尓《ぬれに》住歴《すまふ》武《む》佐《さ》左《さ》妣《び》乃《の》此待鳥《とりまつ》如《ごとく》吾俟将痩《われまちやせむ》　（巻七1367）

「此」は「このように」という意味で、文の意味を内容上補充している。

遊戯性という点では、文字通りの「戯書」と呼ばれるものがある。これは義訓と同様、置換機能を伴うものであるが、表音機能しか持たないものをいう。

牛留《にほ》鳥《どりの》　（巻三443）〔「にほ」は牛に対する止まれの合図〕

泉之《いづみの》追馬《そ》喚犬《ま》二《に》　（巻十一2645）〔「そ」は馬を追いたてる声、「ま」は犬を呼び寄せる声〕

馬声《い》蜂音《ぶ》石花《せ》蜘蟵《くも》荒鹿《あるか》　（巻十二2991）〔「い」は馬のいなく声、「ぶ」は蜂の羽音〕

所見《みえ》喚鶏《つつ》本名《もとな》　（巻八1579）〔「つつ」はにわとりを呼び寄せる声〕

猶八《なほや》成《なりな》牛鳴《む》　（巻十一2839）〔「む」は牛の鳴き声〕

神楽声《ささ》浪乃《なみの》　（巻七1398）〔「ささ」は神楽を奏する時のはやし詞〕

右は、鳴き声や合図、かけ声などの具体的な音声を記号表現とするが、その表記の意味内容はメタ言語的である。また、次の字形分析による表記は漢籍を出典としているが、同様にメタ言語的である。

色二《いろに》山上復有山《いで》者《ば》　（巻九1787）

この他、九九を利用したもの「十六《しし》自物《じもの》」（巻三379）や遊戯用語「折木四《かりがね》哭之《の》」（巻六948）また「今曾《いまぞ》水葱《なぎ》少熱《ぬる》」（巻十一2579）、「繁《しげみ》三毛人《こち》髪三《たみ》」（巻十二2938）、「恋渡《こひわたり》味試《なむ》」（巻七1323）などの表記も見えるが、戯書は高い教養を背景とする文字の知的遊戯であり、置換機能が最大限に発揮されたものとも言えよう。置換機能という観点から見ると、正訓と義訓との境界は必ずしも明確ではなく、熟合的表記においては、熟字訓・義訓・戯書は連続したところに位置している。

知的遊戯と言えば、省略・省画も、書記の際の煩雑さを避けたのでもあろうが、一種の判じ物である。省略表記には、

犬馬《まそ》鏡《かがみ》　（巻十二2810）〔「喚犬《ま》追馬《そ》鏡《かがみ》」（巻十三3324）〕〔「喚・追」の省略〕

楽浪乃《さざなみの》　（巻一29）〔「神楽声《ささ》浪乃《なみの》」（巻七1398）〕〔「神・声」の省略〕

所聞海尓《かしまのうみに》　（巻十三3336）〔「所聞《かしま》多禰乃《ねの》」（巻十六3880）〕〔「多」の省略〕

などがあり、省画表記には、

乏知在乎《ともしくもあるか》　（巻八1562）〔「蜘」の省画〕

吾恋八《あがこひや》鬼目《まめ》　（巻十三3250）〔「魔」の省画〕

などがある。右のうち、「楽浪《さざなみ》」は集中七例も見え、固定的用字である。

ちなみに、メタ言語的表記として、次の「再」も注目される。

芽子之《はぎの》花開乃《はなさきの》乎再《をを》入緒《りを》見代跡可聞《みよとかも》　（巻十2228）

「再」は直上の字を再度繰り返す意として、踊り字と同じ機能を果している。

四　限定機能

中国語では意義の区別のある漢字が正訓字として受容されると、その区別が曖昧となることが多い。例えば「こころ」のように、「心」（心臓の意）、「情」（心の動きの意）、「意」（心中で思いめぐらす考えの意）などは相通して用いられている。

しかし、その一方で漢字による書き分けがなされている場合もある。

妹乎《いもを》思出不《おもひでな》泣日《かぬひ》者《は》無《なし》　（巻三473）

足垂之《あしずりし》泣《ね》耳八《のみや》将哭《なかむ》　（巻九1780）

春去来者《はるさりくれば》不喧《なかず》有之《ありし》鳥毛《とりも》来《き》鳴奴《なきぬ》　（巻一16）

妻恋尓《つまごひに》鹿《か》将鳴《なかむ》山曾《やまぞ》高野《たかの》原之《はらの》宇倍《うへ》　（巻一84）

右の「泣・哭」は「人がなく」、「鳴・喧」は「鳥獣がなく」の場面に用いられ、ほぼ書き分けられている（『時代別国語大辞典　上代篇』三省堂、一九六七年、の当該項目参照）。漢字が本義の差異に基づき、同一語の文脈的制限に応じて限定的に使い分けられている。このような、視覚的に意味内容を限定する機能を「限定機能」と呼んでおく。現代語でも、「きる」は一般に「切」で書くが、木などには「伐」、紙や布などには「截」、刀による場合には「斬」も用いる。その対象や方法などの違いによる意味特徴は漢字の表訓機能の外部で関与しており、直接その差異が訓に現れないから、限定機能は中核的機能の外側にある周辺的機能である。

天皇《おほきみ》乃《の》御《み》命《こと》畏美《かしこみ》……千代《ちよ》二手《まで》尓《に》座《いませ》多公《おほきみ》与《よ》吾《われ》毛《も》通武《かよはむ》　（巻一79）

右の二通りの「おほきみ」の表記のうち、「天皇」は文字通り天皇の意、「多公」は主君を呼ぶ敬称の意に用いられている。万葉集で「天皇・大皇・太皇・皇」はすべて天皇を指示しており、79の「天皇」もその限定機能に基づく。これに対して「多公」の表記は「おほきみ」の訓を表すが、天皇の意ではないという限定機能を有しているのである。

これらは、複数の意味内容を持つ語、すなわち多義語の意味限定に機能したものであって、「記号内容の限定」と言えよう。前述した「乳母《おも》」も、「おも」の意味内容のうち、「はは」ではなく「うば」を指示するための表記である。

「乳」はサイレントであるが、その表意機能は限定機能を果しているとも言える。

隠口乃《こもりくの》長谷《はつせ》小国《をくにに》夜延為《よばひせす》吾《あが》天皇寸《すめろき》与《よ》　（巻十三3312）

この「天皇寸」は、「天皇」の訓たりうる「おほきみ」「すめろき」「すめら」などの範列から、「すめろき」と限定する表記である。「寸」は送り仮名、捨て仮名に相当するものである。このような、訓を音形の側面から限定したものを「記号表現の限定」と称する。この「寸」は訓すなわち語そのものの限定であるが、一次的には音形式の限定に機能している。このような捨て仮名的使用は、

古部《いにしへ》念尓《おもふに》　（巻一46）〔「古《いにしへ》　所念《おもほゆ》」（巻二144）〕

妹《いもに》　告与具《つげこそ》　（巻十2000）〔「我告与《われにつげこそ》」（巻七1248）〕

右のように「古」を「いにしへ」、「与」を「こそ」という訓に限定するため、語形の一部を示すもののほか、

檜《ひ》橋《ばし》従来《より》許《こ》武《む》（巻十六3824）

棘《う》原《ばら》苅《かり》除曾《そ》気《け》（巻十六3832）

「来」を「こむ」、「除」を「そけ」と読むためにルビのように語形全体を示す表記にも見出せる。巻十六の「来」「除」はサイレントであって、表意機能を果すものと見ることもできる。

百式《ももし》紀《き》乃《の》大宮人之《おほみやひとの》飽田《にぎた》津《つ》尓《に》（巻三323）

「式」は集中ほかに「百式乃《ももしきの》」（巻三260）、「式島乃《しきしまの》」（巻十三3248）（「之奇志麻乃」（巻二十4466））とあり、いずれもシキ乙の音仮名として用いられている。しかし、同じ内転第四二開職韻審母の「色」は「色妙乃《しきたへの》」（巻二222）（「志岐多閉乃」（巻五809））のようにシキ甲の音仮名で、「色」は二等韻、「式」は三等韻という違いはあるが、それは喉内入声韻尾に無関係であろうから、k韻尾はキの甲乙に関しては本来的に中立であったと見られる。したがって、「百式」だけでは記号表現が厳密ではないため、キ乙類の音仮名である「紀」によって「ももしき甲の」ではなく「ももしき乙の」であることを明示したものが「百式紀」ということになる。これこそが真の意味での「記号表現の限定」という名称に相応しいものであろう。

一方、借訓を添えて限定する場合もある。

之《し》努《の》比《ひ》都《つ》追《つ》有争波《あらそふは》之《し》尓《に》（巻十九4166）

「有」が迎え仮名のように、アラソフという記号表現を限定している。[5]

限定機能は、右のように自律的であることもあれば、また他律的外部規定的であることもある。例えば「三《み》々《み》二《に》田《た》八酢四《やすし》」（巻十二2581）の「八」は万葉仮名でヤにもハにも用いられるが、右のような「田《た》」「酢《す》」などの訓仮名間にあ

る両用仮名は訓仮名である可能性が高いことから、ヤと読むことに傾く。すなわち、前後の文字環境によって、多音すなわち相異なる読みの曖昧性を排除しようとしている。これも「記号表現の限定」と言えよう。その限定機能は当該字の前後の環境、まさに周辺に依存していることから、やはり周辺的機能である。

嶋御橋尓《しまのみはしに》誰加《たれか》住《す》儛無《まはむ》　（巻二187）
百船純毛《ももふなびとも》過迹《すぐと》云莫《いはな》国《くに》　（巻六1023）

ムの万葉仮名は「牟・武・无・務・六」など、ト乙類の万葉仮名は「止・等・登・跡・常」などがあるが、「無」「迹」においては、そのような同音の、すなわち同じ範列に属する他の万葉仮名との差異は、直上の文字と共通の限定符を有するということではなかろうか。

磐根《いはね》四《し》巻手《まきて》　（巻二86）
玉藻《たまも》苅手《かりて》名《な》　（巻二123）
我袖用手《わがそでもちて》　（巻三269）
神社者《かみこそは》　（巻六963）

「手」は手で巻く、手で苅る、手で持つことから、「社」は「神社《かみのやしろ》」（巻十二2662）からの連想ではあるまいか。他の文字を選択しえたなかで、それが唯一選択されている要因として、右のような、表語文字が視覚性に勝るという特性を無視することはできないだろう。

このような限定機能を敷衍すれば、同音異表記の文字選択全般の問題にも波及しよう。川端善明は「乏《ともし》雲《くも》並《ならび》居鴨《をるかも》」（巻三310）の「雲・鴨」などの訓仮名表記について、文の構造に関わる意味を代表する部分であるから、一字にそれを表記することは、単位としてのまとまりを印象づけることになり、しかも、正訓字の環境に用いられるから、具象性の高い訓仮名であればあるほど、正訓字の文脈からは遊離し、かえって語本来の意義ならぬ何らの意味の場所であることを強く指示すると指摘している（「万葉仮名の成立と展相」『文字』社会思想社、一九七五年所収）。それは前後の文字環境による訓仮名、そして付属語の指示という視覚性に求められるであろう。

このような環境による限定は、文字の選択のみならず文字の配置にも認められよう。たとえば、元永本古今和歌集三八三番歌は「よそにのみ恋や／わたらん白山の／ゆきみるべくも／あらぬ我身を」というように書かれている（「／」は改行を示す）。行末に文節の境界を符合させてあることも限定機能の一種であろう。

同じ範列に属する文字（または文字列）のなかからある文字（または文字列）が選択されたということには、文脈や文字環境、また個人的な趣味などが無意識的にせよ消極的にせよ関与していると想定される。それは、文字の有する、意味、字形、書き易さ、常用の程度、原音との対応などの弁別的特徴の束に基づくもので、同じ範列に属する他の字との差異の値が高いほど限定機能が明示的になる。これに対して、変字法という手法がある。

淑人乃《よきひとの》良跡《よしと》吉見《よくみ》而《て》好常《よしと》言師《いひし》芳野《よしの》吉見《よくみ》与《よ》良人《よきひと》四来三《よくみ》　（巻一27）

右には「淑・良（二回）・吉（二回）・好・芳・四来」という「よし」の六種の表記が見える。万葉仮名表記と正訓字の違いはともかく、正訓字間での本来的な字義の差異は存在するのであるが、右の五字は表訓機能を担うだけで、限定機能をゼロ化してしまっている。勿論、「淑」は人について用いられ、「よしの」は草冠の「芳」で表記するといった限定が皆無であるとは言えないが、変字法は互いに字形が異なるという自明の前提に立つだけの、記号内容の対立的差異を捨象するという限定機能のゼロ化によって実現すると言える。そして、その同音異表記の豊饒さに知的な驚愕と興味をおぼえ、それに陶酔することもあった。

五　解説機能・副文機能

漢字はその視覚性において、記号内容の表出を中止することはない。それは常に饒舌であり、自己表現をして止まない。

孤悲《こひ》而《て》死《しな》萬《ま》思《し》　（巻一67）

右のつとに有名な、恋を「孤悲」と書く表記は、一次的には音仮名としてコ甲ヒ乙という音節を表すが、同時に「ひとり悲しむ」というメッセージを二次的に生み出している。そして、そのメッセージは「恋」という言語記号と響き合うように、その視覚的な伴奏としてイメージをふくらませる。すなわち、表音機能を中核的機能としつつ、その記号内容によって語（または文脈）を補足的に解説しているのである。これを「解説機能」と名づけよう。

草 枕《くさまくら》多日《たび》夜《や》取《どり》世《せ》須《す》　（巻一45）

吾屋前《わがやど》之《の》芽子《はぎ》乃《の》下葉《したば》者《は》秋風《あきかぜ》毛《も》未吹者《いまだふかねば》如此《かく》曾《ぞ》毛《も》美照《みてる》　（巻八1628）

吾岡《わがをか》之《の》於可美《おかみ》尓《に》言而《いひて》令落雪之摧《ふらしめしゆきのくだけ》之《し》彼所《そこ》尓《に》塵家武《ちりけむ》　（巻二104）

右は、「旅宿り」多くの日の夜を旅先の宿で過ごすこと、「紅葉《もみ》てる」萩の下葉の美しく照りかがやくように色づいているさま、「散り」くだけ散った雪が塵のようであるさまを、中核的機能によるのではなく、余剰にしかすぎないその記号内容によって伝えている。

垂乳根《たらちね》之《の》母《はは》我《が》養蚕《かふこ》乃《の》眉隠《まよごもり》馬声《い》蜂音《ぶ》石花《せ》蜘蟵《くも》荒鹿《あるか》異母《いも》二《に》不相而《あはずして》　（巻十二2991）

この「異母」を異母妹であることを示す用字かとする日本古典文学全集（小学館）の頭注も諒承されるべきであろう。音仮名によるものも多く、その一端を示しておく。

黄葉《もみつ》乎《を》婆《ば》取而《とりて》曾《ぞ》思努布《しのふ》　（巻一16）
妹之《いもが》光儀《すがた》乎《を》見《み》巻苦流思母《まくるしも》　（巻二229）

この「思」「苦」は「しのふ」「くるし」の意味内容を視覚的に解説している。

所許《そこ》尓《に》念久《おもはく》　（巻九1740）
馬之《うまし》末《ま》時《し》停息《とめ》　（巻十九4206）

「そこ」の「所」、「しまし」の「時」は前記に倣えば、類の提示に相当するが、これも意味概念の視覚的説明と言えよう。

如《か》此許《くばかり》恋乍《こひつつ》不有《あらず》者《は》高山之《たかやまの》磐根《いはね》四《し》巻手《まきて》死《し》奈《な》麻《ま》死《し》物呼《ものを》　（巻二86）

右の「まし」のシを表す「死」は、「死んだ方がました、死んだ方が……」という反復による強調を示すものである。

次に借訓の例を見ると、

闇夜《やみよ》成思《なすおもひ》迷《まとは》匍匐《ひ》　（巻九1804）

「匍匐」は〈途方にくれて腹ばう〉ようすを解説している。

水《み》薦刈信濃《こもかるしなぬ》乃《の》真《ま》弓吾引者《ゆみわがひかば》宇《う》真《ま》人《ひと》佐《さ》備《び》而《て》不欲《いな》常《と》将言《いはむ》可聞《かも》　（巻二96）

「真」はマの借訓であると同時に、「うま人」の〈よい〉意を添えている。

玉藻《たまも》刈奥敝《かるおきへ》波《は》不榜《こがじ》敷妙乃《しきたへの》枕之辺人《まくらのあたり》忘可《わすれか》爾《ね》津《つ》藻《も》　（巻一72）

「人」はアタリのリの音にあてつつ、枕席にはべった〈人〉を暗示させている。

見《み》礼《れ》杼《ど》不飽《あかぬ》伊《い》座之《ましし》君我《きみが》黄葉乃《もみちばの》移伊去者《うつりいゆけば》悲《かなしく》喪《も》有香《あるか》　（巻三459）

右は大伴旅人の死に直面した際の歌であるが、死からの連想として「喪」を用いている。1801・1806の挽歌にも訓仮名

「喪《も》」が見えるが、こうした表記は縁語的であり、文脈の補足的説明を意図したものであろう。

正訓と借訓との違いは記号内容の捨象の有無によるが、借訓が解説機能を発揮すれば、その解説は記号内容そのものに擬制され、正訓に近づく。

虚見《そらみ》津《つ》山跡《やまと》乃《の》国者《くには》　（巻一1）

右の枕詞「そらみつ」の表記は、神武紀三十一年条にもあるように「空から見て美しい、すぐれた国として選定された」という意から「大和」にかかるという語源解釈に基づくのであろう。訓の定着とは、和語の厳密な意味分析と漢字に関する深い知識を前提とするが、語義未詳の語も語義解釈的に表記しようと考えることもあったに違いない。その表記の記号内容のもたらすメッセージは補足的説明にすぎないが、「そらみつ」のように六例とも「そら」には「虚」「空」、「み」には「見」を用いる慣用的表記に、正訓的な意識を否定することはできないだろう。そして、その解説機能の肥大したところに、枕詞「足引」の表記が位置する。

足引《あしひきの》名《な》負《におふ》山菅《やますげ》　（巻十一2477）

枕詞「あしひきの」の「き」はキ乙類が標準であったにもかかわらず、人麻呂歌集の時代の後はキ甲類相当の表記が現れることが知られている。「き」がキ乙類である限り、「足日木乃」（巻二107）や「足比奇乃」（巻八1425）のような表記しかできないが、「き」をキ甲類に見做すことが許されるならば、解釈を視覚的に示すことが可能となる。「足引」は「き」をキ甲類に変質させたのであるから、それは表音機能ではなく、まさに正訓であるという表記意識をうかがうこともできる。しかし、仮名書の例はいずれも万葉後期までキ乙類であって、キ甲類に音変化したのではなく、語源解釈を示すあまりに、記号表現の一致を無視するに至っているのである。このような解説機能の重視は、和銅六年五月条の「郡郷名著二好字一」という官命にも認めることができよう。

解説機能は表音機能に限定されるが、その語の意味が表音機能に伴って捨象されている記号内容に凱切なものであればあるほど、当て字の意識がなくなってゆく。たとえば、現代語において、本来的には「はかり」の意である「銓衡」とその代用字である「選考」との関係などを思い浮かべればよかろう。

解説機能が語または文脈に即しているのに対して、それとは無関係に、素材の展開から遊離して別のメッセージを伝達する表記もある。

奥従《おきゆ》酒嘗《さけなむ》　（巻七1402）
雲《く》勿《もな》田《た》菜《な》引《びき》　（巻八1569）

前者は「放けなむ」遠ざけてほしいの意に対して、酒を嘗める、後者は「たなびく」雲が横に長くただようの意に対して、田の菜を引くという意を、その記号内容によって表している。このように、文脈の外部において別のメッセージを表すことを「副文機能」と呼ぼう。文脈の外部に記号内容が関与するのであるから、この機能は表音機能の場合に限られる。もとより副文機能は周辺的機能として余剰的なものであって、そのもて余された記号内容の統辞的結合による遊戯性に基づく。右のような訓仮名の例としては、

鶴寸《たつぎ》乎《を》白土《しらに》　（巻一5）
鳥者《とりは》簀《す》竹跡《たけど》　（巻七1176）
相鳥《あふと》羽《は》梨丹《なしに》　（巻十二2557）

音仮名もしくは音仮名を交えた例としては、

籠《こ》毛《も》与《よ》美《み》籠《こ》母乳《もち》　（巻一1）
仁《に》宝《ほ》播《は》散《さ》麻《ま》思《し》呼《を》　（巻一69）

鳴尓鶏鵡鴨《なきにけむかも》（巻八1431）

燈《ともしびの》　之陰尓《かげに》蚊蛾欲布《かがよふ》虚蟬之《うつせみの》妹蛾《いもが》咲状《ゑまひし》思面影尓《おもかげに》所見《みゆ》（巻十二2642）

山妣姑《やまびこ》乃《の》相響《あひとよむ》左右《まで》（巻八1602）

などが挙げられよう。字義関係は、「白土」のような装定、「播散」〈まき散らす〉、「鶏鵡鴨」のような並立に分けて捉えられる。

「心深目手《こころふかめて》」（巻七1381）の「目手」、「恋乃繁鶏鳩《こひのしげけく》」（巻八1655）の「鶏鳩」などのような同じクラスの語の列挙には、その範列的関係において他の語へとイメージが膨らんでいく。そして、同じ限定符（部首）の語の連続、すなわち「莫《な》苦《く》荷《に》」（巻四684）、「山妣姑《やまびこ》」（巻八1602）、「簀竹《すだけ》」（巻七1176）などの例にも、そうした知的遊戯性が認められよう。

また、熟合的表記を含むものとしては次の例がある。

家之《いへし》小篠生《しのはゆ》（巻六940）

留有吾乎《とまれるわれを》懸而《かけて》小竹葉背《しのはせ》（巻九1786）

並立には数詞によるものが目を惹く。

海津路乃《うみつぢの》名木名六《なぎなむ》時毛《ときも》渡七六《わたらなむ》加九多都波二《かくたつなみに》船出可為八《ふねですべしや》（巻九1781）

言云者《ことにいへば》三々二《みみに》田八酢四《たやすし》小九毛《すくなくも》心中二《こころのうちに》我念羽《わがおもは》奈九二《なくに》（巻十二2581）

並立とは取り合わせであって、それ自体にイメージの重層性はないが、繰り返し現れることの高揚感が表記の単調さを救う。

文脈と密接に関係してそのイメージを装飾的に表すものとして、「山路念邇《やまぢおもふに》」（巻二215）の「邇」があげられる。音仮名「邇」は万葉集ではきわめて珍しい用字であって、これは〈やまみち〉のイメージが之繞《しんにゅう》の用字に影響を与えたのかもしれない。

最後に、副文機能的なものとして次の例を挙げておこう。

倭《やまと》有《なる》吾《われ》松《まつ》椿《つばき》　（巻一73）

「我待《ま》つ松《まつ》・椿」というように掛詞を利用して、文脈をねじるように「松・椿」と並立させている。この用字法は枕詞や序詞の発想に近いと言えよう。

単音文字が線条性に束縛されざるをえないのに対して、表語文字である漢字は、その空間的継起という線条性から逃れることはできないにせよ、その記号が一方では表音機能によって、他方では表出をして止まない記号内容によって、それぞれ異なるメッセージを並行して伝えうること、そのような複線性が上代日本語の文字表記の一つの特徴であると言えよう。

註

（1）この表記を桜楓社刊本ではシナマシモノヲと読んでいる。ここにまさに訓の浮動性が認められるのである。

（2）この「朝鳥」の例を通説では義訓とするが、これは漢語ですでに隣接した意味の〈太陽〉にも通用されているもので、従来の分類ではむしろ正訓と認められるべきものであろう。

（3）以上によって、従来の義訓を次のように分類することができよう。

単字　転注訓（隣接する意味を有する別の語に用いる）　「寒《ふゆ》」「暖《はる》」

変換訓（訓の変換がコード化されている）

五行説に基づく変換　「白《あき》」「火《なむ》」

文法的範疇の転換　「願《がも》」「疑《か》」

複字　統合訓（意味特徴に分析して二語以上で表記する）　「挿頭《かざし》」「痛念《なげく》」

従来「十《し》六《し》」をシシにあてる類は「戯書」と呼んでいるため、一応右から除外したが、戯書は義訓と本質的な差異はない。「十《し》六《し》」の類も変換訓の一種であり、九九に基づく変換といえる。また、「牛鳴《む》」などの擬声語、「山上《い》復有《で》山」の字形分解などは、「重二《し》」と同様メタ言語的であって、これを説明訓と呼ぶこともできる。ちなみに、元来〈いたわしく思う〉の意であった「惻隠」をネモコロの訓に用いるのは、転注に相当する。いたわしく思うからこそ、〈細かに心を懸ける〉さまとなるのである。二字以上の場合にも、隣接する意味に用いる転注訓は当然あってよい。

（4）　集中、正訓で「玉葛」（巻二102）などとあって、仮名表記の「多麻可豆良」（巻十四3507）に依ったが、3070に「狭名葛」、3073に「佐奈葛」とあることから「さなかづら」の訓も捨てがたい。仮にサナカヅラの訓みを採用するならば、サナカヅラの小さい実を「玉」に見立て、「かづら」を類概念として提示し、その上にその意味特徴である「真玉」を示したということになろう。

（5）　集中におけるアラソフの表意的表記は次のとおり。

争　　巻十2196、巻十一2659
競争　巻十九4211
諍競　巻一13（「諍」は言い争う意）
相争　巻十1869、巻十九4211
相競　巻二199
相挌　巻一13
荒争　巻九1809、巻十2102、巻十2116
荒競　巻九1804
有争　巻十九4166

このように多様の表記がみられるのは、「争」一字でアラソフの表記があるものの、その訓が浮動的で定着していなかったことを物語っている。そのため「競」「諍」などの類義関係の字を合わせたり、〈互いに競り合う〉を「相」によって前記（4）様態の表現によって分析的に示したりし、そうした意味の側面は「荒」に象徴的であって、アラという音節であることを限定すると同時に、争うさまの〈荒々しさ〉を表す「かけ文字」である点も注目される。「争」にはイソフの訓も考えられ（『伊蘇波』巻一50。集中には「争」にイソフの訓をあてた例は見えないが、前田本色葉字類抄には「争」にイソフ〔上10オ〕の訓が見える）、むしろ語構成としてアラ―イソフ→アラソフという母音脱落が想定されるのが自然であったという語源意識もあったかと見られる。こうした「かけ文字」は他に、語頭表記では「建怒《たけび》」（巻九1809）などの例があるが、語尾表記（文節表記）では次の例がある。

心無雲乃《こころなくくもの》隠障倍《かくさふべ》之也《しや》　（巻一17）

「隠」がカクスの動詞語幹の訓を担い、「障」が活用語尾サと接尾語フの訓みを示して「記号表現の限定」を担うとともに、「障」は隠し〈妨げられている〉さまを示す用字であることは明白である。

第二節　上代文献における「所」字

はじめに

上代文献における「所」字は、三矢重松『古事記に於ける特殊なる訓法の研究』（文学社、一九二五年）、福田良輔「上代に於ける「所」字の特殊的用法に就いて」（『古代語文ノート』桜楓社、一九六四年）などに詳しい考察があり、沢瀉久孝『万葉集注釈』（中央公論社、一九六七年）においても個々の例について言及がなされている。

諸先学の従来指摘された「所」字の用法をまとめると、およそ次のような用法が説かれてきたようである。

○実字（トコロ、場所の意など）
○連体修飾格（虚字の正用および誤用、いわゆる接続代名詞）
○完了の助動詞リ、タリなど

○ラ行音の音節表記
○「指事之詞、語助」（経伝釈詞）の用法
○受動（助動詞ル、ラル、ユ、ラユ）
○崇敬（敬語の助動詞ス）
○「食」字をメスと訓む場合の指示
○使役（「令」と通用）
○助動詞ベシ
○熟合（二字一訓）
○義訓
○音仮名ソ乙類

など、こうした用法について今さら論ずる余地もないようであるが、特殊な用法や用法の拡大的解釈に触れられることは多い反面、一般的用法や用字法の整理限定について説かれることはあまりなかったと思われる。ここでは、万葉集（出典は巻数・番号のみ記す）・続日本紀宣命（以下、宣命と略す）を資料として「所」字の用法を整理した結果、諸先学と必ずしも一致した結論に達しなかったので、以下それについて述べたいと思う。

本稿では次のような略称を用いることがある。

最研……春日政治『西大寺本金光明最勝王経古点の国語学的研究』（勉誠社、一九六九年による）

山田本法華経古点……故山田嘉造氏蔵妙法蓮華経方便品平安初期点（引用の際は、上段に大坪併治、下段に築島裕・小林芳規による訓読を並記する。いずれも『訓点語と訓点資料』第七輯、一九五七年による）

玄奘表啓古点……知恩院蔵大唐三蔵玄奘法師表啓平安初期点（築島裕調査の『訓点語と訓点資料』第四輯、一九五五年による）

一　場所の意

平安初期訓点資料には次のように、

如来所説〈如来の説（き）たまふ所《（とこ）ロ》〉（最研乾四六13）

所聞所履百有卅八国〈聞（く）所《（とこ）ロ》、履《フ》（む）所《（とこ）ロ》、百有卅八国なり〉（玄奘表啓古点46）

などのように「所」字に「ロ」の仮名を付した例があり、また音数律からも、次の「所」などはトコロと訓んで差支えなかろう。

(1)百師木乃大宮人之踏《ふみし》跡　所《あとところ》　（巻七1267）

(2)百師紀能大宮　所《おほみやところ》　止時裳有目　（巻六1005）

(3)処女等賀奥城　所《おくつきところ》　吾井見者悲喪　（巻九1801）

接尾語ガリの訓みも、仮名表記例（巻十四3356・3538など）によって支持されよう。

(4)妹等《いもら》所《がり》我通路細竹為酢寸　（巻七1121）

(5)妹　所　云《いもがりといはば》七越来　（巻十一1005）

(6)稗草妻　所　云《つまがりといはば》足壮厳　（巻十一2361）

その他、「何所《いづく》、彼所《そこ》、御在所《みあらか》」や「異所縁《かたよりに》」（巻二114）など場所の意で用いられている。

宣命では、

(7)何乎怨志岐所止志氐加然将為　（第18詔）
(8)知所毛無久怯久劣岐押勝我　（第26詔）
(9)天乃授賜方牟所方　（第31詔）
(10)山川浄所者孰倶加母見行阿加良閇賜牟止　（第51詔）
(11)掛畏我皇聖太上天皇御所尓奏給倍波　（第25詔）

など例(7)(8)(9)の如く形式名詞の用例もあり、例(11)は観智院本類聚名義抄には「所」にミモト（仏上七五2）の訓があるから、『歴朝詔詞解』の「御所《オホミモト》」（古事記伝では「御所《ミモト》」）という訓も十分考えられる訓みである。

二　助動詞ユ、ラユ、ル、ラル

「所」字の受身の用法は、三矢重松前掲書において、

「所殺者」の「者」は「殺」の目的にして、「殺」は「者」を処分する動作なれば、之を「者」の方より云へば、受身となる。

と述べている通りであろう。つまり、

籍所撃殺数十百人　（史記、項羽）

は「籍が撃ち殺したものは」の意であるが、「籍に撃ち殺されたものは」の意ともなる。西大寺本金光明最勝王経古点におけるこのような「所」字の訓法を見れば、

老病憂愁水所漂如是苦海難堪忍〈老病憂愁の水に漂（さ）所《ル》ル是（の）如キ苦海の堪へ忍《（た）》（ふ）ルこと難キを〉（三八5）

右は「老病憂愁の水の漂ふ所である。このような苦海……」という意であろうが、これが受身として訓読（理解）されている。他にも、

嘉名普暨衆所欽仰〈嘉《ヨ》キ名普ク暨《イタ》リ衆に欽仰《謹也》（せ）所レむ〉　（五六12）

仏言善女天若有疑惑者随汝意所問吾当分別説〈……汝が意に随（ひ）て問《ト》ハ所《レ》ヨ。吾レ当に分別し説かむ〉

（八九7）

形相可愛衆所楽観〈形相可愛にして衆に観むと楽は所《レ》て〉　（一五一14）

などとある。第二例については、春日政治が次のように述べている。

こゝは所動でなく、「問フ所アレ」などと訓ずべきであらう　（最研坤二二二頁）

このような訓法は「所」字が受身の助字として直訳的に理解されていたことを暗示するものであろう。大坪併治「平安初期の訓点語に伝へられた上代の文法」（『訓点語の研究』風間書房、一九六一年）に、平安初期訓点資料では「所」字が受身の助動詞を示す略符号として用いられているという指摘がある。「所問」は経伝釈詞に「所猶可也」とあるように、「問ふべし」という程の意と考えられる。平安初期の小川本願経四分律古点（大坪併治「小川本願経四分律古点」『訓点語と訓点資料』別刊第一、一九五八年）による）には、

所見草木尽能分別所入用処〈所見（の）草木は尽（く）能（く）分別（せば）、入用（す）ベキ「所」処なり〉

（甲巻⑳23）

と、「所」字に当るところをベシと訓読した例もある。山田本法華経古点には、

衆苦ニ所《(る)》ニ逼迫《べし》ーセラ〈衆苦に逼迫（せ）らる所ヘシ〉　（⑦3、184）

という例があるが、この「所」は受身のルと訓むのかもしれず、「所入用処」もあるいは「入用（せ）所《(らる)》ベキ」と訓

むことも考えられなくはない。ところで、上代文献における「所」字に助動詞ベシの用法を認める説がある。この点について、福田良輔は次のように述べている。

「所」の用ひられてゐる文に於いて、文意を照合して「可」と同じ用法と思はれる場合は、従来の訓み方に泥まないで、前後の連接関係に応じて「べし」の活用形に訓むべきである。しかして、その活用形はほとんど例外なく連体形「べき」である。（前掲書二三四頁）。

個々の用例の比較は示唆に富んでいるが、助動詞ベシを表記することと、文脈上の理解によるベシの補読とを混同してはならず、連体形がほとんどであると述べていることも、「指事之詞」「語助」およびいわゆる接続代名詞の用例に対する理解（訓読）のしかたということに帰するのではあるまいか。西大寺本金光明最勝王経古点の、

是諸菩薩所修行法〈是レ諸の菩薩の修行すベキ所の法なり〉　（一一二一6）

一切有情同所修習〈一切の有情の同（じ）ク修習すベキ所なり〉　（二〇四10）

という訓読に現われているように、上代文献においては経伝釈詞の「所猶可也」は表記上の問題ではなく、訓法（漢文理解）上の問題として扱うべきであろう。経籍纂詁や玉篇逸文の篆隷萬象名義・新撰字鏡などにも「所」が「可」と通ずるという訓詁はないから、上代における助動詞ベシ表記の用法は認めがたい。

再び受身の用法に戻るが、訓点資料において「所」は直訳的に受身として理解されることがあったように、上代文献に広く見られる用法である。万葉集におけるこの用例を通行の訓みに従って、一動詞につき各一例を挙げれば次のとおりである。

(12)練乃村戸二所詐来《あざむかえけり》　（巻四773）

(13)昔者社難波居中跡所言《いはれ》奚米《けめ》　（巻三312）

(14)緑子之若子蚊見庭垂乳為 母 所懐《ははにうだかえ》　（巻十六3791）

(15)誰子其迹哉在所思而《おもはえて》在《ある》如是所為故為　（巻十六3791）

(16)足千根乃母尓《ははに》所嘖《ころはえ》物思吾呼　（巻十一2527）

(17)白珠者人尓《ひとに》不所知《しらえず》友縦　（巻六1018）

(18)直渡日入国尓所 遣《つかはさる》和我勢能君乎　（巻十九4245）

(19)間守尓所 打沾《うちぬらさえぬ》浪不数為而　（巻七1387）

(20)如是将若異子等丹所詈《のらえ》金目八《かねめや》　（巻十六3793）

(21)沫雪尓所落開《ふらえてさける》有梅花　（巻八1641）

(22)真毛妹之手二《てに》所纒乎《まかれむを》　（巻四734）

(23)百種乃言持不勝而所折家良受也《をらえけらずや》　（巻八1457）

など受身の助動詞ユ、ルの表記として見られる。ユと結びつき、

(24)情毛不解 古《いにしへ》 所念《おもほゆ》　（巻二144）

(25)客乃屋取尓 梶 音所聞《かぢのおときこゆ》　（巻六930）

(26)百世歴而所偲将往《しのはえゆかむ》清白浜　（巻六1065）

(27)思而有情者所知《こころはしらゆ》我藻将依　（巻十六3800）

(28)毎見哭耳所泣《ねのみしなかゆ》古思者　（巻三324）

(29)自明門 倭 嶋所見《やまとしまみゆ》一本云家門当見由　（巻三255）

など自発の意に、

(30)倭恋寐《い》之《の》不《ね》所《ら》宿《えぬ》尓《に》　（巻一71）
(31)目二破見而手二《てに》破《は》不《と》所《らえ》取《ぬ》月内之　（巻四632）
(32)今心文常《つね》不《わすらえ》所忘《ず》　（巻十三3290）

など可能の意の場合にも用いられている。例(30)は助動詞ラユの接続する集中唯一の動詞ヌに接する例である。また「所」字を表記したにもかかわらず、ユを重ねた例も見られる。

(33)枕宿杼家《いへし》之所偲《しのは》由《ゆ》　（巻一66）

一方、宣命では受身の用法しか見られない。

(34)久奈多夫礼良尓所詿誤百姓波　（第19詔）
(35)悪友尓所引率流物在　（第35詔）
(36)従今往前尓小過毛在人仁所率流止之所聞波　（同右）
(37)亦所遣使人判官已下　（第56詔）

例(36)は助動詞ラルの訓みと見られる。即ち、「所」字は助動詞ユ、ラユ、ル、ラルの表記に用いられている。

三　ル音節表記（連体修飾格表示）

連体修飾格を示す用法であるが、これは漢語文法のいわゆる接続代名詞の用法である。平安初期訓点資料では、

又若无結使濁心所為苦言〈又若結使の濁心（く）て為たまふ所の苦言をば〉　（成実論巻十二天長点。稲垣瑞穂調査による〔『訓点語と訓点資料』第二輯、一九五四年、五三頁〕）
随先要所得多少〈先に要して得たる所の多少に随《（したがひ）》て〉　（小川本願経四分律古点甲巻⑱14、大坪併治前掲書による）

所受容貌悉端厳〈受（け）たる所の容貌悉ク端厳にして〉　（最研乾三九23）

というように、一般に「連体形＋トコロノ」と訓読されているが、万葉集においては従来より「トコロノ」とは訓読されず、音数律からもその訓みは考えられない。万葉集における連体修飾格を示す用法は、助動詞ユ、ルおよびシラス、キコス、オモホスの連体形を除けば次例がすべてである。

(38) 求食為而所遣間尓《おくるるあひだに》恋云物乎　（巻十二3091）
(39) 事霊之所佐国叙《たすくるくにぞ》真福在与具　（巻十三3254）
(40) 結鶴言下紐之所解《とくる》日《ひ》有米也《あらめや》　（巻十二2973）
(41) 人《ひとの》所寐《ぬる》味宿不寐　（巻十2369）
(42) 信巾裳成者之寸丹取為支屋所経稲寸丁女蚊　（巻十六3791）
(43) 君之歯母吾代《わがよ》毛《も》所知《しる》哉《や》磐代乃　（巻一10）
(44) 玉如所照公乎《てらせるきみを》内等白世　（巻十一2352）
(45) 赤根刺所光《てれる》月夜《つくよ》邇《に》人見點鴨　（巻十一2353）
(46) 陶人乃所作瓶乎《つくれるかめを》　（巻十六3886）

例(42)は「為支屋所経《しきやふる》」（全註釈）、「屋所経《いへにふる》」（日本古典文学大系）などと訓まれているが、後述の例(57)の「所経《ふれ》」は動かし難いから、例(42)の「所経」も連体修飾と見てフルの訓みが考えられる。例(43)の「所」字は「哉」で終止するのではなく、「磐代」を連体修飾する用法の明示であろう。例(44)(45)(46)の「所」字は従来完了の助動詞リの用法と言われている例であるが、万葉集では右三例以外に用例がない。

このような連体修飾格を示す用法には、必ずル音節を伴っているという特徴がある。万葉集の現在の訓みが絶対ではないが、通行の「所＋動詞」の訓みがラ行以外の四段活用の連体形を採らないところを見ると、この「所」は単に連体修飾格を示すのみならず、ル音節表記と深く関わっているようである。このことは次のように、

(47)焼塩乃念曾所焼《おもひぞやくる》吾下情　（巻一5）

係助詞ゾの結びとして、被修飾語に下接しない場合にも連体形ヤクルと訓むことを表す例があることにより、「所」字にル音節表記の用法をむしろ積極的に認めるのが妥当であろう。この用法は、「所」字の指示する動詞連体形において、いわゆる弱変化動詞およびル語尾動詞の活用語尾に圧倒的に多く頻出するル音節や、受身助動詞ルの表記の類推が働いて成立したという蓋然性が高い。「所」字は万葉集に義訓として「不所」（後述例(74)）とあり、篆隷万象名義の訓詁「処也、居也」によってキル、ヲル等の存在の意の動詞用法のあったことが知られるが、仮に「有、在」と通用していたならば、当然表記は「―有、―在」に従って「―所」として表われるべきである。「所―」と表記されていることはキル、ヲルなどの漢語の用法を全く意識していなかったと断言することはできないが、とりもなおさず受身やいわゆる接続代名詞の類推によるものと認められる。そこで従来考えられてきた完了の助動詞リの用法が問題となる。

例(44)(45)は、人麻呂歌集の巻十一旋頭歌に収められているもので、人麻呂が非略体表記を意図して、「所顕《アラハレ》」（2354、例(58)）に見られる「所」字のレ音節表記などの類推によってテラセル、テレルのル音節を巧みに表記したと想定することは可能である。例(46)の「所作」は、

所作押　（神武記）

所作矢　（允恭記）

所作八咫鏡　（神代紀）

所作祭神之物　（崇神紀）

など記紀に散見される、いわゆる接続代名詞の用法と認められるから、完了の助動詞リの用法は、その存在の根拠を失うことになる。しかし、これは「所」に完了の用法がないということであって、「所」によって表記されたル音節を完了の助動詞リの連体形と解釈することを妨げるものでない。

宣命におけるこの用法は次が唯一の例である。

(48)于都斯久母皇朕政乃所致物尓在米耶　（第6詔）

例(48)はいわゆる接続代名詞の類推による表記と見られ、「致」字をサ行四段活用イタスと訓むならば従来通りのイタセルモノニアラメヤの訓は一応認めることができる。古事記においては本居宣長が『古事記伝』の「訓法の事」に、

生《ウム》を宇米流《ウメル》、成を那礼流《ナレル》といふが如き時に、此字を加て、所生所成《ウメルナレル》と書る例なり。此格《ノ》の言、余《ホカ》もみな然り。

と論じて以来、多くは連体修飾格の「所」字を完了の助動詞リの連体形ルで訓むことが踏襲されており、既に述べたとおり結果的には首肯できる訓法であろう。これは四段活用以外の動詞においても、

逆剝天斑馬剝而所堕入時　（上巻）

の「所」字は三矢重松の分類に照せば虚字の誤用に該当し、西宮一民が指事の助字と説いている例であるが、宣長訓をはじめ通行のオトシイルルトキニの訓みに見られるように、例(38)などと同じく連体形語尾ル音節表記と解しうることにより補強される。こうした古事記の訓読において、万葉集に現われた「所」字のル音節を伴うという特徴は、「所」の連体修飾格において多少ともなされてきた助動詞キの連体形シの補読と対立するものであり、「所」字表記のない連体修飾格の動詞の訓法との関係も今後検討すべき問題である。また万葉集に「連体形＋トコロノ」の訓みが考えられないことによって、上代における「所」の連体修飾格が完了の助動詞リの連体形ルで訓まれてきたようである

が、仮に万葉集の表記に助動詞ル表記の類推が少なからず働いていたとすれば、万葉集の訓法を根拠として「連体形＋トコロノ」の訓みがなかったとは言えないであろう。

ところで、観智院本類聚名義抄には「所」字にタリの訓が見られる（僧中三五6）。訓点資料でタリ（テアリ）と訓む例は山田本法華経古点に既に見えている。

仏ノ口ヨリ所《たる》レ生子。〈仏の口より生れ（て）所《ア》ル子は〉　（③5、66）

着レき楽ニ癡ニ所《たる》レきコトモアリ盲さレ〈(訓)楽に著キ（て）癡に盲サレ所たることもアリ〉　（⑨1、242）

「所」字にアリの訓みがある例として、

不為一切怨敵悪友之所催〈一切の怨敵悪友の為に催-伏セラレズ所《あら》しメ〉　（聖語蔵大乗大集地蔵十輪経巻五元慶七年点、中田祝夫『東大寺諷誦文稿の国語学的研究』風間書房、一九六九年、二〇四頁）

も挙げられるが、これは使役の用法とも見られるような、

為諸智者常所称賛〈諸智者の為に常に［所］称讃（せ）しめム〉　（同右）

と同じく、漢語の受身構文「為―所―」の特殊な訓法であるから、その取り扱いは参考に止めるべきであろう。上代においても、

是以令文所載多流跡乎止為而　（第2詔）

の如く、「所」字がタリと関係のありそうな例もある（この用法については後述する）。しかし、平安初期訓点資料における文末の「所」字をタリやリと訓んだ例は検索した範囲にはなく、山田本法華経古点のタリの二例もいずれも受身表現を伴っているから、「所」字とタルが純粋に対応しているとは言えない（「所生」は例(59)(60)参照）。たとえ上代においてタルと訓む場合があるにせよ、「所」字は連体修飾格指示が本体であって、タルは訓み添えであったと考えるべ

きであろう。

文末表現における「所」字は宣命に次のように、

(49)如是在事阿麻多太比所奏是以親王乃名波　（第30詔）

とあり、「所奏」は従来マヲセリと訓読されている。しかし、第31詔には次のように、

常人乃念云所仁在　（第31詔）

トコロニアリの文末表現があり、あるいはトコロゾと訓むことも考えられるが、平安初期訓点資料では、

皆於三世衆生所得〈皆三世の衆生に於て得ル所なり〉　（成実論巻十二天長点、前掲書三七頁）

是我所遮〈是は我が遮する所なり〉　（小川本願経四分律古点甲巻⑦15）

諸有智者之所楽〈諸の有智の者の［之］楽む所なり〉　（最研乾一九一9）

など文末の「所」字をトコロナリと訓むことがたびたび見られるから、例(49)もマヲストコロナリ（ニアリ）と訓むのが穏当であろう。[1]

四　ヤ行エ・レ音節表記

今日の文法では一語動詞として扱われている動詞活用語尾のヤ行エ、レの音節表記に「所」字を用いる場合がある。恐らくこの用法は助動詞ユ、ルの活用形エ、レの借訓表記に由来するのであろう。

(イ)オクル（後）

(50)見不飽君尓所贈哉《おくれてや》旦夕尓左備乍将居　（巻四572）

(51)見常不足君尓《きみに》所贈《おくれ》而《て》生跡文無　（巻十二3185）

(52)君《きみ》所遺《におくれ》而《て》恋敷念者　（巻十二3140）

「贈・遺」の表記ではオクリと訓まれる虞れがあるため、「所」字によりオクレの訓みを明示したと推測される。これはオクレの仮名表記からも支持される訓である。「遺」は一字でオクレと訓む例（巻二115）もあるが、広雅に「送也」、集韻に去声の場合「贈也」とあり、例(52)は同じ巻十二の「所遺《おくるる》」（例(38)）と何らかの関係を有する表記であろう。

(ロ)ク（来）

(53)還立路尾所来者　（巻十六3791）

この「所来者」は一般にクレバと訓まれている。あるいはキタレバと訓むことも想像されるが、いずれにせよ、「所」字はレ音節の表記と見られる。「来」字のみで已然形クレを表記したと見られる例は多い。また同じ3791には次のような「所」字が見られる。

(54)稲寸丁女蚊妻問迹我丹所来為彼方之二綾裏沓

(55)髣髴聞而我丹所来為水縹絹帯尾

(56)所思而在如是所為故為　（重複）

例(54)(55)は巻十八の「於許世」（4105）、「於己勢」（4156）の仮名によって諸本ともオコセシと訓んでいるが、ただ、ス語尾の下二段活用は使役の意を表す場合が多く、諸注に説かれている受身の意が認められるかどうか、木下正俊の主張するヨソルほど明解ではない（「活用形式の意味との関わり――「所依」などの訓を中心として――」『万葉集語法の研究』塙書房、一九七二年）。私見によれば、「所来為」は「路尾所来者」に類推されたクレシの表記ではないかと思われる。不足音句であり、しかも上代語でクルの用例は他に見当らないが、神楽歌（鍋島家本）には、

　安不佐加遠計佐古衣久礼波山人乃王礼仁久礼多留也万つ恵曾古礼山杖曾古礼

とあり、『土左日記』（青谿書屋本）にも、

　このなかひつのものはみなひとわらはまてにくれたれは

とあり、平安中期には既に存在していたことが確認される。勿論、同じ字面が必ずしも同一訓である必要はないが、3791における借訓表記の想定は不可能ではなく、「経」字がフ、ヘ、「為」字がシ、ス、セ、そして「所」字もル、レ、ヤ行エの音節表記に用いられているのではないかと考えられることも先の推定を補強する材料となろう。ちなみに、例(56)は万葉集注釈ではセラエシユエシ、日本古典文学大系本ではセラレシユエニと訓読されているが、この「所」字についてもル、レ、ヤ行エの音節表記と見る方針で今後の課題にしたいと思う。

(ハ)ニホフ（匂）

(57)岸野之榛丹《に》々《ほ》穂《ふ》所《れ》経《ど》迹丹穂葉寐我八　（巻十六3801）

「所経」は前記例(42)にもあるが、右例はニホフレの訓みと認められ、「所」字はレ音節表記の用法であろう。

(ニ)ヌル（沾）

「所湿」（巻一24）、「所漬」（巻十二2953）、「所霑」（巻二153）および「所沾」の二五例は音数律や意味からもヌレと訓んで差支えないと思われる。巻による用例分布は左図のとおりである。

巻＼用字	所沾	沾
1	(1)	
2	1(1)	3
3		(2)
4	1	1
6	1	1
7	4	4(1)
8	4	
9	1	2(1)
10	5	7
11	3	1
12	3(1)	3
13		1
16	2	
計	25(3)	23(4)

(括弧内は用字の異なる用例数を示す)

「所」字のない表記は「閏」（巻七1274）、「潤」（巻三370）・「霑」（巻三374）・「潮」（巻九1717）および「沾」の二三例見られる。「所」字を用いるヌレは二八例、「所」字のないヌレは二七例で拮抗している。このうち人麻呂作歌・歌集にはヌレと訓まれている表記がそれぞれ二例、四例の計六例あるが、いずれも「所」字のないことが特徴的である。「所沾」等の「所」字はヌラスではなく、自動詞ヌルの活用形ヌレと訓ませる表記であろう。万葉集注釈では「浪尓所湿」（巻一24）の訓釈において、「原本「所湿」は濡らすに対する濡らされるの意」と説いているが、レ音節表記ということ以外に受身的意識の介在も想像に難くない。

ところで、人麻呂歌集に動詞語尾表記と見られる「所」がある。

(ホ)アラハル（顕）

(58)天地通雖光所顕目《あらはれめ》八方《やも》　（巻十一2354）

(ヘ)ウマル（生）

(59)吾以後所生人《うまれむひとは》如我　（巻十一2375）

(60)霍公鳥独《ひとり》所生而《うまれて》　（巻九1755虫麻呂歌集）

これらについては後述することにして、動詞語尾表記の残りの例を先に記しておく。

(ト)フル（触）

(61)搔探友手二毛《てにも》不所触者《ふれねば》　（巻四741）

この「所触」をフレと訓むことはまず間違いなかろう。「不所」は例(30)(31)(32)のように不可能を意味しうる表記であり、家持はこの表記を用いることによってレ音節を表記しつつ「手にも触れることができない」という意を表わす効果もねらったのではなかろうか。「触」一字でフレを表記したと見られる例は巻四517など七例ある。

(チ)モユ（燎）

(62)蜻蜓火之心《こころ》所《も》燎《え》管《つつ》悲悽別焉　（巻九1804）

(63)将隠乎所《も》焼《え》乍《つつ》可《か》将有《あらむ》　（巻三269）

例(63)は古来難解とされており、「所焼」をヤケと訓む説もあるが、ヤケならば「所」字の説明に窮するように思われる。万葉集注釈では例(47)ヤクルの訓みによって例(63)にヤケの訓を採っているが、例(47)の「所」は連体形ヤクルのル音節表記と認められることは既に述べたとおりである。例(62)は「心波母延農」（巻五897）、「情波母要奴」（巻十七3962）の仮名例によりモエの訓みは動かし難いから、例(62)(63)の「所」字はモユの連用形語尾エの音節表記に用いられたと考えられる。「所」字のヤ行エ音節表記はこのモユの例にしか見られないが、助動詞ユ表記の借用は推定しうることである。この表記には「自然と燎え上がる」という自発の意も込められているのかもしれない。

以上、「所」字がレ、ヤ行エの音節表記に用いられていることを確認したが、この用法はただに音節表記のみならず、本節の二で述べた「所」字の受身、自発、可能の意が投影されている蓋然性が高い(2)。恐らく人麻呂歌集のアラハル、ウマルも受身助動詞の表記ではないかと推定される。動詞アラフは文献上に見られないという難点はあるが、例(58)アラハルは「アラフの未然形アラハ(3)＋受身の助動詞ル」、また例(59)ウマルは「ウムの未然形ウマ＋受身の助動詞ル」と分析した故の表記ではなかろうか。個人の用字法や編纂の問題も考慮せねばならないが、巻八の比較的新しい歌のヌレは四例とも「所」字を用いているのに対して、古集歌（1241）や人麻呂関係歌のヌレに「所」がないことに徴すれば、少なくとも右のような受身的意義を想起することは可能である。この用法の源流については、助動詞ユ、ルの活用形からの類推ということの他にも、「所」字の表記する本来助動詞であったユ、ルが、動詞の活用語尾と認識され、やがて巻十六のクレやニホフレなどに見られる単なる音節表記にも用いられるようになったと考えられる。

「所」の表記がエ音節よりもレ音節表記に多く用いられているのに対して、受身、可能の助動詞はルよりもユの方が優勢であるという事実がある。これは恐らく動詞語尾におけるラ行音レの頻出度の高さによるものと思われ、ユ語尾動詞が和語に多ければヤ行エ音節の表記例ももっと多く見られたように思われる。

また、次の例(64)の「所念」をオモヘと訓読する説がある。

(64)匣内之珠社所念　(巻四635)

一方、塙書房刊本では最後四字をタマコソオモホユレ、万葉集注釈では紀州本により「念」を「見」に改めてタマトコソミレと訓んでいる。この「所」はやはり自発の助動詞としてオモホユレか、活用語尾レ音節の表記としてミレか、いずれにしても「所」字を無視する訓みには従いがたい。(4) 宣命にはこのような動詞語尾表記の用法は見られない。

五　敬語表示

漢語に「所」字の尊敬的用法がないことは言うまでもないが、三矢重松は、この用法について次のように言及している。

「所知」は被役なるが、其の裏には必使役する勢力あれば、被役形を使役に転換し、当時の敬相なる使役形と一致するより、即敬相表すを文字として、之を用ゐたるにはあらじか。(前掲書七二頁)

「所」字の使役的用法については注釈や訓読を見る限りでは諸家ともに肯定的である。

(65)吾《われ》尓《に》勿《な》所見《みえそ》水葱乃煮物　(巻十六3829)

右は万葉集注釈に「所」と「令」と通じて用いる例と説かれ、また巻四の564・591の訓釈でも「所」と「令」の融通性が指摘されている。しかし、同時に例(65)は「ミエソ」の方が自然の訓ということができようかと述べ、ミセソが別案に採られているように、ここは助動詞ユとして解釈できるのであるから、漢語には認められない使役の用法をあえて採用する必要はないと思われる。巻四564は次の如くであるが、

(66)山菅之実不成事乎吾《わ》尓《に》所依《よそり》言礼師君者

右の「所依」や「所因、所縁」は木下正俊前掲論文によりヨソルあるいはヨサルの訓みであると認められ、「所」字は下二段ヨスの受身動詞形を示す表記であろう。[5] 宣命にも、

猶道鏡伊所賜天　（第35詔）

皆尓受所賜　（天平勝宝九年逸文詔）

のように、タマハルをタマフの受身動詞形と理解して表記した例がある。ちなみに、「被賜《たまはる》」の表記も八詔に渡り一四例見える。

使役の用法において問題となるのは、

(67)高山麻障所為而奥藻麻枕所為　（巻十三3336）

の「所為」で、従来ナシと訓まれている例である。3336には「所」がもう一例用いられている。

(68)浦裳無所宿有人者母父尓真名子尓可有六

この「所宿有」の訓みはヤドレル（日本古典文学大系）、イネタル（注釈、全註釈）、フシタル（塙書房本）、コヤセル（桜楓社本）というように諸家の説が分れている。3336が3339と関係があることは既に指摘されているが、3339でこの箇所に該当する部分は、

占裳無偃為公者母父之愛子丹裳在将

とある。この「偃為」は多くコヤセルと訓まれているが、フシタル（塙書房本）と訓む説もある。若干論旨は逸れる

が、右の「為」字について少し考えてみようと思う。

万葉集における「為」字はシ、ス、セ、タメなどに訓まれているが、完了のタリに訓まれた例もただ一例ある（塙書房本は3339・3342・3343もタリと訓む）。

敷細布枕人事問哉其枕苔生負《こけむしに》為《たり》　（巻十一2516）

全註釈のみがコケムシオフセという異訓を採っている。福田良輔「古事記の『為』字――特に所謂完了の助動詞を表記するものについて――」（『古代語文ノート』南雲堂桜楓社、一九六四年所収）では「為」字に完了の助動詞の表記を認め、経伝釈詞の「為猶有也」を根拠としているが、その用法は、

能（く）解脱の因とい為をば［者］皆定根と名（づく）　（成実論巻十八天長点。鈴木一男調査による〈『奈良学芸大学紀要』五ノ一、一九五六年、二四頁〉）

於諸国中為人王者〈［於］諸の国の中に［為］人王とある者《ヒト》い〉　（最研乾一五八3）

如レ(き)是(の)等ノ法ノ中ニハ而是ノ心為《タ》レリ源。（石山寺本蘇悉地羯羅経略疏天暦点。大坪併治『訓点語の研究』風間書房、一九六一年、七〇七頁）

など訓点資料ではトアリの熟合形タリ（指定）と訓まれるものであって、テアリの熟合形、完了のタリと訓む例は平安初期訓点資料には見られないようである。また、

何施之為　（『左伝』傳公二十三年）

其何善之為　（『晋語』）

などの引用例は、「何臣之為」（『左伝』成公二年）に対する杜預注「若言何用為臣」、「何政令之為」（周語）に対する韋昭注「何……為政令乎」の如く、作為を表す「為」字の倒置的用法と見られる。篆隷萬象名義に「為、有也」と見え

ることから、玉篇にもその義注はあったと推定され、「有・在」と同様に完了（存続）のタリに用いられた可能性を全く否定することはできないが、動詞ス表記との関係において特殊な用法であるだけに慎重に対処する必要がある。2516の訓読について私見を述べれば、巻十六に、

櫟津乃檜橋従《ひばしより》来許武《こむ》狐尓安牟佐武　（3824）

枳棘原苅《うばらかり》除曾気《そけ》倉将立　（3832）

のように「来・除」の訓読を下に示した特殊な表記があるが、「生負《オヒ》」の表記もムスと訓まれることもある「生」字に「負」を下接させることにより「生負」と訓ませたのではなかろうか。二字一訓の表記は、

馬之歩押止《おさへ》駐余《とどめよ》　（巻六1002）

附目《つくめ》緘結跡《むすぶと》夜更降家類　（巻八1546）

君無者奈何《なぞ》身《み》将装餝《よそはむ》　（巻九1777）

など多く漢文の熟語を背景としているが、なかには、

霜零而 寒暮夕《さむきゆふへは》倭之所念　（巻一64）（但し「夕暮」の例はある）

見吾辛苦夜之更降去者《よのふけゆけば》　（巻八1544）

不合相者《あはずあらば》如為跡可吾宿始兼　（巻十一2650）

野者《のは》殊異為而《ことにして》心者同　（巻十二3099）

武奈伎乎漁取跡《むなぎをとると》河尓流勿　（巻十六3854）

など佩文韻府、文選等に検索できない二字一訓の例もあり、訓みを示したのではないにせよ、「生負」二字でオフを表記したことは十分考えられる。次に「為」字であるが、この歌意から案ずるに「その枕には苔が生えようとしてい

ますよ」というほどの意で、コケオヒムトスの訓みが適当ではなかろうか。ムトスが人間の意志と関わりなく自然現象にも用いられることは、

佐韋賀波用久毛多知和多理宇泥備夜麻許能波佐夜芸奴加是布加牟登須　（神武記）

によって明らかである。「為」をムトスと訓む例は、

為諸菩薩得通達故〈諸の菩薩に通し達すること得（し）メむと為《す》るが故に〉　（最研乾二三一20）

我為供養三宝事須財物〈我レ三宝を供養する事《ワザ》に財物を須（ゐ）むとす［為］〉　（最研乾一一二4）

など平安初期訓点資料にも確認でき、古事記においても、

為将出幸上国　（神代記）

将為待攻而　（神武記）

率其太子為将禊而　（仲哀記）

などムトスと見られる例があることは周知の通りである。また「為」一字でも、

次為直其禍而所成神名　（神代記）

時時也往往也雖為取而不得　（応神記）

於是為煮大御羹　（仁徳記）

などムトスと訓むことが想定される例もあるから、人麻呂歌集の2516は略体表記として、コケオヒムトスと訓むのが穏当と思われる。

これにより、3339の「偃為」の「為」字もカヨハス、タタス等と同様のス語尾動詞の表記と見て、コヤセルの訓みを推定しうる。「為」字のみでセルを表記したと見られる例は同じ巻十三に、

三諸乃神之帯為《おびにせる》明日香之河之水尾速　(3227)

とある。3339のコヤセルの訓みを3336の「所宿有」にそのまま採用することはできないが、例(68)に敬語コヤセルがあっても不自然ではなく、また「所―有」の表記形式も、

(69)常丹跡君之所念有《おもほせり》計類《ける》　(巻二206)

とあるから、同じくコヤセルと訓むのが妥当であろう。例(67)の「所為」の訓読に戻れば、この「所」字も「所宿有」と同様敬語表示の用法として「高山を障にせして奥藻を枕にせして」と訓むべきであると思われる。万葉集注釈には「所為」をナスと訓む例はこの二例のみで564などにより「所」は「令」と同じ意に用いられるとあるが、たびたび「所＝令」の証拠として示される次のような、

吾念乎人尓《ひとに》令知《しるれ》哉《や》玉匣　(巻四591)

己我當乎人尓《ひとに》令知《しれ》管《つつ》　(巻八1446)

の例は、下二段シルが受身の意に通ずるにせよ、語構造の分析によって使役の「令」が表記されたのであり、受身の意として「令」字を用いたのではなかろう。「令」字の動詞語尾表記はかなり多く見られるが、敬語に用いるのは恐らく次例の「令聞」だけであろうと思われる。

空言毛将相跡《あはむと》令聞《きこせ》恋之名種尓　(巻十二3063)(6)

上代語の動詞語尾スは使役や他動と尊敬の両方の意を表すにもかかわらず、「令」はほとんど前者の場合にしか現れていないということは漢語における「令」字の用法が和語表記においても十分意識されていた証拠となろう。このように前記二例を証左とした「令」と「所」の通用説は安易に認めることはできない。例(67)の「所」字は、同じ巻十三挽歌の、

国見《くにみ》所遊《あそばし》……懸而《かけて》所偲《しのはし》……所取賜而《とらしたまひて》所遊《あそばしし》我王矣　(3324)

のような敬語表示と見る以外にない例とともに、巻十三挽歌における敬語表示の特異的用法であると解釈するのが最も穏当であろう。

宣命においては次の例を従来ノセタルヲと訓読している。

是以令文所載多流乎跡止為而　（第2詔）

この「所」字はノルに対する他動詞ノスを表わすのではなく、漢文表記に影響された、いわゆる「指事之詞」の用法であり、ノセタルトコロというほどの意味であると見られる。興福寺本大慈恩寺三蔵法師伝古点には、

経所載宝荘厳〈経（に）（二）載セタル所ノ宝荘厳ノ〉　（巻十49）

と訓読した例がある（築島裕『興福寺本大慈恩寺三蔵法師伝古点の国語学的研究　訳文篇』東京大学出版会、一九六五年による）。

このように万葉集、宣命には「所」字による使役表記は確認できず、また「所」字の尊敬的用法は使役形によるという三矢重松の説も疑わしいように思われる。私見によれば、二つの要因が考えられる。一つはいわゆる接続代名詞の用法で、オモホス、キコス等の尊敬語のなかで、最も表記されることが多かったと考えられるシラスの表記を見れば、

故称謂御肇国天皇也（崇神紀）⇒謂所知初国之御真木天皇也（崇神記）

明神御大八洲日本根子天皇（天武紀十二年詔）⇒現御神止大八島国所知天皇（続日本紀文武元年詔）

右のように、ある時期に連体形シラスは「所知」とも表記されるようになり、一般にシラスは「知」一字ではなく、いわゆる接続代名詞を伴う「所知」と深く結びついた結果ではなかろうか。公式文書や史書等には不可欠の表記である「所知」の慣用によって、連体形以外にも「所知」の表記が定着したかと推測される。もう一つは春日政治が最研

において「〜ノトコロ」の訓読の補加について、

これらが皆諸仏の尊位に関するもののみであって、普通人に於ける場合にはその例のないのを見ると、これは一種の敬語らしく思はれる（最研乾一〇三頁）

と述べている点である。宣命にも、

然掛毛畏岐二所乃天皇我御命乎　（第45詔）

という敬意を込めた助数詞トコロが見えるが、トコロという語、ひいては「所」字にも敬語意識が付帯される契機が存在したと思われる。

このように史書や詔勅等において天皇に関わる尊敬語表記に用いられたことが「所」字の尊敬的用法の胚胎であると考えるならば、その後、オモホス（所念・所思）、キコス（所聞・所聴）などのほとんど限られた語の表記にしか現われない事情も納得されよう。また「所」字を用いた原因の一つに「為」や「令」を用いればシラス（報知）、キカス（令聞）などの使役的意味に誤まられる虞れがあるため、尊敬の明示として「所」を用いたことも挙げられるだろう。「為・令」によってシラス、キコス、オモホスの敬語表記をした例は「高知為《たかしらす》」（巻六923・1050）、「聞為《きかす》」（巻十2156）、「令聞《きこせ》」（巻十二3063）の四例ぐらいで、あまり用例がないこともその推測を補強するものである。

ところで、「所」字を尊敬の助動詞スの用法と見る説もあるが、オモホス、シラスに「御念」（巻一77・巻三330など）、「御知」（巻十二3100）とあり、他にも、

飛鳥乃早御来《はやくきまさね》（巻六971）

壁草苅邇御座《いまし》給根《たまはね》　（巻十一2351）

有都々毛御見《めし》多麻波牟曾《たまはむぞ》　（巻十九4228）

などの用例のある「御」と同じく、「所」字は敬語表示と考えるのが穏当であろう。有坂秀世「下一段活用の補助動詞『たまふ』の源流について」(『国語音韻史の研究増補新版』所収)では、「食」字をメス、下二段タマフと訓む場合の表記について、

(メスと訓む場合は)古い文献では、もし食の字を用ゐて、これらの言葉をあらはすならば、必ず所念食(御念食)所知食のやうに所や御の字を加へて書いてゐる(四六一頁)

と述べている。この論旨によると、「所・御」字が「食」字を規定してメスと訓ませるというような印象を受けるが、オモホシ、キコシ、シラシであるならばメスが接続し、オモヒ、キキ、シリであるならば下二段タマフが接続するのであり、下二段のオモホシタマフやオモヒメス等の語形は文献上には考えられないから、「所・御」はオモフ、キク、シル等の敬語表示と見て差支えなかろう。この敬語表示の用法は、万葉集ではオモホス、キコス、シラスと巻十三の挽歌二首の敬語表記に限って用いられ、宣命ではオモホス、キコス、シラスの他に、

所聞行驚賜恠賜所見行歓賜嘉賜弖(第6詔)

波波刀比供奉乎所見賜者(第7詔)

ミソナハス、メシタマフの表記に用いられている。ちなみに、ミソナハスの「所」字のない表記も「見行」が第10・42・45・51詔、「看行」が第51詔に見える。

六　熟合、義訓、音仮名ソ乙類

万葉集、宣命に各一例「所由」の用例がある。

(70)所由無佐太乃岡辺尓(巻二187)

(71)如是久奇異雲乃顕在流所由乎令勘尓　（第42詔）

例(70)は「都礼毛奈吉佐保乃山辺尓」（巻三460）の仮名書きによりツレと訓むと見られる。同じ巻二には「由縁母無真弓乃岡尓」（巻二167）の表記もある。例(71)は観智院本類聚名義抄にユヘ（仏中一〇七2）の訓があるように、恐らくユヱと訓むのであろう。

義訓としては次の四例が見られる。

(72)鳥音之《とりがねの》所聞海尓《かしまのうみに》　（巻十三3336）

(73)所《か》聞《し》多《ま》彌《ね》乃《の》机之之島能小螺乎　（巻十六3880）

(74)室戸尓有　櫻 花乃《さくらのはなの》不所比日可聞《ちれるころかも》　（巻八1459）

(75)剣刀諸刃之於荷去解而所殺《しに》鴨将死《かもしなむ》　（巻十一2636）

例(72)はキコユルと訓む説もあるが、一応義訓と認めておく。例(74)は篆隷萬象名義に「処也、居也」とあり、「不所」は存在しないという意からチレルでよかろうと思われる。例(75)は受身の用法であるが、殺される者から見れば「死ぬ」ことになるから、シニと訓むことに従われよう。

音仮名ソ乙類の用法は「所虚」（巻二194）、「所己」（巻二196）、「所許」（巻九1740）、「己所」（巻三466）、「余所留」（巻十三3305）が全例である。[7]ソコは「彼所」、ヨソルは「所依」との類推が考えられ、コソもソコと無関係ではないかもしれず、いわば「かけ文字」的に用いていると見られる。

おわりに

最後に古事記における「所」字を概観しておくことにする。古事記の「所」字は序文（七例）を除けば、二〇六例である（以下の括孤内はそれぞれ上、中、下巻における用例数である）。このうち実字（形式名詞、いわゆる語助の用法を含む）の用例は二一例（八・四・九）、被役は九例（六・二・一）、熟語と見るべきものは次のとおりである。

所以　一四例（四・六・四）
所由　四例（二・一・一）
所謂　四例（二・一・一）
所云　一例（〇・一・〇）
所有　一例（一・〇・〇）
所知　一八例（八・六・四）

連体修飾格を示すものとして、虚字の正用、誤用を区別せず、「所」による名詞句に「之」が下接する場合と「之」がない場合では、

所A之B　五七例（三三・一二・一二）
所AB　七三例（四九・一四・一〇）

である。ちなみに、後者の上巻における「所成」は三三例である。この差違は、土井忠生「古事記の「所成神」」（『国語史論攷』三省堂、一九七七年所収）で述べられているように、前者はAに、後者はBに叙述の重点があるのかもしれない。この他文末に用いられた三例および不明の一例がある。

是伊邪那美神未神避以前所生　（神代記）
物実因我物所成　（同右）
物実因汝物所成　（同右）

亦所取佩伊都 此二字以音 之竹鞆而　（同右）

初めの三例は文末表現としてトコロナリというほどの意を有するものであろうが、最後の例は、西宮一民の指摘するように尊敬的用法とするにはやや難があり、後考を俟ちたいと思う。また本節では風土記等の他の上代文献に触れることはできなかったが、その用法はほぼ本稿に準じて考えられよう。

註

（1）小山登久「公家日記に見える『所（処）』字の用法について――平安時代の資料を対象に――」（『国語国文』第四六巻第四号、『平安時代公家日記の国語学的研究』おうふう、一九九六年所収）に、平安時代における文末表現のトコロナリについての考察がある。

（2）万葉集の動詞活用語尾レ音節表記に音仮名「礼・例」も用いられているが、その用字の選択基準の一つとして、上記のような「所」字の表意性を掲げることができよう。ル音節表記についても、例(38)は受身、例(40)は可能の意を考えることができるが、これらル、レ音節の音仮名表記は本旨と別個の問題（靡、靡伏の表記等）が絡んでくるので、本稿ではこれ以上立ち入らないことにする。

（3）吉田金彦『日本語語源学の方法』（大修館書店、一九七六年、二七二頁）で、その存在を推定している。

（4）「所」字の用法が不可解である例として巻十三3270の「所挌将折」がある。これは連体格を示す用法と考えられているが、「刺将焼、播将棄」には「所」がないことや語序の問題が今一つ明解ではない。あるいはヤ行エ、レ音節表記用法として、「〇レ（エ）」という動詞連用形を表記した可能性も捨てきれず、暫く保留しておきたい。

（5）連体形の巻二114、巻十2247、巻十二3167はヨソル（ヨレル）のようにル音節を伴っているからル音節表記の用法とも考えられる。

（6）一般に言フの敬語と説かれる例であるが、この「令」字も恐らく、「私にお聞かせ下さい」という文脈から抽出される使役的語感に影響された表記意識に由来すると考えられる。

（7）「美所久思」（巻十四3362）は「美可久思」の誤写と認めるのが妥当であろう。

第三節　上代文献における「有・在」字

上代文献における「有・在」字に関しては、その相通性、同意性が言われることが多く、これまでその違いについて顧みられることはあまりなかったようである。漢語においてこの両字は相異なるのであるから、単に同義であるとだけで片付けられない。「在」は「〜にある」という場所を示す「在、存也」（説文解字）および「在、居也」（広雅釈詁）の意を、「有」は「有、対レ無之称」（正字通）とあるように個体の有無に関して「ある」を表出する意を主として表す。もっとも「有・在」が互いに和語アリに対応する意であることは言を俟たない。本節では漢語本来の意味用法（但し語序は重視しない）を考慮しつつ、「有・在」字と和語表記との対応で、その用字法の特質について考えてみたい。

一　古代朝鮮資料

上代文献における用字法を述べる前に、古代朝鮮の用字法を略述しておく。[1] 古代朝鮮では「有」はir-、「在」はkye-に用いられている。遼の太平十一年（一〇三一）の「若木石塔記」では完了の用法はすべて「在」で表記され、「有」は「右如付量有在等以（アリタルヲモッテ）」のようにアリの意である。吏読において「有在」の表記は見られるが、「在有」の表記はないようであるから、いずれも過去の意を有すると言われているが、「在」の方が早くから助辞化し完了の意を示したらしい。これは「開寧葛項寺石塔記」（七五八年）に「二塔天宝十七年戊戌中立在之／甥姉妹三人業以成在之」のように尊敬の助動詞（完了の意を示すという説もある）に用いられていることからも明らかである。その他に「在」は「甥者零妙寺言寂法師在旀／姉者照文皇太后君妳在旀／妹者敬信太王妳在也」と「〜で居らっしゃる」の用法も見られる。

日本古代金石文の表記はほぼ漢語の正用であるが、

辛丑日崩去辰時故児在布奈太利古臣又伯在□古臣二人志願　（観音菩薩立像銘）

族大原博士百斉在王此土王姓　（法隆寺甲午年観音菩薩造像記）

前者のように「児である・伯である」の指定の用法、後者のように「在二百斉一王」とあるべき場所を示す用法と見られる和化された表記もある。前者は西宮一民『日本上代の文章と表記』（風間書房、一九七〇年）では前掲石塔記の古代朝鮮の敬語用法ではないとしているが（四一頁）、元来 kye- が存在の意であるならば共通の用字法でないとは断言できまい。もっとも古代朝鮮の漢字の用法も漢語に起源を持っているから、類似した用法が、それぞれ交渉を持たず、別個に漢語に由来する可能性も否定できない。前記の「立在之」などや和語のタリ、ケリ、リなどの「在」字表記は、中古漢語の

没在水下　（世説新語）

繋在左臂肘後　（金光明最勝王経）

などとある動詞と複合して地点と同時にその状態の継続を表わす虚字的用法と対応するものであろう。「有」も動詞と複合する場合があるが、「保有・分有・専有」などの熟語に現われているように「持つ」の意が強い。しかも「在」は「稲粱霑汝在」（杜甫・江頭七詠）や「他家解事在」（遊仙窟）のような句終詞としての用法も唐代に現われるから、(2)古代朝鮮、日本ともに存在詞に関する助辞的表記として「在」が用いられることは、言わば漢語の正用と言える。また古代朝鮮語の資料となる金石文は八世紀以前では数が少なく、古代朝鮮の用字法の影響を解明することは現時点では困難である。古代日本の極初期には渡来人の表記を模倣したかもしれないが、本節で以下述べる上代文献の「有・

在」については現在の段階では古代朝鮮の用字法を考慮する必要はなかろう。

二　人麻呂歌集・人麻呂作歌

万葉集については、まず人麻呂歌集、人麻呂作歌における用法について述べよう。

助動詞ケリの「在」字表記が、集中、人麻呂歌集略体歌にのみ八例見えることについては既に指摘がある（阿蘇瑞枝『柿本人麻呂論考』桜楓社、一九七二年、六七九頁）。歌番号のみ示せば、巻七1094・1249、巻十1896・2333、巻十一2383・2395・2427・2485にある。この用字は爾雅に「在存省士、察也」とあるように現在においてそのように察せられるという意義、およびケリが語構成の上でアリを包摂するという形態を考慮した上のものであろう。同じ歌集でも非略体歌のケリの表記は「来」である。略体から非略体への過程で表記の重点がケリのリからケに移ったと見られる。一方「有」にケリの訓を認めようとする説がある。

大夫者《ますらをは》変水《をちみづ》求《もとめ》白髪《しらが》生《おひ》二《に》有《たり》　（巻四627）

右例は神田本にオヒニケリとあり、桜楓社本もケリと訓んでいるが、「有」がケリの表記に用いられる場合は、

公之《きみが》使乃手《つかひのた》折《を》来《りけ》有《る》　（巻十2111）
不《き》著《ず》而《て》来《き》二《に》来《け》有《り》　（巻十一2771）
人持去《ひともちに》家《け》有《り》　（巻十六3815）

のようにケリのケが確実に表記されている。前述のように表記の重点はケリのケに移ったと見られるから、「有」一字の表記である627はオヒニタリと訓むのが穏当であろう。

いわゆる完了の助動詞リ（以下、単にリという）については次のとおりである。

人麻呂歌集

君之《きみが》結有《むすべる》	（巻二146）
織在《おれる》衣服《ころも》叙《そ》	（巻七1281）
手纒持在《てにまきもてる》	（巻七1301）
持在《もてる》白玉《しらたま》	（巻七1302）
霧惑在《きりにまとへる》	（巻十1892）
吾隠在妻《わがかくせるつま》	（巻十一2353）
隠在其妻《かくせるそのつま》	（巻十一2354）
神持在《かみのもたせる》	（巻十一2416）
君来《きみき》座在《ませるに》	（巻十一2424）
交在草《まじれるくさの》	（巻十一2468）
隠在妹《こもれるいもを》	（巻十一2495）
額髪結在《ぬかがみゆへる》	（巻十一2496）

人麻呂作歌

念有吾毛《おもへるわれも》	（巻二135）
日者《ひは》雖照有《てらせれど》	（巻二169）
堤尓立有《つつみにたてる》	（巻二210）
念有之《おもへりし》	（巻二210）
憑有之《たのめりし》	（巻二210）
形見《かたみ》尓《に》置有《おける》	（巻二210）
枝刺有《えださせる》如《ごと》	（巻二213）
念有之《おもへりし》	（巻二213）
恃有之《たのめりし》	（巻二213）
形見《かたみ》尓《に》置有《おける》	（巻二213）
磐根《いはね》之《し》巻有《まける》	（巻二223）
蓋尓為《きぬがさにせ》有《り》	（巻三240）
思有者《おもへれば》	（巻三253）

右によれば、146を例外として歌集は「在」専用、作歌は「有」専用である。巻二146の「柿本人麻呂歌集中出也」の注記については古来問題とされ、表記上の疑問についても稲岡耕二『萬葉表記論』（塙書房、一九七六年）で「将」によってケムを表記することが既に述べられている（一八六頁以下）。「有・在」の用字法からも146は本来の人麻呂歌集所収歌ではないと見るのが穏当であろう。巻九の「大宝元年辛丑冬十月太上天皇大行天皇幸紀伊国時歌十三首」には、

大我《おほが》野《の》之《の》竹葉《たかは》苅敷《かりしき》廬為《いほりせ》有《り》跡者《とは》　（1677）

と、「有」が用いられており、ト乙類の「跡」字表記の共通性からも、146はこの「十三首」のグループ内に位置していたと思われる（後藤利雄『人麿の歌集とその成立』至文堂、一九六一年、九頁）。すなわち、歌集では「在」専用、作歌では「有」専用である。また作歌では「有」が、

畳有青垣山《たたなはるあをがきやま》　（巻一38）
嬬隠有《つまごもる》屋《や》上乃《かみの》一云室上山山乃《やまの》　（巻二135）

というように単にル音節を表す例も見られる。

助動詞タリについては、テアリと訓むべき場合も含めて示す。

人麻呂歌集

花開在《はなさきたらば》　（巻七1248）
持在人《もちたるひとし》　（巻七1294）
隠在《こもりたる》　（巻七1304）
開在花《さきたるはなの》　（巻十1893）
塞耐在《せかへたりけり》　（巻十一2432）
手向為在《たむけしたれや》　（巻十二2856）

散乱而在《ちりみだれたる》　（巻九1685）
隠而在孋《こもりたるつま》　（巻十一2509）

削遺有《きえのこりてある》　（巻九1709）
不消有《けたずてあらむ》　（巻十2312）

人麻呂作歌

茂生有《しげくおひたる》　（巻一29）
敵見有《あたみたる》　（巻二199）
指挙有《ささげたる》　（巻二199）
国忘有《くにわすれたる》　（巻三426）

言名絶有《いふなのたえてあらばこそ》　（巻十一2419）
隔有鴨《へなりてあるかも》　（巻十一2420）
四臂《しひ》而《て》有《あれ》八《や》羽《は》　（巻九1783）

著《つき》而《て》有《ある》火《ひ》之《の》　（巻二199）
聞《きき》而《て》有《あり》不得《えね》者《ば》　（巻二207）

「在・而在」をテアリではなくタリと訓むことは一々の例証は省くが、先学に従って異論はなかろう。「有」については少し考察する必要がある。万葉集に連用形、終止形のテアリの確例は見られないが、連体形では「老尓弖阿留我身上尓」（巻五829）、「之麻能牟漏能木波奈礼弖安流良武」（巻十五3601）の二例がある。タリの連体形は春日和男『存在詞に関する研究』（風間書房、一九六八年）によれば、体言に接続する場合二八例、ラムに接続する場合二例である（二三三頁以下）。テアル、タルともに接続による使い分けがあるとは言えず、前掲書に「存在乃至は存続の意義が失はれて形式化し、先行動詞に連体修飾の機能を与へることがタルの形成上有力な素因となつてゐるものと思ふ」と指摘しているように、タルは体言接続の場合の動詞の緊密な修飾機能に関与していよう。一方、1709・2420のように連体形で止める場合は万葉集、宣命に例がないが、テアルの結合はそれほど密接ではないように思われる。已然形の場合、次の二例は「アレバ」という用法であるが、テアリの結合は緩く母音を含む八音である。

関左閉尓弊奈里底安礼許曾　（巻十七3978）
麻追我敝里之比尓弖安礼可母　（巻十七4014）

1709・2420はいずれも第五句であり、特に第五句をテアリに固執し字余りにしていることが多い(3)のに徴しても、結合の程度の低いキエノコリテアル、ヘナリテアルカモと訓むのがよかろう。2420は3978のヘナリテアレコソという例からも積極的に支持される。1783は前掲4014と、第一、二句が類似している歌であるが、ニの訓添えはあえて必要ないから「而有」

	人麻呂歌集		人麻呂作歌
	略体歌	非略体歌	
タリ	在	而在	有
テアリ	有・而有		而有

はテアリの表記であろう。作歌については「有」がタリ、「而有」がテアリの表記と見て差しつかえなかろう。

このように訓が確定したところで、「有・在」の用法を訓によって図示すると右のような傾向になる。歌集の1809・2312は非略体歌でありながら「而」の表記がないことから整然とはしないが、テアリに「有・而有」が用いられることはアリに「有」が多用されること（後述）と無関係ではなかろう。

ナリ（ニアリ）については、場所を示す場合と指定の場合に分けて考える。場所を示す用法は次のとおりである。

人麻呂歌集

天在《あめなる》　（巻七1277）
引津辺《ひきつのへ》在《なる》　（巻七1279）
家在矣《いへにあらましを》　（巻七1280）
此《ここに》何有跡《ありと》　（巻七1290）
磯中在《いそのなかなる》　（巻七1300）
客在者《たびなれば》　（巻九1691）
天在《あめなる》　（巻十一2361）
澤泉在《さはいづみなる》　（巻十一2443）

人麻呂作歌

石見《いはみ》尓有《なる》　（巻二134）
辛乃《からの》埼有《さきなる》　（巻二135）

「在」は漢語で場所を示す用法を有しており、1290を除き歌集の用法は漢語の正用である（以下、万葉集で正用、誤用をいう場合、語序を問題としない）。1290は沢瀉注釈・塙書房本ココニアリト、古典大系本・桜楓社本ココニシアリト、全註釈ココニイカニアリト、私注イカニアリトと諸家の訓が一致しないところである。1290の位置する巻七の旋頭歌二三首における1277・1279・1280、および歌集の他の四例の正用表記に徴すると、1290の場所を示す用法にのみ「有」を用いたと考える立場は、人麻呂歌集筆録者の用字の意図に反するのではあるまいか。「何有」は「何有《いかにあらむ》」（2396）、「何有人《いかなるひとか》」（2436）のように、やはりイカナリ（イカニアリ）と訓ませるべき表記であろう。「何」の訓仮名ニの用法は集中、他に「形見《かたみ》何《に》此焉《ここを》」（二196）の例があると言われているが、金沢本・類聚古集・紀州本には「河」であり「形見河此焉」で古典大系・全註釈はカタミカココヲと訓んでいる。さらに桜楓社本は「形見何此焉」のままカタミカココヲと訓み、「何」を音仮名としている。「何」の「荷」に通ずるという特殊な訓仮名用法にあえて固執する必要はなく、196は「河・何」いずれに校訂するにせよカと訓み、1290はイカニの表意表記として「此何有跡」をココニイカナリトと訓むのが妥当であろう。すなわち、場所を示す場合、歌集では「在」、作歌では「有」が用いられている。指定の場合は、場所を示す場合ほど使い分けが分明ではない。

人麻呂歌集

使在之《つかひにしあらし》　（巻九1697）
荒礒《ありそ》丹《に》者《は》雖有《あれど》　（巻九1797）
恋在《こひにしありけり》　（巻十一2442）
何在云《いかなりといひて》　（巻十一2466）
神在随《かむながら》　（巻十三3253）

人麻呂作歌

妹庭雖在《いもにはあれど》　（巻二213）
時不在《ときならず》　（巻二217）

此何有跡《ここにいかなりと》　（巻七1290前出）
言尓《ことに》有者《あらば》　（巻九1774）
恋尓《こひに》有莫《あらな》国《くに》　（巻十2024）
吹風 有 数々《ふくかぜにあらばしばしば》　（巻十一2359）
死為物 有 者《しにするものにあらませば》　（巻十一2390）
何 有《いかにあらむ》　（巻十一2397）
見依 物 有《みてはよりにしものにあれば》　（巻十一2404）
何有人《いかなるひとか》　（巻十一2436）
常石《ときは》有《なる》　（巻十一2444）
衣 有《ころもにありせば》　（巻十二2852）

夷者雖有《ひなにはあれど》　（巻一29）
荒野《あらの》者雖有《にはあれど》　（巻一47）
里尓《さとに》思《し》有者《あれば》　（巻二207）
妹者雖有《いもにはあれど》　（巻二210）
児等《こら》尓《に》波《は》雖有《あれど》　（巻二210）
妹庭雖有《いもにはあれど》　（巻二213）
妹鴨 有牟《いもにかもあらむ》　（巻三428）
霧有哉《きりなれや》　（巻三429）
行事《わざ》庭不有《にはあらず》　（巻四498）

まず作歌について見ると「妹庭雖在」は「妹庭雖有」の変字法であり、217は「時不有」であればトキアラズと訓まれる虞れがあるため、ニアリ（ナリ）と訓ませる表記として「在」を用いたと推測される。「有」をナリと訓む429は「麻績王白水郎有哉」（巻一23）に同様の表記がみられるが、共通する用字法かもしれない。とにかく作歌では指定の場合ほとんど「有」が用いられている。歌集の「在」を見ると、「神在随」の表記は集中この例だけで、他に「神奈我良・神長柄・神随」の表記がある。この「在」は〈居らっしゃる〉の意と見られ、播磨国風土記にも「因此神在」（揖保郡）、「因神在」（神前郡）の例があり、あるいは「祭神如神在」（論語）のような典拠があるのかもしれない。2466の「何在」は〈どのような状態で居る〉という意であって、「何有」の〈どういう風である〉という意ではなかろう。2466・3253は「居也」という漢語と対応する用字法と言える。他の「在」はニとアリの間にシ（1697・2442）およびハ（1797）

を挿入した場合に見られ、助詞の挿入のない「有」と対照的である。仮にこの相補的関係が偶然でないとすれば、人麻呂歌集ではニアリ（ナリ）の指定の用法の場合「有」、ニアリに助詞が挿入される場合および「居也」の意を含む場合「在」が用いられていることになる。

以上、ニアリ（ナリ）について、その傾向を図示すると左上図のようになろう。

否定の助動詞ズの補助活用の表記は、作歌499・1762、歌集1279・2392・2395・2406・2428・2436・2459・2477（1762は或作、2428はズコソアレ）の全例が「有」である。これは漢語の「有レ不レ——」の文型に基づく用字法であろう。同様にシカリ、カカリの補助的表記も「然有鴨《しかにあれかも》」（巻二196）、「此有《かかる》恋《こひには》」（巻十一2393）、「如是有《かかる》恋《こひをも》」（巻十一2411）、「此有《かかる》恋《こひには》」（巻十一2505）のように「有」のみ用いられている。これは「そうである、こんな風である」という指定の意味を有するから、前述の指定のニアリに「有」が多用されていることと軌を一にしている。その他の「有・在」字については巻別に示すと左下図のとおり（音仮名用法の2487は除く）。

略体、非略体の表記体による使い分けは見られないが、傾向として略体歌に「有」が、非略体歌に「在」がそれぞ

		人麻呂歌集	人麻呂作歌
場所を示す		在	有
指定	ニアリの結合が比較的強い	有	有
	ニアリの結合が比較的弱い	在	

	巻数	在 略体	在 非略体	有 略体	有 非略体
人麻呂歌集	3	0	1	0	0
	7	2	1	3	2
	9	0	4	0	0
	10	0	3	0	1
	11	3	0	13	0
	12	1	0	2	0
	13	0	1	0	1
	小計	6	10	18	4
	計	16		22	
人麻呂作歌	1	0		2	
	2	3		7	
	3	0		1	
	4	0		2	
	計	3		12	

	歌集 略体	歌集 非略体	作歌
ケリ	在	来	来
リ	在		有
タリ	在	而有	有
テアリ	有	而在	而有
ナリ ニアリ (場所を示す)	在		有 尓有
ナリ ニアリ (指定)	有		有
アリ (補助活)	有		有
上以外のアリ	有	在	有

れ多用されている。特に巻十一は前述ズアリのアリを含めると、「有・在」が二〇対三（すべて略体歌）であり、逆に巻九は〇対四（すべて非略体歌）である。作歌では主に「有」が用いられている。

以上の人麻呂歌集・人麻呂作歌の「有・在」の用法をまとめるとほぼ右図のようになる。

三　旅人・憶良・家持

次に人麻呂以外の特徴ある三歌人の用字法を見よう。大伴旅人の作歌における「在」は次の五例である。

今生《このよ》在間《なるま》者《は》（4）　（巻三349）
在 京《みやこなる》荒有《あれたる》家尓《いへに》　（巻三440）
何在《いづら》登《と》問者《とはば》　（巻三448）
此間《ここ》在而《にありて》　（巻四574）
大夫跡《ますらをと》念在《おもへる》吾哉《われや》　（巻六968）

場所を示すニアリ（ナリ）三例、リ、イヅラの表記に用いられている。「有」は音仮名用法三例を除き、二二例見える。ニアリ（ナリ）の「有」表記は次の六例。

湍者《せには》不成而《ならずて》淵有乞《ふちにありこそ》　（巻三335）

酒西有良《さけにしあるら》師《し》　（巻三340・342）

酔泣為尓《ゑひなきするに》可有良《あるべかるら》之《し》　（巻三347）

生者《いけるもの》遂毛《つひにも》死物尓《しぬるものに》有者《あれば》　（巻三349）

棚引山之《たなびくやまの》方西有良《かたにしあるら》思《し》　（巻四574）

574は、場所を示す意、指定の意のいずれにも取れそうであるが、〈方向であるらしい〉と指定の意で解釈するのが穏当であろう。他の四例も指定の意であるから、旅人におけるニアリ（ナリ）は場所を示す場合「在」、指定の場合「有」という用字の使い分けが看取できる。イヅラの意義については〈どうしたのか〉という疑念の意であるという説と、「漠然とした空間」を指すという説が有力で、未だ定説を見ない。旅人の右の如き用字法から見ると、〈どうしたのか〉の意が〈どうして居るのか〉の意に通じないこともないが、それよりは〈どの辺に居るのか〉という後者の意の方が、イヅク、イヅチなど場所や方向に関する語基イヅの意にも適う。それ故、448の「何在」は場所を示す用法に準ずる表記と考えてよかろう。リについては「有」表記が二例ある。

吾岳尓《わがをかに》　盛開有《さかりにさける》　梅花《うめのはな》遺有雪乎《のこれるゆきを》　乱鶴鴨《まがへつるかも》　（巻八1640）

これは後述するように巻八の編者の用字法ではないかと疑われるから、1640は留保すべきで、リは旅人の場合「在」であったと考えられる。

山上憶良の作歌については次のとおり(5)。

在

目前尓《めのまへに》見《み》在知在《たりしりたり》　　（巻五894）
数母不在《かずにもあらぬ》身《み》尓《に》波《は》在等《あれど》　　（巻五903）

有

有《あり》我《が》欲《よ》比《ひ》管《つつ》　　（巻二145）
空《むなしく》応有《あるべき》　　（巻六978）
秋野尓《あきののに》咲有《さきたる》花乎《はなを》　　（巻八1537）

「在」はタリと指定のニアリ、「有」はアリとタリに用いられている。憶良作の純漢文には「在」八例、「有」一八例がすべて正用されているように、漢語に精通している憶良は指定の意であってもニアリの用字は「有」より「在」の方が適切であると考えたのであろう。タリについても前述したように「在」が動詞と複合して地点を表わし、その状態の継続をも示すという用法や句終詞の用法も熟知していただろうから、「在」表記であることは自然であろう。「有」は音仮名ウと混同する虞れがあるため避けたとも考えられるが、それだけではあるまい。それならば仮名表記で事足りるから、「在」の使用には右のような積極的な根拠がなければならないだろう。これに対して、1537は「咲有」とある。1537・1538の秋の七種の歌は当時吟誦されていたと考える中西進の論（『万葉集の比較文学的研究』桜楓社、一九七二年、六三九頁）があり、「有」表記は憶良本来の用字ではなく、編者の用字法と思われる。

大伴家持作歌は集中に「有」六五例、「在」一〇例あるが、巻十六以前では「在」は次の二例だけである（「有」は四九例）。

花曾《はなそ》咲有《さきたる》……妹之《いもが》有世婆《ありせば》……借有《かれる》身《み》在者《なれば》……世間尓《よのなかに》有者《あれば》　　（巻三466）
生有《いけら》者《ば》将在《あらむ》乎《を》　　（十六3854）

466はナリに「在」が用いられているように見えるが、「世間尓有者」ともあるから、ニアリの用字意識が些かあるにせよ、3854に徴しても「有」に対する変字法と考えるのが妥当であろう。巻十六以前の家持にとって「在」は独持の用字法を有さず、「有」に対する補助的用字と理解されていたのであろう。これに対して、巻十七以降は「在」八例、「有」十六例である。「有」は指定の意のニアリ（4174・4255）、リ（4192・4207・4211・4211・4214・4218）、「無」の対の「有る」の意（4094・4145・4159・4211・4214・4230・4238）および借訓の「有争」（4166）で、「在」は次の八例である。

近在者《ちかくあらば》加《か》敝《へ》利《り》尓《に》太《だ》仁《に》母《も》宇《う》知《ち》由《ゆ》吉《き》弖《て》（3978）
小《を》田《だ》在山尓《なるやまに》金有等《くがねありと》（4094）
波《は》太《だ》礼《れ》能《の》未遺在可《いまだのこりたるか》母《も》（4140）
科坂在《しなざかる》故《こ》志《し》尓《に》之《し》須《す》米《め》婆《ば》（4154）
大夫《ますらを》夜《や》无《む》奈《な》之《し》久《く》可在《あるべき》（4164）
安宿《やすい》勿《な》令寐《ねしめ》由《ゆ》米《め》情在《こころあれ》（4179）
天離《あまざかる》夷等《ひなと》之《し》在者《あれば》（4189）
麻《ま》都《つ》呂《ろ》布《ふ》物跡《ものと》定有《さだまれる》官《つかさ》尓《に》之《し》在者《あれば》（4214）

場所を示すナリ、タリ、「居る」の意と見られるのは3978・4164・4189である。4154は借訓表記であるが、シナサカニアルという諧虐的な表記意識が働いたと思われる。4214は憶良の「数尓母不在身尓波在等」（903）、4179は人麻呂の「情毛不在」（196）などに影響された表記であろうか。このように巻十七以降の「在」は巻十六以前には見られなかった用字法を有している。家持の用字法において、常用の仮名字母が巻十六以前と巻十七以降では異なることについては古屋彰の論考（「家持用字法の研究序説」『金沢大学法文学部論集』一五、一九六七年など）があるが、「有・在」の用字法においても同様のことが指摘できよう。

ここで家持と関係の深い巻八を見ると、「有」七八例に対して、「在」は次の三例である。

室戸在桜花者　（1458　厚見王）
嬬呼音乃乏知在乎　（1562　巫部麻蘇娘子）
此間在而春日也何処　（1570　藤原八束）

1562は多くの写本に「之知左守」とあるのを改めた字面である。「左」が「在」の草体に似ていることは確かであるが、また「有」の草体にも似ている。積極的な根拠とはならないが、巫部麻蘇娘子1621には「有」が二例あって「在」はなく、巻十の「乏毛不有」（1820）、「乏毛有香」（2151）、「乏不有」（2230）などを見ると、「乏知有乎」と改めるのが穏やかであろう。巻八における「在」は漢語の用法に適う場所を示すニアリに限られていると見られる。この巻八は大伴関係の歌が多く収録されており、その編者として家持が有力視されている。通説に従って、家持が編纂時に手を入れたとすれば、憶良の吟誦歌1537を「咲有」と表記し、巫部麻蘇娘子作歌1562「乏知有乎」、旅人作歌1640「盛開有……遺有雪乎」は手控えのようなものに基づき、最終的に「有」を用いて筆録した蓋然性が高い。巻十六以前の編纂は家持の越中赴任の天平十八年七月以前にほぼ完了していたと推測されている（伊藤博『万葉集の構造と成立　下』塙書房、一九七四年、八七頁以下）。仮にその編纂が帰京後の天平勝宝三年以降とするならば、巻十七以降に見られるような「在」の用字法が巻十六までの家持作歌や巻八などに反映して然るべきであるが、そうでないところを見ると、伊藤博の推察するように越中赴任以前に編纂がほぼ完了し、成書後は家持が恣意的に手を入れることができないところにあったのであろう。家持がこのような用字法を有するに至った理由は恐らく次のような事情によるのであろう。

当時一般的傾向として人麻呂作歌以来アリに関する表記は「有」を用いるのが普通で、「在」は漢語本来の場所を示すナリ（ニアリ）以外に用いるのは古めかしい表記法であったのだろう。続紀宣命（後述参照）においては奈良朝末まで「在」が多用されるが、それは詔勅としての伝統的な用字法を継承したためである。人麻呂歌集における「在」

の多用も金石文などの原初的用字法に基づくものであろう。このような古めかしい用字を、京を離れた越中の地において、漢語に詳しい憶良の作歌や人麻呂歌集などの手控えを省察することによって、自ら作歌の表記にも用いるに至ったと考えられる。

四 万葉集

万葉集全体における「有・在」の主な用法を表にまとめると次頁のとおりである。「有」を用いる例は既述の他一三例がある。

石室戸《いはやど》尓《に》立在《たてる》松樹《まつのき》　（巻三309　博通法師）
吾 王 乃《わがおほきみの》敷座在《しきませる》国 中者《くにのうちには》　（巻三329　大伴四綱）
手《て》二《に》纒在《まける》玉者《たまは》乱而《みだれて》　（巻三424　或云紀皇女薨後山前王代石田王作之也）
吾以在《わがもてる》三相二《みつあひに》搓流《よれる》絲用而《いともちて》　（巻四516　阿倍女郎）
照有《てれる》月夜《つくよ》尓《に》直 相在《ただにあへり》登《と》聞《も》　（巻四565　賀茂女王）
大夫乃《ますらをの》手《て》二《に》巻持在《まきもてる》納之《ともの》浦廻《うらみ》乎《を》　（巻七1183　雑歌）
悔 時尓《くやしきときに》相在《あへる》君鴨《きみかも》　（巻十1969　夏雑歌）
白檀 挽而《しらまゆみひきて》隠在《かくれる》月人壮子《つきひとをとこ》　（巻十2051　秋雑歌）
妹 為 寿 遺在《いもがためいのちのこせり》　（巻十一2764　寄物陳思）
山高 谷辺蔓在《やまたかみたにへにはへる》玉 葛《たまかづら》　（巻十一2775　寄物陳思）
蓮荷尓《はちすばに》渟在水乃《たまれるみづの》　（巻十六3837　右兵衛緒酪）

有/在	有 計	有 右以外のアリ	有 ナリ ニアリ（指定）	有 ナリ ニアリ（場所）	有 タリ テアリ	有 リ	在 計	在 右以外のアリ	在 ケリ	在 ナリ ニアリ（指定）	在 ナリ ニアリ（場所）	在 タリ テアリ	在 リ	巻数
10.67	32	14	6	5	4	3	3	2			1			1
8	80	36	11	7	12	14	10	8		2				2
5.89	106	45	18	10	19	14	18	6		7	2		3	3
9.23	120	61	22	7	8	22	13	7		1	3		2	4
0.25	1				1		4			2		2		5
5.8	58	29	8	2	10	9	10	8			1		1	6
2.16	69	35	11	2	6	15	32	8	2	7	8	3	4	7
26	78	22	9	5	12	30	3	1			2			8
4.17	50	18	5	4	10	13	12	7		2	2	1		9
4.84	121	56	14	6	26	19	25	15	2	1	3	1	3	10
2.45	108	59	21	4	11	13	44	21	4	6	2	2	9	11
6.33	95	45	18	6	10	16	15	11		1	2	1		12
8.13	65	34	7	4	6	14	8	5		2		1		13
3.1	31	15	2	2	4	8	10	5			1	3	1	16
—							1	1						17
0.5	1	1					2	1			1			18
2.2	22	9	2		2	9	10	6		1		1	2	19
4.71	1037	479	154	64	141	199	220	112	8	32	28	15	25	計

人麻呂歌集を除いた場合

有/在	有	在	巻数
3.65	62	17	7
11.75	47	4	9
6.94	118	17	10
3.17	76	24	11
7.08	92	13	12
10.67	64	6	13
5.99	988	165	計

人麻呂歌集

有/在	有	在	巻数
	7	15	7
	3	8	9
	3	8	10
	32	20	11
	3	2	12
	1	2	13
0.89	49	55	計

（ニアリ、ナリ、テアリ、タリには助詞の挿入など結合の程度の低い用例も含める。「有」の音仮名用例および「山上復有山」（巻九1787）は除く。「御在《いまさ》」（巻六973）「座在《をれ》」（巻九1809）は一応含める。）

大神乃《おほかみの》鎮在国曾《いはへるくにそ》　（巻十九4264　聖武天皇）

嶋山尓《しまやまに》照在《てれる》　橘《たちばな》　（巻十九4276　藤原八束）

巻十九の二例は宣命における伝統的用字の「在」に影響を受けたのであろう。他に作者名の明らかな歌はすべて天平元年以前と見られ、意識的に用いられたか否かはわからないが、「有」による表記が集中一九九例であるのに比べると非常に劣勢であり、編者の手が加えられていない表記と考えられる。

タリ（テアリ）は人麻呂歌集、憶良、家持の他、「在」は結合の弱いテアリが巻十六の竹取翁の長歌「所思而《おもはえて》在《ある》」（3791二例）と反歌「生而《いきて》在者《あらば》」（3792）にある。3792には「在」が他に二例見られるから、この歌は「在」字の古めかしさを意識した用字法ではあるまいか。もっとも娘子等和歌には「思而有《おもひてある》」（3800）の例も見られるが、巻十六は巻別に見た場合非常に「在」が多用されている巻の一つで、しかも3837の「渟在《たまれる》」のような表記もあるから、そのような意図があることは否定できないだろう。あるいは竹取翁と娘子を新旧の用字により対照させたのかもしれない。「神代《かむよ》従云続来在《よりいひつぎきたる》」（巻十三3227）は言わば借訓表記であるが、これもそのような意図によるものか。または宣命の用字法の影響とも考えられる。

ナリ（ニアリ）に「在」を用いる場合、場所を示す用法と指定の用法がほぼ同数で、「有」の指定の用法が場所を示す用法の約二・五倍であることに比べて、「在」と場所を示す用法とがかなり強く結びついていたことがわかる。しかし、人麻呂歌集・旅人の用例を除くと一八例であるから、「有」に比して劣勢であることは否めない事実である。

巻別に「有・在」の出現率を見ると、仮名表記中心の巻五・十七・十八は除いて、巻七・十一・十六・十九が比較的「在」を多く用いている。巻十六・十九は既に触れたが、巻七・十一は人麻呂歌集を除いてもその傾向は変わらず、やや古い表記を伝えているように思われる。巻九も「在」はかなり多そうであるが、人麻呂歌集を除くと、逆に

	在	有
(1)〜(22)	48	24
(23)〜(25)	12	0
(26)〜(47)	125	7
(48)〜(62)	17	13
計	202	44

「有」の多さが目立つ。一方、既述したように巻八は圧倒的に「有」が多く、1562も「有」とすべきであろうから、その値は三九・五となり、新しい用字法で編纂されたことをうかがわせる。その他、巻十一と十二、巻一・二と三の関係など考えるべきことも多いが、今は省略に従う。

五　続日本紀宣命

続紀宣命の詔群による「有・在」の分布[6]を示すと右のとおりである（()内は詔番号をさす）。(1)から(22)までの「有」は漢文詔的な「各有差(4)」「孝義有人(13)」を除くと、(7)から(15)までに二一例が集中している。(13)は(4)を下敷きにしているから例外的に「在」一二例、「有」前記一例であるが、この(13)を除外すると(7)から(15)までの「在」は八例にすぎない。そのうち(12)の「黄金出在」は(4)の「和銅出在」に従っており、また「其婆婆止在須」とイマスの訓に用いられた例もある。(7)について詳しく見ると「在」四例の用法は、前記イマス、「天尓日月在如地尓山川有如」の変字法、「善有良努行尓在・明見所知在」というニアリ（ナリ）で言い切る慣用的文体にのみ用いられている。「有」九例は未然形、連体形および係助詞ハを挿入した用法に用いられていて、アリの書記用字の座を奪っている。(7)から(15)まで、天平元年から天平勝宝元年までの「有」の多用は万葉集における「有」の多用と並行するものである。奈良麻呂の乱以降、光仁即位までは再び初期宣命の、すなわち(6)までは漢文詔的表現を除くと、「在」のみ一五例という宣命特有の用字法に従い、特に称徳期では「テ在」文体の導入もあり、「在」が書記用字となっている。光仁桓武期においては漢文詔的な「有位人等・孝義有人等(48)」「有犯者(56)」「並不在赦限(55)」を除くと、「有」はアリ八例、ニアリ二例、「在」はアリ八例、ニアリ九例である。特に「有」は「古人有言(59)」「有小功人乎婆有小罪人乎波(62)」のように正用された例もあり、「在」が書記用字であることに変わりはないが、称徳期ほどの規範性はないようである。

平安初期宣命ではさらにこの傾向が進み、逸文を含む日本後紀四五詔中には「在」一三例、「有」一六例であり、奈良朝宣命特有の用字法は徐々に消滅していく。この平安初期の用字法は、小林芳規「上代における書記用漢字の訓の体系」(『国語と国文学』昭和四五年一〇月号)に図示された訓点資料の読添え用の訓字と対応するものであろう。「ナ」は「有」の省画とされているが、「在」かもしれないから除外しても、六文献中「有」は第一群点の五文献に用いられているに対し、「在」はヲコト点のない醍醐寺蔵梵網経および「有」と両用の飯室切金光明最勝王経註釈の二文献にしか現われない。ただし、第一群点の三文献、成実論天長点、飯室切、法華経方便品古点は極めて近い関係にあるから見かけほどその差はないかもしれないが、羅摩伽経古点(鈴木一男「点本の原初形態とその補読の実字点について」『国語と国文学』昭和四五年一〇月号による)にも「有」があるようで、アリの用字として「有」がかなり優勢である。

平安初期はともかく、奈良朝末まで「在」が書記用字であることは詔勅としての伝統的用字法を意識的に継承したことに基づくのであろう。これはその伝統性に徴しても奈良朝を遡った段階で「在」が書記用字であったことを推測させる。

六　古事記

古事記における用法を漢語との比較で示すと次頁のとおりである(以下、正用文型とは「甲が乙にある」に関する表現

	在 正用文型	在 誤用文型	在 その他	有 正用文型	有 誤用文型	有 その他
序	0	0	0	1	0	0
上巻	14	2	2	24	4	3
中巻	25	0	0	29	0	1
下巻	15	1	0	15	1	1
計	54	3	2	69	5	5

として「乙有甲」「有甲」「甲在乙」「甲在」「在乙」とある文型をいう。『訂正古訓古事記』の所在を示す)。

誤用文型とは次の八例である。

以㆔為人有㆓其河上㆒而　(上27ウ3)
汝有㆓此間㆒者　(上34ウ3)
上光㆓高天原㆒下光㆓葦原中国㆒之神於㆑是有　(上58ウ7)
若人有㆓門外㆒哉　(上67オ4)
我所㆓相言㆒之嬢子者若有㆓此家㆒乎　(下26ウ7)
答白言我之女者自㆑本在㆓八稚女㆒　(上28オ2)
見者在㆓都牟刈之大刀㆒　(上29ウ3)
綿之蚊屋野多㆓在猪鹿㆒　(下28オ1)

最初五例は、「在」、後の三例は「有」とあるべきところである。その他とは次の七例である。

伊多久佐夜芸弖此七字以音有那理　（上48ウ4）

我子者不レ死有祁理此二字以音下效此　（上52オ5）

汝者雖レ有二手弱女人一　（上59オ1）

所レ忘二其地一御刀不レ失猶有　（中54ウ2）

稽首白奴有者随レ奴不レ覚　（下30オ5）

見レ炙而病臥在　（上8オ5）

到二伊那志許米上志許米岐此九字以音穢国一而在祁理此二字以音　（上14オ3）

第二、四例は宣長以来「死なずて有りけり」「失せずて猶有りき」の如くテアルと訓まれている。第一例に「弖有」ともあるから、テの補読は考えられるところである。一方、第七例のテアリは結合の密接な例で、完了の意に近く、人麻呂歌集のように「而在」をタリと訓むのかもしれない。第六例は「病み臥せり」とリで訓まれているように、「在」は「有」に比べて存続の意が弱い。第三、五例は指定のニアリ（ナリ）の用法である。このような、「在」をリ、テアリ（タリ）に、「有」をテアリ（存続）、ニアリ（指定）に用いる和化的な用字法は、場所を示すニアリに正用の「在」が多いことと合せて、人麻呂歌集の用字法と酷似している。ただし、「在」は中下巻において「御陵在……也」の注記的文体にそれぞれ一六例、一三例用いられており、場所を示す用法以外では「山由理草多在」（中12オ6）の唯一例である。「多在」は上巻にも二例ある慣用的表記であり、誤用文型の「多二在猪鹿一」も「種種珍宝多二在其国一」（中60ウ3）の誤まった類推であるとも考えられるから、見かけの上では「有・在」が同等に使い分けられているように見えるが、実は全く限られた用法しか有していない。一方、上巻の用法を見ると、正用文型とは場所を示す用法が七例、他は「─在り」が七例（うち「多在」二例）、誤用文型を含めると九例であり、またリ、テアリの用法もあるから、上巻と中下巻が同一人の筆録によるとは考え難い。「吾身者成々不二成合一処一処在」は主格相当が八字あるため、返読すべき「有」を用いなかったという立場もあろうが、日本書紀では「吾身具成而有下称二陰元一者一処上」とあり、下巻にも「彼時有下其自二所レ向之山尾一登二山上一人上」（35ウ1）の如く十一字も返読する例があるから、その立場は当らない。それ故上巻の「在」字の、場所を示す用例はともかく、他の上代文献との関連で見れば、リ、テアリ（タリ）に「在」が用いられているのは人麻呂歌集と、場所を示すニアリに「有」が用いられているのは人麻呂作歌と共通性があり、指定のニアリに「有」を用いるのは辛亥年観音菩薩立像銘より新しい用字法であるからだろう。神田秀夫は日本古典全書『古事記』（朝日新聞社、一九六二年）において「在」を飛鳥層、「有」を白鳳層と考えられることを主張するが、筆録時の措定や論拠は首肯し難いにせよ、右の用法において「在」は「有」より古いということは言えよう。

古事記の中下巻における「在」の用法の縮少、「有」の優勢は日本書紀における「有」の誤用文型にも現れている。（「在」の誤用文型はない。次の〔　〕内は巻数を示す）。

是玉今有二石上神宮一〔6〕
将来宝物今有二但馬一〔6〕
若神有二其山一乎〔7〕
由レ是其子孫於レ今有二東国一〔7〕
有二其野中一者何窨矣〔11〕
落有二于井中一〔12〕
嶋神所レ請之珠殆有二是蝮腹一乎〔13〕

而陽呼曰猪有〔14〕
三国人所レ訴有而未レ問〔25〕
此等蝦夷国有二何方一〔26〕
国有二東北一〔26〕
凡銀有二倭国一〔29〕
百姓一家有二岡上一〔29〕
朱雀有二南門一〔29〕

実真珠有二腹中一〔13〕　一　辞具有二詔書一〔29〕

ただ、巻26は伊吉博徳書の引用であるから、誤用に疑問を禁じえないが、「朱雀有南門」は類聚国史には「在」とあるように誤写もしくは誤った引用などを想定する必要もあろう。とにかく正格漢文を目指した日本書紀にも「在」とあるべき所に「有」を用いるという「有」字優勢の傾向が見られることは、人麻呂作歌以降の万葉集、中下巻の古事記とともに、奈良朝中央貴族、官僚層の用字法の一斑を示していよう。(7)

七　風土記

風土記については用例をなるべく省き簡略に述べよう。常陸国風土記では「有」六〇例すべて正用と見られるが、「在」は正用文型四例（行方1、香島2、那賀1）に対し、誤用文型は八例（新治2、筑波1、信太1、茨城1、行方2、久慈1）もある（「御在所」「在所」は除く）。筆録者はその文飾から漢文にかなり熟達した人物と考えられているが、このように「在」の誤用文型が多くあるということは、もとあった記事をそのまま採録したまま、整理編輯をせずに作業を完了したということを意味するのではあるまいか。播磨国風土記については次頁上表のとおり。

その他とは「上生石大夫為二国司一有之時」「于レ今猶在」（餝磨）、「故占二但馬伊都志地一而在之」（宍禾）、「故曰有怒」（讃容）である。播磨においても常陸と同一傾向を示し、「在」の誤用文型が多く、特に神前・託賀・賀毛および揖保の各郡、すなわち文辞において近い関係にあるグループに集中している。これは在地的な用字法の現れと解すべきであろう。

出雲国風土記は次頁下表のとおり（「在神祇官」二〇例および産物記事の「……所在……」一五例は最終編纂時の総括的表記と見られるから、表より除く。また、秋鹿郡に見える漢語「在家」も除外した）。

播磨国風土記

	在			有		
	正用文型	誤用文型	その他	正用文型	誤用文型	その他
賀古	1			5	1	
印南				11		
餝磨	3		1	10		1
揖保	4	5		13		
讃容				6		1
宍禾	2	1	1	3		
神前	3	5		3		
託賀	1	3		2		
賀毛	1	4		3	1	
美嚢	1			3		
計	16	18	2	59	2	2

（漢語の「有俗・有今」なども正用文型に含める）

出雲国風土記

	在			有		
	正用文型	誤用文型	その他	正用文型	誤用文型	その他
総記						
意宇	3	1	2	32	12	1
島根		4	2	50	2	
秋鹿		4		8		2
楯縫	1	3		3		
出雲	1	1		18	2	
神門		3		12	2	
飯石	1	1	2	18		
仁多	1	1	1	24		
大原	2			12	1	
巻末				1		
計	9	18	7	178	19	3

その他とは「在」ではすべて指定のナリ（ニアリ）の用法で、「狭布之堆国在哉」（意宇）、「吾敷坐山口処在」（島根）、「此国者雖小国々処在」（飯石）、「是者爾多志枳小国在」（仁多）の類である。「有」では「良有」（意宇）、「美好有」「多有」（秋鹿）の例である。「有」の誤用文型が多いのは国引きの段の「国之餘有耶……国之餘有」の表現が四回見え、都合八例あるためで、実際には正用文型の用例数との比較においても「在」の誤用文型ほど目立たない。「在」は「有」に比べて少数であるにもかかわらず誤用文型が半数以上を占め、また指定のナリの用法も有するのは地方官僚の筆録にかかるからであろう。それは多用された「有」の九〇％近くが正用されていることに例証されるように、漢字理解の低さという点を言うのではない。指定のナリに「在」が用いられるのは万葉集では一七％にすぎず、古事記でも「有」であるから、奈良朝中央官僚系の用字法ではなく、辛亥年観音菩薩立像銘などの古い用字法の流れをくむ地方性用字であろうという意味においてである。山背国愛宕郡雲上里計帳（神亀三年）には（寧楽遺文の頁数を示す）、

妻木勝族玉売……額上毛在　(144)

男出雲臣田主……筑紫国在　(145)

上仲四口随小足奴婢播磨国在　(155)

越前国足羽郡岡本郷の戸主、道守床足の啓（天平宝字三年）に、

今見佐官田中在経三四年許都非是……彼此共応在利益　(701)

相模国朝集使解（天平勝宝八年）に、

調邸壹町在左京八条三坊者　(642)

などともあるように、「在」が地方下級官僚およびその周辺の書記用字であったことがうかがえる。「有」が全く用いられていないのではないが、その出現率はかなり低い。これら常陸・播磨・出雲の各風土記および古文書の用例は、古くは「在」が書記用字であったものが、(8) 天武持統朝以降、中央では人麻呂作歌を中心に革新的に「有」が多用される一方で、地方では依然として「在」の使用が承け継がれていたことを意味すると思われる。

註

（1）河野六郎「古事記に於ける漢字使用」（『古事記大成　3言語文字篇』平凡社、一九五七年、『河野六郎著作集3』平凡社、一九八〇年所収）参照。その他、『小倉進平著作集（一）郷歌及び吏読の研究』（京都大学国文学会、一九七四年）および『前間恭作著作集（下）』（京都大学国文学会、一九七四年）に負うところが多い。

（2）『中国文化叢書1言語』（大修館書店、一九六七年）二三八頁。

（3）春日和男『存在詞に関する研究』（風間書房、一九六八年）二三八頁参照。

（4）類聚古集などには「生」がなく、沢瀉注釈では「今在間者」と訓んでいる。仮に「生」が後世の補入であっても、「在」は「居也」の意の正用であることに変わりない。

（5）904に「産礼出有」の例もあるが、904〜906は憶良作歌と同一の筆録者による表記ではなかろう（稲岡耕二『萬葉表記論』塙

書房、一九七六年、四〇一頁以下）と言われており、本稿によっても「有」によるタリ表記でその推測の誤りでないことが補足されることから、これを除外しておく。

(6) 詔群のグループ分けや宣命の表記は、拙著『日本古代の表記と文体』（吉川弘文館、二〇〇〇年）第五章第一節および第二節を参照されたい。

(7) 本稿では省略したが、請暇解などにはたとえば丸部大人解に「右為大人之男腫瘡病有治」（宝亀二年正月）、「右為大人之男腫瘡病在治」（同年二月）のように変字法的に用いられている。また「依私急事有」（秦礒上解）、「依今日急事在」（答他虫麻呂解）や「但五六日有家内障」（葦浦継手啓）、「右依在障」（念林宅成解）などを見ても、比較的低い識字層では全く同義字と意識されていたかもしれず、どちらが書記用字であるか判断しがたいようである。

(8) 「有」が元興寺縁起所載の露盤銘や丈六釈迦仏光背銘、古文書の人名や地名などに音仮名ウとして用いられていることも、この推測を有利にする。

（テキスト……万葉集は塙書房刊にほぼ準拠したが、私案により訓を改めた所もある。他、風土記は沖森・佐藤信・矢嶋泉『常陸国風土記』『播磨国風土記』『出雲国風土記』（いずれも山川出版社）、日本書紀、続日本紀、日本後紀は『新訂増補国史大系』（吉川弘文館）および『日本後紀』（佐伯有義編、朝日新聞社、一九四一年）を用いた。）

第四節　上代文献における否定の用字

一　日本書紀

存在しない意を表す和語「なし」「あらず」に相当する漢字には、上代文献に見えるものだけでも「無・莫・勿・毋・蔑・靡・罔」や「非・匪」などがある。そこで、それらの否定の用字を通して上代の表記について若干の考察を加えたいと思う。

まず、「莫」makは「無」muagの語尾がkに転じたものとされており、両字は同系であると考えられている（藤堂明保編『学研漢和大辞典』七九三頁）。その用法の違いについて、牛島徳次『漢語文法論（古代編）』（大修館書店、一九六七年、一二一頁）では、史記においては「無」は固体の存在しないことを表し、「莫」は〝ある作用・変化をする固体〟の存在しないことを表すとし、「無」は動詞・形容詞やそれに準ずるものを伴うと述べている。このような、no one もしくは nothing に相当する用法の「莫」を、中国では古くから無指代詞と名づけている。

〔甲〕適二是時一嶋中無レ水　（巻七・景行十八年四月甲子条）

無レ罪何自死　（巻二十八・天武元年八月甲申条）

〔乙〕慎之莫レ怠也　（巻七・景行四十年十月癸丑条）

故莫二妄殺一　（巻二十八・天武元年七月壬寅条）

右は日本書紀の用例であるが、「無」は〔甲〕のように下にくる名詞の表す〝事・物〟が存在しないことを表し、「莫」は〔乙〕のように下にくる動詞の表す作用・変化をする〝もの・人〟が存在しないことを表している。このような用法の違いは古代中国語ではかなり明瞭であって、日本書紀でも「莫」の否定の用法の五八例中五四例が下に動詞・形容詞等を伴っている。例外は次の四例であるが、いずれも形式名詞「者」が表記されていて、巻十四・十五に集中している。

群臣莫二能敢賦者一　（巻十四・雄略四年八月庚戌条）

莫下能視二養臣一者上　（巻十四・雄略九年三月条）

莫二能知者一　（巻十五・顕宗元年二月壬寅条）

莫㆓能別者㆒　（巻十五・顕宗元年二月是月条）

同じ筆録者による表記かと見られる。このような「者」を伴う場合では、多く「無」（九例）が用いられている。

無㆓分明申言者㆒　（巻六・垂仁二十六年八月庚辰条）

聞㆑之歓喜無㆓能比者㆒　（巻十九・欽明十五年正月甲午条）

今朕無㆓与計㆑事者㆒　（巻二十八・天武元年六月丁亥条）

ただ、こうした用法上の違いは、上代文献のみならず中国語でも時代が下ると必ずしも厳密ではなくなる（牛島徳次『漢語文法論（中古編）』大修館書店、一九七一年、八二頁）。

無㆑愁㆓能襲之不㆑服　（巻七・景行十二年十二月丁酉条）

無㆑動㆓陵守㆒　（巻十一・仁徳六十年十月条）

書紀には「無」が下に動詞を伴う例も見える。しかし「無」が前掲〔甲〕のように名詞を伴う例は枚挙に遑がなく、また「莫」が動詞を伴う例はその九三%も占めていることから、前述の古代中国語における原則は書紀でもほぼ認められると言えよう。その区別が漢文学習によるものであることは言を俟たない。

次に、「無」「莫」および後述する「勿」の三字について、文脈上、次の三つの用法に分類して巻別に見たのが次頁の表である。

〔A〕個体の無存在の意を表す（ナシなどと訓読されるもの）

〔B〕動作・作用の禁止の意を表す（ナ・マナ・ナカレなどと訓読されるもの）

〔C〕〔A〕・〔B〕以外の意味で用いられているもので、漢語固有名詞や音仮名などの用法を含む

〔B〕では「莫」は「無」より多く用いられており、巻二十八〜三十には全体の五割が集中し、とりわけ巻二十九

の多さが眼立つ。「莫」は中古中国語で、圧倒的に禁止の意に用いられることによるのではなかろうか。[1]「莫」が〔B〕、「無」が〔A〕の意味用法を分担する傾向にあるのは、当代の中国語に影響された用字法であると思われる。このことは逆に「莫」の〔A〕の例は、中古中国語以前、つまり舶載の文献を参照したことに由来するとも考えられる。

日本書紀が漢籍を利用して撰述されたことは小島憲之『上代日本文学と中国文学 上』（塙書房、一九六二年）によ

巻数	無			莫			勿		
	〔A〕	〔B〕	〔C〕	〔A〕	〔B〕	〔C〕	〔A〕	〔B〕	〔C〕
1	15			2	1	2		4	
2	22							10	
3	13							1	
4	2	1							
5	8	1					1	1	
6	6	2			1		2	1	
7	17	2		1	1		2	1	
8	4						1		
9	13	1		1		2	1	4	
10	10			1		1	1		
11	10	1			1		2	1	
12	6						1		
13	7					2	3	1	
14	7	1		9	1		1	3	
15	16			6		2		1	
16	7								
17	18				1	1	1	2	
18	11			2				1	
19	34	2		3	2	5	2	4	
20	4				2				
21	4				1		1		
22	14	1					3	5	
23	9				2		1	5	
24	18			1			1	3	
25	15	4	1		4		2	4	
26	8		1				1	1	
27	4						1	1	
28	6				1				
29	13				15			2	5
30	10				1			1	
計	331	16	2	26	34	15	28	57	5
	349			75			90		

って既に明らかにされている。この「莫」の字について、その指摘箇所を次に摘記する（〈　〉内は指摘のある頁数）。

天下麗人莫レ若二吾婦一　（巻十四・雄略七年是歳条）

天下佳人莫レ若二楚国一　（文選・好色賦）〈三六四頁〉

遂令下金銀蕃国群僚遠近莫上レ不レ失レ望　（巻十五・顕宗元年正月朔条）

遂令下陛下龍二潜蕃国一群遼遠近莫上レ不レ失レ望　（後漢書・安帝紀）〈三三八頁〉

率土之下莫レ匪二王封一普天之上莫レ匪二王域一　（巻十八・安閑元年閏十二月壬午条）

溥天之下莫レ非二王土一率土之浜莫レ非二王臣一　（毛詩・小雅・北山）〈一二七頁〉

右で明らかなように、「莫」はそのまま利用されている。ただ、すべてが出典を有しているようではなく、文字使用は言うまでもなく筆録者の用字意識に基づくものであるから、巻十四・十五の使用数の多さは、前述の下に形式名詞「者」を伴う例外的用法と共に、筆録者の問題と関わるように思われる。日本書紀の区画論については諸説あるが(2)、巻十四〜十九を一群として扱うことではほぼ一致している。この「莫」字の〔A〕の用法も巻十四〜十九に二〇例、八割ほどが集中しており、この一群を特徴づけていると言えよう。

「莫」の〔A〕の用法で、巻一〜九の五例はすべて「莫不」の文型で、同一の筆録者を想起させる(3)。次の例も前掲の毛詩・小雅を出典とするが、ここでは「莫非」を「莫不」としている。

普天率土莫レ不二王臣一　（巻七・成務四年二月朔条）〈一二七頁〉

巻二十四の例も次のような漢籍の文辞に基づくように思われる。

成功之路莫レ近二於茲一　（巻二十四・皇極三年正月朔条）

莫レ近二於詩一　（毛詩・国風・周南）

莫レ近二於爾雅一　（爾雅・序）

このように、「莫」は〔A〕において、巻十四～十九以外では限られた文型でしか用いられておらず、巻十四～十九での使用を一層際立たせている。(4) ただ、巻十四・十五例中「莫能」が七例、「莫若」が三例というように特定の文型に偏っている。また、前述のように出典が明らかなものもあり、使用数は多いものの、漢籍等を参考にした用字法であることは疑いない。この〔A〕には「無」が圧倒的に多様されており、和語「なし」に対応する用字としては「無」が一般的である。

「無」の〔B〕については、巻二十五の四例は「西土之《もろにしの》君《きみ》」の言葉の引用に見えるもので、魏書を出典としている。

無レ蔵二金銀銅鉄一……飯含無レ以二珠玉一　無レ施二珠襦玉柙一……或本云無レ蔵二金銀錦綾五綵一（巻二十五・大化二年三月甲申条）

無レ蔵二金銀銅鉄一……飯含無レ以二珠玉一　無レ施二珠襦玉匣一　（魏書・文帝紀）〈三五一頁〉

その他の例は、待遇表現の上で、命令的禁止の「莫」字を避けた可能性がある。用例の下に、話し手と聞き手とを示す。

願無レ驚二吾形一　（巻五・崇神十年九月甲午条）〔大物主神→倭迹迹日百襲姫命〕

願無レ下レ兵　（巻七・景行十二年九月戊辰条）〔神夏磯媛→天皇〕

無レ愁二熊襲之不一レ服　（巻七・景行十二年十二月丁酉条）〔市乾鹿文→天皇〕

無レ往也　（巻十四・雄略九年三月条）〔神→天皇〕

請悛二前過一無二労出俗一　（巻十九・欽明十六年八月条）〔諸臣百姓→百済の王子餘昌〕

雷神無レ犯二人夫一　（巻二十二・推古二十六年是年条）〔河辺臣→雷神〕

第一・二例が「願」、第五例が「請」を上に伴っているように「〜ないように」と誂え望む意で「無」を用いたように考えられる。

願無レ伐レ善　（論語・公冶長）

右のように、漢籍に「願無」という文型を見出すことができる。それ以外の四例は、喪葬に関する天皇の令（巻六・十二）と、百済の聖明王の任那府の人に対する言葉（巻十九）に見え、それぞれ天皇の先帝に対する、百済王の日本に対する待遇表現として先の例に準じて扱うこともできよう。一方、次の例は「勿」の変字法として用いられている。

其敵小而勿レ軽。敵強而無レ屈。則姦暴勿レ聴。自服勿レ殺。（巻九・仲哀九年九月己卯条）

「無」はもとより禁止の意にも用いられる字であって、巻二十七までは「莫」一七例、「無」一六例で、それほどの使用数の差はないが、「莫」と違って、誂え望むような禁止の意を表しているように思われる。

「勿」は古代中国語で禁止性の否定を表すものであって、「毋」が目的語をもった動詞を否定できるのに対して、「勿」はそれができないという区別があったと言われている。「毋」「勿」と「莫」が中古において発音が近似したため、禁止の意は「莫」にとって代わられたらしく、また「毋」と「勿」の用法上の違いもなくなってしまったようである。書紀にも、「勿」が目的語を有する例が見える。

請勿レ視レ吾　（巻一・神代上）

願勿レ害ニ太子一　（巻十三・安康即位前紀）

「勿」は動作・作用の禁止の意を表すから、下に動詞を伴う。たとえば、次のような「勿罪」は「罪がない」の意ではなく、「罪なうことはしない」の意であり、結果的に「莫」に近い用字となる。

乃知二其悪一赦之勿レ罪　（巻十一・仁徳即位前紀）

このような、「無」と区別される用法について見ると、下に名詞を伴う例は「莫」では六〇例中の四例であったが、「勿」ではさらに割合が少なく、八五例中三例だけである。

村之無レ長。邑之勿レ首。　（巻七・景行四十年七月）

然東夷騒動勿二使レ討者一　（巻七・景行四十年十月）

故汝寔勿二黒心一　（巻十二・履中即位前紀）

第一例は、「無」の変字法として用いられたのであろうが、このように下に名詞を伴う例が極めて少ないということは、中国語文法に準拠していることを示すのであろう。また、例外的用法が巻七に二例と巻十二に見えるのも、やはり筆録者の問題と無関係ではなかろう。

禁止の意は古代中国語では「勿」（もしくは「毋」）によって担われ、「莫」には未だそのような意がなかったことは既に述べたが、書紀の巻一～二十七の禁止の用字は「勿」五四例、「莫」一七例である。このように「勿」が多いのは、古代中国語を中心とした文献を範にしたからであろう。目的語の有無については、「毋」は書紀に次の一例のみ、

嶋名毋二分明一　（巻二十六・斉明五年七月戊寅条所引伊吉博徳書）

しかもそれは禁止の意でないように、両字の用法上の区別は見られない。恐らく、伊吉博徳書は技巧的な用字であえて表記したものであって、禁止の用字としては「勿」が一般的なものであったのであろう。〔A〕の用法では、たとえば、

吾勿レ貪二天下一　（巻九・神功摂政元年三月庚子条）

於是中大兄戒二衛門府一、一時倶鏁二十二通門一勿レ使二往来一。　（巻二十四・皇極四年六月戊申条）

前者は「私は天下を貪るようなことはない」、後者は「中大兄は……かよわせるようなことはなかった」の意で、単なる存在しない意を表すのではなく、主体の強い否定的意志を表していると見られる。禁止表現が他者に対するものであるのに対して、「勿」の〔A〕の用法は主体自身に禁止性の否定が向けられ、主体の意志として動作・作用を否定する意であると考えられる。その点で、存在しない意を表す「無」や、無指代詞の「莫」と区別することが可能であろう。

「勿」字も、小島憲之の指摘により、次のような出典が見出せる。

急撃之。勿レ失。　（巻七・景行十二年九月戊辰条）
撃之勿レ疑。急撃勿レ疑。　（呉子・料敵）〈三九六頁〉
願王勿レ疑　（巻十一・仁徳即位前紀）
大王勿レ疑也　（魏書・文帝紀）〈三三〇頁〉
所二以有而勿レ失得而レ亡也　（巻二十五・大化二年二月戊申条）
所二以有而勿レ失得而レ止也　（魏書・文帝紀）〈三四八頁〉

右のような目的語を持たない動詞一字を伴うものは、〔A〕の用法では下に名詞を伴う三例を除く二五例中一八例にものぼり、古代中国語の文型の影響をうかがわせる。

書紀には、この他に「なし」の意を表す用字に「蔑・靡」がある。

人跡罕見犬声蔑レ聞　（巻十九・欽明十四年十月己酉条）
公事靡レ盬　（巻二十二・推古十二年四月戊辰条）
乃使二寵妃阿倍氏一、……靡レ不二具給一。　（巻二十四・皇極三年正月朔条）

以㆓本邦喪乱靡㆑依靡㆑告　（巻二十六・斉明六年十月条）

巻二十二の例は、「王事靡㆑盬」（毛詩・唐風・鴇羽）〈三九三頁〉による。「蔑」はその前文が文飾からの文節と見られることから、「讒莠蔑㆑聞」（文選・三月三日曲水詩序・王元長）などを、残る「靡」の例も「靡㆑不㆓被築㆒」（文選・上林賦）や「塊煢独而靡㆑依」（文選・寡婦賦）などから見て、何らかの漢籍を参考にした可能性が高い。「蔑・靡」とも否定の意では古代中国語においても例の少ない用字である。

即宮垣室屋弗㆓堊色㆒也。桷梁柱楹弗㆓藻餝㆒也。茅茨之蓋弗㆓剖斉㆒也。　（巻十一・仁徳元年正月己卯条）

寡人弗㆓敢当㆒　（巻十三・允恭即位前紀）

咨大連、惟茲磐井弗㆑率　（巻十七・継体二十一年八月朔条）

これはそれぞれ、「宮垣屋室不㆑堊、甍桷椽楹不㆑斲、茅茨偏庭不㆑剪」（六韜盈虚）〈三九七頁〉および「柱弗㆑藻」（芸文類聚・巻八）、「寡人不敢当」（漢書・文帝紀）〈三三〇頁〉、「鉛華弗㆑御」（文選・洛神賦）〈三六四頁〉、「咨禹惟時有苗弗㆑率」（尚書・大禹謨）〈五〇六頁〉を出典とするものと見られている。この他に次の例がある。

奉㆓遣臣㆒後留而弗㆑還　（巻二十・敏達十二年是歳条）

弗㆑事㆓生王之所㆒　（巻二十・敏達十四年八月己亥条）

遂止弗㆑作　（巻二十六・斉明元年十月己酉条）

「弗」は古代中国語では目的語を持たない動詞を否定する字とされ、「不」と区別があると言われる。[5] しかし、「毋」「勿」と同様、後世はその区別がなくなってしまう。右の三例は出典が見出しがたいが、いずれも下にくる動詞は目的語を持たず、古代中国語の用法に通ずるものがある。

「匪」は巻十八に二例、巻十九に三例というような偏りが見られる。巻十八・安閑紀の用例は「莫」の項で示した

「莫レ匪二王封一」「莫レ匪二王域一」で、毛詩を出典とするが、毛詩に「匪」とあったか否かは写本をつぶさに検討する必要がある。巻十九の三例は次のとおりである。いずれにしても同一の筆録者であることを推測させるものである。

　匪二唯今年一　（欽明二年七月条）
　知レ匪二天勅一　（欽明五年三月条）
　匪レ由レ他也　（同右）

第一例は百済の聖明王の言葉、後の二例は百済の上表文に用いられているもので、百済系の用字とも考えられ、「あらず」に相当する書紀の用字は一般的には「非」である。

二　古事記・続日本紀宣命・風土記

古事記には「靡・蔑・毋・弗・匪」の否定の用例はなく、「莫・勿・無」について次に考察しよう。
「莫」は序文の例を除き、すべて禁止の意に用いられている。

　莫レ不下（中略）以補中典教於欲上絶　（序）
　莫レ視レ我　（上・神代）
　莫レ殺レ我　（上・神代）
　自レ此於二奥方一莫レ使二入幸一　（中・神武）
　莫レ動二其刀一　（中・景行）
　莫レ殺二吾身一　（下・雄略）

「勿」は一例だけ禁止の意で、

願勿レ見レ妾　（上・神代）

他は次のとおりである。

汝子等事代主神建御名方神二神者随二天神御子之命一勿レ違　（上・神代）

吾勿レ言　（中・崇神）

亦見二其鳥一者於レ思二物言一而如レ思爾勿二言事一　（中・景行）

故其所遣大碓命勿二召上一而即己婚二其二嬢子一　（中・景行）

於レ是天皇知二其他女一恒令レ経二長眼一亦勿レ婚而惚也　（中・景行）

故大雀命者勿レ違二天皇之命一也　（中・応神）

是以大殿破壊悉雖二雨漏一都勿二修理一以レ椷受二其漏雨一遷三避于二不レ漏処一　（下・仁徳）

禁止の用法は上に「願はくは」という語を伴っている。このような文型は「莫」には見えないが、書紀では「勿」に同様のものがある。

請勿レ視之　（巻一・神代上）

冀時復憶而勿二棄置一也　（巻二・神代下）

願王開レ襟緩レ帯恬然自安勿二深疑懼一　（巻十九・欽明九年四月甲子条）

仰願其除二悪逆者一以外僧尼悉赦而勿レ罪　（巻二十二・推古三十二年四月戊申条）

望死之後勿レ使レ労レ人　（巻二十四・皇極元年是歳条）

「請・冀・願・仰願・望」など、請い願う意の語を上に伴う例が書紀には少なくない。したがって、「勿」には「～しないで下さい」というような請願的禁止の用字として意識される一面があったと考えられる。古事記では、そのような「勿」と、命令的禁止の「莫」とを区別しているようである。

禁止の意以外の「勿」七例は、いずれも主体の強い否定的意志を表す用法であろう。「勿二言事一」の「事」は補完すべき語をそのまま表記したもので、本来は「勿レ言」とあるべきであるが、これ以外ではすべて下に動詞を伴っている。

「無」にも下に動詞を伴う例があるが、それは意志的な否定ではなく、単なる様態の否定である。

三年雖レ住恒無レ歎　（上・神代）

共レ与二天地一無レ退仕奉　（中・仲哀）

雖二竭レ力戦一更無レ可レ勝　（下・安康）

禁止の意としては次の二例が見える。

若渡二海中一無レ令二惶畏一　（上・神代）

我天皇之御子於二伊呂兄王一無レ及レ兵　（下・允恭）

後者は大前小前宿祢が穴穂御子に言った言葉で、書紀と同様、待遇表現の上で「莫」字を避けたと考えられる。前者は綿津見大神が一尋和邇に言った言葉で、待遇表現の観点をとりがたい一面もあるが、これも勧誘的な禁止の用字法と見るべきであろうか。

続日本紀宣命では「勿」は漢文部分に「終レ身勿レ事」（第5詔）とあるだけで、専ら「莫」が禁止の表意表記に用いられている。

今往前然莫レ為止宣　（第18詔）

人乎伊佐奈比須須牟己止莫　（第31詔）

又云久知天方必改与、能乎得天方莫レ忘止伊布　（第45詔）

第45詔の「莫」は千字文の「知レ過必改得レ能莫レ忘」によるものであるが、続紀宣命の用字は整理されており、古事記に近い。

常陸風土記の「莫・勿」は次のとおりである。

飲食勿レ奠者　（筑波郡）

糞勿レ崇勿レ恨　（行方郡）

此時夜刀神相群引率悉尽ミ到来左右防障勿レ令二耕佃一　（行方郡）

楽莫二之楽一　（香島郡）

前の二例が禁止の意で、第二例は上に「糞」を伴っており、記紀と共通した「勿」の用字法である。第三例の「勿」は意志的否定の意と解せられ、第四例の「莫」は無指代詞の用法である。禁止の用法が「莫」になく「勿」にだけ見えることは、かなり用字が整理されていることを示すものであろう。

播磨風土記では、「勿」が一例だけ見え、禁止の意に用いられている。

勿レ為二二言挙一　（揖保郡）

豊後風土記では「莫・勿」一例ずつ禁止の意に用いられており、肥前風土記では書紀にもなかった「罔」が見える。

告二我子孫勿レ喫二苗子一　（豊後・速見郡）

莫レ令二汲用一　（豊後・直入郡）

此人有二美玉一愛之罔レ極　（肥前・彼杵郡）

この「罔」は、「光之罔極」（文選・劇秦美新）、「擒之罔極」（同上）などの文型を参考にしたものであろう。

三　万葉集

万葉集における「莫・勿」の使用を巻別にまとめると次頁表のとおりである。巻三・四は「莫」のみで、「勿」は全く見えない。また、巻六・八・九・十一の諸巻も「莫」が圧倒的に多い。「莫」は次のような訓仮名の用法があり、

莫《な》津《づ》佐《さ》比《ひ》曾《ぞ》来《こ》之《し》　（巻六1016）

巻十四でも「ない」の意が掛けてはあるが、訓仮名と扱ってよい例がある。

宿《ね》莫《な》奈《な》那《な》里《り》尓《に》思《し》　（3487）
宿《ね》莫《な》敝《へ》児《こ》由《ゆ》恵《ゑ》尓《に》　（3555）
莫《な》佐《さ》吉《き》伊《い》弖《で》曾《そ》称《ね》　（3575）

ズのク語法のナにも「莫」の使用が二三例というように「勿」の六例を大きく上回っている。「名国・七国・魚国」などのナクニの表記における訓仮名の使用を勘案すると、「莫」は掛け文字的性格を否定しきれないが、ナの訓仮名としてかなり定着していたと考えてよかろう。すなわち、禁止のナと「莫」との結びつきは相当に深いのである。

ところで、平安初期成立の日本霊異記においては、「莫」は三四例ある。たとえば次のようなものである。

我死莫レ焼　（中・七話）
禅師莫レ強　（下・二話）

一方、「勿」は次の四例だけである。

後生賢者幸勿二噎嗤一焉　（上・序）

勿二妄宣伝一　（上・二二話）

然慎以二黄泉之事一勿二忘宣伝一　（上・三〇話）

慎勿レ知レ他　（中・七話）

第二・三例は法華経譬喩品の「勿二妄宣伝一」を出典としている。第三例は興福寺本では「忘」とあるが、「妄」の誤りであろう。第四例の「勿」は「莫」の第一例に対する変字法と見られなくもないが、意味としては「勿二妄宣伝一」と同じである。「莫」も勿論出典を有するものもあるが、その使用数から見て、日本霊異記における禁止の意の一般

巻数	莫						勿				
	ナ—	—ナ	ナシ	ナクニ	その他	計	ナ—	—ナ	ナクニ	その他	計
1	1		1		1	3		2	2		4
2	1			1		2	9		1		10
3	5	2		1		8					0
4	9	2	1	7	1	20					0
6	1		1	1	3	6		1			1
7	14	2		1	3	20	4	3		2	9
8	5	4			1	10	1				1
9	7	1				8	1	1			2
10	9		1	2	3	15	6	4	3		13
11	9		3	4		16	1	3			4
12	4	3		4		11	3	2		1	6
13	2				2	4	2				2
14					3	3					0
16	6			1		7	6	1		1	8
19	4	1				5	2	1			3
計	77	15	7	22	17	138	35	18	6	4	63

的用字は「莫」である。

また、続紀宣命でも「莫」だけであったように、禁止の用字に「莫」が頻用される様相をうかがうことができる。その背景には、中古の中国語で禁止表現に「莫」が常用されていたこともあげられる。万葉集巻三・四は大伴家持と関わりの深い巻であるが、この両巻に「莫」しか見えないのは偶然であるとは考えがたく、「莫」が禁止の用字として常用されていくことを反映したものではなかろうか。

逆に、巻二では「勿」が優勢で、「莫」の二例中一例は「勿」の変字法として用いられている。

奥津《おきつ》加伊《かい》痛勿《いたくな》波禰曾《はねそ》辺津《へつ》加伊《かい》痛莫《いたくな》波禰曾《はねそ》　（巻二153）

このような「勿」の用字意識を考察する上で、巻七の人麻呂歌集旋頭歌を取り上げよう。ここには「勿」五例、「莫」四例が見える。

住吉《すみのえの》出見《いでみの》浜《はまの》柴《しば》莫《な》苅曾尼《かりそね》　（1274）
天在日売《あめなるひ》菅原草《めすがはらのくさ》莫《な》苅嫌《かりそねみ》弥那綿香烏髪《なのわたかぐろきかみに》飽田志付勿《あくたしつくも》　（1277）
梓弓引津辺在《あづさゆみひきつのへなる》莫謂花《なのりそのはな》及採不相《つむまでにあはず》有目八方《あらめやも》勿謂花《なのりそのはな》　（1279）
開木代来背《やましろのくせ》社《のやしろの》草《くさな》勿手折《たをりそ》己時立雖栄《わがときにたちさかゆとも》草《くさな》勿手折《たをりそ》　（1286）
此岡草苅小子《このをかにくさかるわらは》勿然苅《しかなかりそね》　（1291）
〔池辺小槻下《いけのへのをつきがしたの》細竹《しの》苅嫌《なかりそね》　（1276）〕

1279では「在・有」と共に「莫・勿」が変字法で用いられている。このナノリソノハナは1290にも変字法による表記が見える。また、1277は「莫」が表意、「勿」が表音の用法であるが、一種の変字法と見られる。さらに、1276のようなナの無表記も、1274と1277に挟まれて訓みが支えられているのであるが、これも一連の歌群に渡る一種の変字法と考えてよかろう。

ところで、「莫」は1274・1277ともソネを表記しているが、「勿」は1286・1291とも、ソまたはソネの表記がない。そもそも「莫・勿」は「ナ……ソ」に相当し、いわば再読字のような性格を有している。

荒備《あらび》勿行《なゆきそ》　（巻二172）
莫恋吾妹《なこひそわぎも》　（巻四622）

このことは、「ナ……ソネ」でネのみを表記した例が集中に九例もあることからも明らかであろう。

勿散爾《なちりそね》　（巻二233）
人莫苅根《ひとなかりそね》　（巻七1347）
雨莫零根《あめなふりそね》　（巻九1680）

一方、ソを表記した例は一一例、そのなかで音仮名に続く例が四例あるから実質的には七例である。ソネを表記した例は九例、そのなかに「行年」「嫌」の表記が六例で、ソ・ソネの無表記の六六例に比べるとかなり少ない。恐らく「莫・勿」は禁止表現をまるごと表意表記する用字であって、そのため「ナ……ソ」の訓みと固定的に結びついていたのであろう。

このような禁止の表意表記の一般的性格から見ると、前記の人麻呂歌集旋頭歌では「勿」は禁止の表意表記として、「莫」は禁止の表意表記というよりもナという訓仮名に近い用字として意識されていたようである。人麻呂歌集に限らず上代では、古代の中国語に基づく用字法では禁止の意に「勿」が多く用いられていたように、「勿」は文章語的であり、禁止の表意表記としても古典的な用字であると捉えられていたのであろう。そのような「勿」の尚古的な用字意識が万葉集巻一・二という比較的古い歌の表記に現れて、「勿」が多く用いられているように思われる。

「無」は集中で禁止の表意表記に用いられた例がなく、ズのク語法であるナクに用いるのは巻十一の人麻呂歌集だけである。

紐解《ひもとき》 開《あけし》 公《きみ》 無《ならなくに》　(2405)

人《ひと》 不顔面《にはしのび》公無勝《きみにあへなくに》　(2478)

〔「事告無《こともつげなく》」(2370) はコトツゲモナシと訓む説もある〕

ナクのナの表意表記としては「不」が七六例と圧倒的に多く、「未」は四例である。

「未」は万葉集では副詞として扱うべきで、否定と呼応する場合、次のように「イマダ……ズ」のズをあえて表記しないのが特徴である。

未《いまだ》 渡《わたらぬ》 朝川《あさかは》渡《わたる》　(巻二116)

如是有《かかる》恋庭《こひには》未相尓《いまだあはなくに》　(巻四563)

類聚古集などの諸本には「未不尽者」(巻二199) という例外的表記が見えるが、この「不」は西本願寺本などにはないから、原本の表記は「未尽者」であって、「不」は後世の補入と考えるべきではないかと思われる。

「非」は後にくる名詞などを打ち消す字で、和語「あらず」に相当するが、集中では次の「あらね」と訓むべき例にしか見えない。

味沢相《あぢさはふ》目者《めは》非不飽《あかざらね》　(巻一二2934)

「あらず」の表記は、集中では「不在・不有」というように分析して表記されている。

遣悶流《なぐさもる》情毛不在《こころもあらず》　(巻二196)

吾祭《わがまつる》 神者不有《かみにはあらず》　(巻三406)

その他に「非」は二例見える。

吾屋前《わがやど》之《の》非時藤《ときじきふぢ》之《の》目《め》頰布《づらしく》　（巻八1627）

人魂《ひとだま》乃《の》佐《さ》青有《を》公之《なるきみが》但独相有《ただひとりあへり》之《し》雨夜《あまよ》乃《の》葉非左思《し》所念《おもほゆ》　（巻十六3889）

前者は「時でない」の意で、「不時」（巻十三3260・3293）と同様に打ち消しの意に用いたものである。後者は定訓を得ないものであるが、これは誤写ではなかろうか。「左」の草体は「太」と紛わしく、「非」もその草体は「我」に非常に近い。(6)すなわち「非左」は「我太」の誤写である蓋然性が高い。さすれば、この三字は次の歌からも「すがた」と訓むべきものと思われる。

笠無登《かさなしと》人尓《ひとに》者《は》言手《いひて》雨乍見《あまつつみ》留之君我《とまりしきみが》容儀《すがた》志《し》所念《おもほゆ》　（巻十一2684）

「葉」がスの仮名の誤写とすれば、その字体に比較的近いのは「巣」であろう。「葉非左」を「巣我太」の誤写とする(7)ならば、3889は「人魂のような真っ青な君が一人で現れた雨夜の姿が思い出される」と解釈される。

註

（1）『中国文化叢書1言語』（大修館書店、一九六七年）二八九頁参照。

（2）西宮一民『日本上代の文章と表記』（風間書房、一九七〇年）四八九頁参照。

（3）ただし、「無」にも「無レ不レ顧」（巻七・景行四十年是歳条）という「不」を伴う例が見える。

（4）森博達「『日本書紀』歌謡における万葉仮名の一特質――漢字原音より観た書記区分論――」（『文学』四五―二）で名付けるところのα群に属するものとなる。

（5）王力『漢語史稿』中冊、三二四頁以下参照。

（6）「非左」の草体は「」、「我太」の草体は「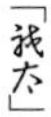」のようなものが想定される。

（7）ただ、「巣」は訓仮名、「我太」は音仮名であることから若干の疑問も残るが、巻十六には「真奴良留《まぬらる》」（3879）、「目豆児」

（3880）などと語頭に訓仮名を用いる例もあるので、その可能性はあるように思われる。

第三章　万葉仮名論

第一節　万葉仮名

はじめに――万葉仮名とは――

「なにはづ」の万葉仮名木簡が近年次々と発見されているが、その一つに藤原京跡出土木簡（八世紀初頭）がある。

奈尓皮川尓佐久矢己乃皮奈泊留己母利□真波々留へ止
佐久□□□□□

「難波津に咲くやこの花冬ごもり今は春べと咲く（やこの花）」と解読されるが、『古今和歌集』仮名序では第三・四句が「冬ごもり今を春べと」である。歌詞はさておき、ここではその文字表記に着目してみよう。

右の歌謡の表記上の大きな特徴は、一音一音が漢字一字ずつで表音的に書き記されているという点である。所用の漢字は、それぞれ、本来の字義とは無関係にその読みだけを借りて日本語の音節を表している。「万葉仮名」とは、このような漢字の用法をいう。具体的にいえば、「泊留己母利」の「留」は〈留《とど》まる〉という本来の字義で用いるのではなく、その字音のル（「留守」のルの類）を借りて、日本語の「はる（春）」のルに用いたというものである。『万葉集』にはこの種の漢字の用法が多く見え、〈花《はな》〉を「波奈」、〈山《やま》〉を「也麻」などと記していることから、「万葉」の名が冠せられている。一方、「仮名」という名称は、漢字を〈本当の文字〉という意で「真字《まな》」というのに対して、〈仮《かり》の文字〉すなわち「かりな」と呼び、それが転じて「かんな」「かな」となったところに由来する。字義を捨象して漢字を用いていることから、本来の用法によるのではなく、間に合わせのものという意である。また、「真字」が漢字そのものをいうところから、万葉仮名のことを「真仮名」とも言った。

このような万葉仮名は漢字の読みを利用しているのであるが、その読みには二種類認められる。すなわち、音によるものと訓によるものとである。前記「なにはづ」木簡で見れば、たとえば「奈尓皮川尓佐久」はすべて漢字の字音に基づいているのに対して、「矢」「真」「へ（部）」はそれぞれ訓によってヤ・マ・べをそれぞれ表している。このような、音（字音）を借りた万葉仮名を「音仮名（借音仮名）」、訓（字訓）を借りた万葉仮名を「訓仮名（借訓仮名）」と呼んでいる。

ところで、万葉仮名がことさら大きく取り上げられるのはなぜであろうか。この点を解明しておくことが、万葉仮名のみならず、古代の日本語表記の理解を深めると思われるので、まずはこの点から述べることにする。

一　万葉仮名の意義

『万葉集』に次のような歌が見える。

渡津海乃豊旗雲尓伊理比弥之今夜乃月夜清明己曾（巻一15）

四句の「伊理比弥之」は一般には「伊理比紗之」と校訂しているが、古写本（元暦校本・類聚古集）のままとしておく。その上で、第一句から第四句までは「わたつみの　とよはたくもに　いりひみし　こよひのつくよ」と読むことに大きな異論はないであろう。これに対して、第五句は「きよくてりこそ」「さやにてりこそ」「まさやかにこそ」「さやけかりこそ」などさまざまな読みが試みられていて、いまだに定訓を得ない。末尾の「己曾」を「こそ」と読むことは動かないが、「清明」の読み方はなかなか定めがたい。もちろん、「清明」の意味が〈澄み渡って明るく照っているさま〉を表すことにほぼ間違いはないが、一つの読み方に確定することは現段階ではむずかしい。

漢字は表意文字といわれることもあるが、同時に中国語としての発音（字音）をも有して、特定の語を表していることから、「表語文字」という方がその本質にかなっている。つまり、漢字は中国語の語彙と対応しているのである。これに対して、漢字は日本語の語彙とも対応する。「清」は「きよし」（現代語では「きよい」）などと読まれるように、漢字の字義はそのまま日本固有の語、すなわち〈やまとことば〉（和語）とも結びつき、まさに日本語の語彙との関係でも表語文字たりえている。訓とは、このような、漢字に対する〈やまとことば〉のことである。

日本語における訓（字訓）が定着しはじめたのは六世紀前半のことと考えられる。[1] 漢文を訓読する機会が増えるに従って、漢字と〈やまとことば〉との対応関係が次第に定着してきたのである。たとえば「山」はヤマ、「手」はテなどと読まれるようになってきた。しかし、この両者の対応関係は当初は流動的で緩やかであって、時を経るに従って次第に密接になり、また社会的にも定着していくというものであった。

漢字に対して訓が流動的であるという状況において、訓によって漢字で日本語を表記することや、漢字を訓で読むことは、いずれも安定したものではなかった。つまり、「きよくてる」であれ「まさやかに」であれ、それらを「清明」で書き記すことも、「清明」を「きよくてる」とか「まさやかに」とか、特定の訓で読むことも、必ずしも規則的でなく、書き言葉として社会的に保証されてもいなかったわけである。それは〈表意的に〉書き記されているというものでしかない。

そこで、日本語の読みを判然と示す必要性から万葉仮名による表記が求められたのである。つまり、〈入り日〉であれば「伊理比」と記すように、漢字を表音的に用いることが、発音として揺るぎのない、表記としての安定をもたらすのである。万葉仮名が重要なのは単に漢字の用法としての特殊性にあるのではなく、それが確実に古代日本語としての発音を明らかに示し、語としての存在を確定させるからである。もちろん、訓もその語の存在を明らかにする場合もある。たとえば、「豊」「旗」によって、それぞれトヨやハタの〈やまとことば〉の存在を明らかにする。その意味で、訓も古代日本語の語彙を示している。しかし、そのトヨが上代特殊仮名遣いでどのような発音であったかについては「豊」という表記からでは明らかにしがたい。それは「登与美岐」（＝豊御酒、『古事記』上）という万葉仮名による表記によって初めて、ト（乙類）ヨ（乙類）であるということが確定するのである。

その意味で、万葉仮名は古代日本語の語彙を明らかにするための最も重要な表記方法であり、その表記が古代日本語の音韻を示しているという点で、言語資料としての価値も高い。訓によってだいたいの意味を理解することはできるものの、それだけでは古代日本語の表現としては必ずしも確定されない。万葉仮名による表記によって例証されることで初めて「読めた」という根拠が得られるのである。

二　万葉仮名の由来

万葉仮名という用法は日本で創始されたものではなく、もともと漢文の内部に存在しているものである。それは許慎が『説文解字』で述べた六書《りくしょ》（漢字の六つの構成法）のうちの「仮借《かしゃ》」に相当する。「仮借」とは、ある語を表す漢字がなかった場合、その語とは意味が異なるが、同音である漢字を借りて表す方法をいう。たとえば、限定の意を表わす〈のみ〉（「神のみぞ知る」の類）の語はもともとそれを表す漢字がなかったため、意味は異なるが、同音である

「耳」(これは身体の〈みみ〉(ear) の象形文字) を借りて表した。つまり、同音の漢字を借りるということは、漢字本来の用法に見られるものであったのである。もちろん、日本語を漢文で表す場合に万葉仮名を用いるのは、それと少し性質が異なるようにも見える。日本語においては、漢文で非漢文的な (日本固有語の) 語句を表現する場合の問題となるのではあるが、結局は中国語から見て、旧来の漢字では書き表しがたい (中国語以外の) 語句を、それと同音の漢字で表すことと基本的に同質である。

漢文で中国語以外の言語のことばを用いる場合、大きく二つの手法がとられた。これは訳語の手法に一般化されるものではあるが、一つは意訳であり、もう一つは音訳である。たとえば、中国に仏教が伝来し、経典が漢訳された時、〈仏門に入って修行する者の団体〉を意味する saṃgha は、「衆」「和合衆」などと意訳される一方、「僧伽《そうぎゃ》」と音訳されることもあった。「僧侶」の「僧」はその音訳に由来するものである。意訳は既存の語彙体系になぞらえるもので、一般的な語彙はそうした方式をとることもできる。しかし、他言語の固有名に対しては、それを意訳したのでは固有語の名を指すものではなくなってしまう。たとえば、仏教の始祖 Śākya は「釈迦」と音訳する以外にない。これは現代中国でパリを「巴黎」(日本の漢字表記はふつう「巴里」)、ニューヨークを「紐約」(日本では「紐育」) などと書き表す手法と、それは基本的に同じである。

このような音訳によって日本語を書き表わした古い例が「漢委奴国王」(福岡県志賀島出土の『金印』) の「委《わ》」「奴《な》」や、『魏書』東夷伝倭人条に見える「卑弥呼」「卑狗」「卑奴母理」などである。日本で作られたと確認できる最も古い漢文の一つである『稲荷山古墳鉄剣銘』(四七一年、埼玉県行田市) にも、そのような固有名の音訳が見える。

(表) 辛亥年七月中記乎獲居臣上祖名意富比垝其児多加利足尼其児名弖已加利獲居其児名多加披次獲居其児名多沙鬼獲居其児名半弖比

（裏）其児名加差披余其児名乎獲居臣世々為杖刀人首奉事来至今獲加多支鹵大王寺在斯鬼宮時吾左治天下令作此百錬利刀記吾奉事根原也

《訓読》辛亥年七月中記す。乎獲居臣、上祖、名は意富比垝、その児多加利足尼、その児名は弖已加利獲居、その児、名は多加披次獲居、その児、名は多沙鬼獲居、その児、名は半弖比、その児、名は加差披余、その児、名は乎獲居。臣、世々杖刀人の首として奉事し来りて今に至る。獲加多支鹵大王の寺、斯鬼宮に在りし時、吾、天下を左治す。この百錬利刀を作らしめ、吾が奉事れる根原を記す。

人名や地名の固有名が字音を借りて音訳されているが、これは古来の漢字の用法に基づくものであったのである。ただ、このような借音の用法すなわち万葉仮名が、音韻体系の異なる日本語にあって独自の発達をしたことは特筆すべきことである。

三　音仮名の展開

『稲荷山古墳鉄剣銘』の万葉仮名の例のみを次に挙げてみよう。

ヲワケ……乎獲居　オホヒコ……意富比垝　タカリスクネ……多加利足尼　テヨカリワケ……弖已加利獲居　タカハシワケ……多加披次獲居　タサキワケ……多沙鬼獲居　ハデヒ……半弖比　カサハヤ……加差披余　ワカタケル……獲加多支鹵　シキ……斯鬼

ここですぐ疑問に思うのは、なぜ「意」がオ、「富」がホ、「已」がヨなどに用いられているのかという点であろう。そもそも発音は時代の推移とともに変化するのが言語の常である。日本で用いられる漢字音を「日本漢字音」というが、それには中国語のそれぞれの時代の字音が反映している。たとえば、「行」にはギョウ（「修行」の類）、コウ

(「行為」の類)、アン(「行脚」の類)の音がある。これらはそれぞれ字音としての体系を有しており、呉音(和音とも)・漢音(正音とも)・唐音(唐宋音または宋音とも)と呼んでいる。呉音は六世紀頃に百済を経由して移入され、主として六朝時代末期の中国南方音を反映していると言われている。一方、漢音は奈良時代を中心にもたらされたもので、唐の都長安の音韻すなわち中国北方音に基づくものである。また、唐音は、十三世紀以降に禅僧などによってもたらされたものなどを称している。このように、音(字音)といっても、そこには方処的時代的な差異が反映されており、複雑な様相を呈している。これに加えて、前記の、「意」をオと読む類は呉音伝来以前の字音であって、これを「古音」と称している。古音は、五世紀以前に朝鮮半島で用いられていた字音で、渡来人によって日本で最も古く用いられたものであった。その由来をさらに辿れば、中国漢代以前の音に基づくものかと見られる。つまり、『金印』の「委《わ》」「奴《な》」が表す字音体系と起源を同じくするものである可能性が高い。

このような古音に基づく万葉仮名は、七世紀半ば以降呉音に基づく万葉仮名に取って代わられたが、「乃《の》」「止《と》」「支《き》」「川《つ》」など、そのまま引き続き用いられたものもあった。ちなみに、『日本書紀』の歌謡などには漢音系の万葉仮名が用いられたが、一般には呉音系の万葉仮名が主流となった。今日の平仮名・片仮名の字源となる音仮名はほとんどが呉音系である。

さて、中国語の字音構造は伝統的な音韻論で、語頭の子音を声母、語頭子音以外の母音を含む部分を韻母と呼んでいる。たとえば、現代北京語の liang(上声「両」)は l が声母、iang(上声)が韻母にあたり、さらに韻母は介音(つなぎの音)i、核母音(中心となる母音)a、韻尾(語末の子音または副母音)ng(ŋ)に分かれる。なお、隋唐時代の子音韻尾には、p、t、k、m、n、ŋがあり、現代中国語よりも複雑であった(日本漢字音では、pは「法《ホフ》」などフ(字音仮名遣いによる)で、tは「一《イチ》」「札《サツ》」などチ・ツで、kは「式《シキ》」「悪《アク》」などキ・クで表記される)。

ところで、万葉仮名の音仮名用法については、春日政治『仮名発達史の研究』（岩波書店、一九三三年）に次のように分類されている。

A　全音仮名　無韻尾で一音節表記するもの
　例：斯鬼《しき》（稲荷山古墳鉄剣銘）

B　略音仮名　字音の韻尾を省いたもの
　例：能登《のと》香山《かのやま》（万葉集巻十一 2424。「能」「登」はŋ韻尾を持つが、その韻尾を用いていない）

C　連合仮名　字音の韻尾を後続音節の頭子音によって解消するもの
　例：獲居《わけ》（稲荷山古墳鉄剣銘。「獲」の韻尾kは後続の「居」の頭子音kと同じ）

D　二合仮名　字音の韻尾に母音を添えて二音節相当にするもの
　例：足尼《すくね》（稲荷山古墳鉄剣銘。「足」の韻尾kに母音uを添えて韻尾を音節化する）

万葉仮名の多くは全音仮名で、韻尾のない漢字が使用されているが、時に韻尾を有する漢字も用いられている。その場合にBCDの用法に分かれる。

このうち、連合仮名、二合仮名は『稲荷山古墳鉄剣銘』に確認できるが、これらの用法はすでに古代中国に見られるものである。前記の「釈迦」（梵語 Śākya）の「釈」は連合仮名（「釈」のk韻尾を後続の「迦」の頭子音で解消したもので、字義として〈釈く《と》〉の意も込められている）、「奈落」（梵語 naraka）の「落」は二合仮名（「落」の韻尾のkに母音aを添えて raka にあてたもので、〈（地獄に）落ちる〉の意も込められている）に相当する。

略音仮名については、『稲荷山古墳鉄剣銘』の「半弖比」の「半」がこれに当たるように見えるが、これに次ぐ例が現存資料では七世紀後半（前掲『万葉集』柿本人麻呂歌集所収のもの）にしか見えない。したがって、この「半」は韻尾のnを、後続する「弖」の頭子音tと融合させて濁音デの子音（古くダ行音は鼻濁音であったこともこの表記に関係している）を表したもので、連合仮名に準じるものと考えるのが適当である。[2] すなわち、万葉仮名の草創期においては韻尾にも深い配慮が払われていたと言えよう。

前記「なにはづ」の「泊」は略音仮名で、ほかに「安」（平仮名「あ」の字源）、「末」（平仮名「ま」の字源）などがこの類であるが、これらは七世紀第4四半世紀頃から全音仮名と区別なく用いられるようになる。「なにはづ」の藤原京跡出土木簡はまさにその頃の表記状況を反映している。

ところで、『出雲国風土記』神門郡狭結駅に次のような記事が見える。

狭結駅。郡家同処。古志国佐与布云人、来居之。故云最邑。〈神亀三年、改字狭結也。其所以来居者、説如古志郷也。〉

これは次のように訓読すべきものと思われる。

狭結駅《さゆふのうまや》。郡家《ぐんけ》と同《おな》じき処《ところ》なり。古志国《こしのくに》の佐与布《さよふ》と云《い》ふ人《ひと》、来《き》て居《す》みき。故《かれ》、最邑《さよふ》と云《い》ふ。〈神亀三年《じんくゐさむねん》、字《まな》を狭結《さゆふ》と改《あらた》む。其《そ》の来《き》て居《す》みし所以《ゆゑ》は、説《と》くこと、古志郷《こしのさと》の如《ごと》し。〉

サユフの地名起源説話であるが、ここでは、「佐与布」という人名から地名「最邑」の起源を説明するのであるが、風土記の論理では同音で導き出すのが通例である。もちろん、類音や一部同音もありうるが、右の説話では同音による地名起源説話と見なすのが穏当であり、「最邑」はサヨフを表記したものと認められる。『出雲国風土記』の万葉仮名は『万葉集』『古事記』などと同様呉音系であり、「最」はサイ、「邑」はオフ（漢音ではイフ）であるから、ここでは「最」の韻尾（副母音）iがヤ行子音となり、後続する「邑」の母音oと結合して、全体でサヨフとなったものと理解する以外にない（ちなみに、日本古典文学大系では「最邑」をサイフとする）。この表記は音仮名の用法としては管見では他に例を見ないものであって、また前記の春日政治のいずれの分類にも該当しない。そこで、これを加えて音仮名の用法は五分類されることになる。

E　結合仮名　字音の韻尾が頭子音となり、後続音節の母音と結合するもの

例：最邑《さよふ》　（出雲国風土記神門郡。「最」の韻尾 i が後続の「邑」の母音 o と結合して音節化する）

また、清音・濁音の観点から見ると、『古事記』『日本書紀』では清音仮名と濁音仮名とをかなり綿密に区別しているようであるが、そのほかの『万葉集』や木簡などではふつう両用している。たとえば、「都」は「都可比」〈使〉（万葉集巻十五3627）のようにツにも、「多都」〈鶴〉（万葉集巻十五3626）のようにヅにも用いられている。

四　訓仮名の出現

訓は六世紀前半以降、日本語において次第に定着していったと前に述べたが、ただ、訓は日本で創始されたものではない。古代朝鮮半島において行われていた、漢字にその字義に対応する朝鮮固有語をあてる用法を渡来人が伝えたことに由来する。たとえば、『三国史記』地理志の地名表記の「石山県、百済珍悪山県」は李基文『韓国語の歴史』（藤本幸夫訳、大修館書店、一九七五年）によると、「石」を意味する百済語 *turak が「珍悪」と表記されており、「珍」を tur にあてるのは朝鮮固有語の訓によるもので、中世語 tork に対応するという。また、『日本書紀』の百済関係資料にも次のような例が見える。

新羅王波沙寐錦即微叱己知波珍干岐　（神功紀摂政前紀）

この「波珍」は新羅の官位「波珍飡」ないし「海干」（『三国史記』による）に当たり、「海」の朝鮮古訓 patar に相当する（日本古典文学大系『日本書紀』上、六一一頁）。この「珍」は、右記のものと同じく訓による表記であると認めら

れる。

このように日本に先立って朝鮮三国において訓が行われていたと見られ、また、そのような訓を借りて固有語の音節を表記することも右のように古くからなされていた。したがって、訓仮名の使用も日本で創始されたものとは言えない。ただ、用いられはじめた当初、訓をわざと意識的に借用したかといえば、そのようにも断言できない。

そもそも日本における訓仮名の使用は、字訓本位の表記において発生する。(3) 現存最古の例は伝飛鳥板蓋宮跡出土習書木簡（飛鳥京木簡二七号、七世紀中葉もしくは前半）に見える「矢田部」の「矢」の用法である。この「矢田部」は仁徳皇后の八田皇女（仁徳紀即位前紀）の名代であって、ヤタのヤは本来〈多数〉の意を表す「八」で表すべきものであろう。したがって、「矢」は訓を借用した表記で、訓仮名ということになる。しかし、当時の人々が「矢田」の「矢」が正訓ではなく、借訓であるとは思いもしなかったかもしれない。たとえば、「田」に稔る稲の形状から「矢」を連想していたことも十分に考えられる。

年代の確定する現存最古の例は管見によると、石神遺跡（奈良県明日香村）出土木簡に「乙丑年十二月三野国ム下評」（「乙丑年」は六六五年）とある「三」である。地名ミノのミは美称のミであり、正訓では「御」であって、「三」は訓仮名である。このように、固有名に訓が用いられる過程で命名（語源）の解釈にずれが生じ、その結果、当該の訓表記が後世から見れば「仮借」と分析されるものとなった場合も多いように見られる。つまり、訓による固有名の表記が訓仮名の用法を内在させていたと見られるのである。その意味で、訓仮名の発生は自然発生的であって、あえて朝鮮三国から学んだと見るべき蓋然性は低いとも言える。また、訓の発生から程なく、借訓の用法すなわち訓仮名も意図せずに用いられたことがあったとも予測される。

五　音訓交用と訓仮名

訓を用いる場合、その固有名全体を訓で表すのが本来のものである。現存最古の訓と確認できる『岡田山一号墳鉄刀銘』（松江市大草町、六世紀中葉）の「額田部」、や、『菩薩半跏像銘』（六〇一年）の「高屋《たかや》」などのように、基本的には正訓（本来の字義に合致する訓）によって表記することは、意味をそのまま解説するという表語文字たる本質にもかなっている。つまり、漢字を用いる限りにおいて、たとえば、〈高い建物〉を意味するタカヤを音仮名で、たとえば「多加也」などと書き記すよりも、訓によって「高屋」と表記する方がその語義が訓でもって明示される分、馴染みやすく落ち着きがいい。漢字漢文の伝来以降、固有名は音仮名だけで表記されてきたのだが、訓の定着によって次第に訓で書き記されることが多くなった。

そして、時には訓と音仮名とが交えられることも出来した。

高志五十戸　税三百十四束　佐井五十戸税三×　（観音寺遺跡出土木簡、六六〇年頃）（「高志」は『和名類聚抄』に「多加之」とある）

与野評　（小松市那谷金比羅山窯跡出土平瓶刻書、七世紀中葉）

地名のタ―カ―シ、サ―ヰ、ヨ―ノは正訓を表す漢字「高」「井」「野」に、それぞれ形容詞活用語尾シ、接頭語サ（「小《さ》夜《よ》」の類）、形容詞語幹ヨ（〈良い〉の意）が付属語的に音仮名で交用表記された例である。これらは漢字の訓による表記が音仮名表記より優位になってきたことを例証するものである。ちなみに、実質語的な要素を訓で、付属語的な要素を音仮名で書き記すという手法はその後「宣命書き」に受け継がれていく。

さらに、音仮名と訓仮名とが交え用いられる例も七世紀後半には出現する。なんらかの音義の一部を記したものかと見られる北大津遺跡出土木簡（滋賀県大津市、七世紀後半）には「賛田須久」という注目すべき表記が存する。これは「賛」を訓仮名「田」と音仮名「須久」とでタスクと読ませるように書き記しているのである。このような音仮名と訓仮名とがともに一語内での表記に交え用いられる例はこれ以前の資料には認められない。

本来、一つの単語はすべて音仮名で表記するか、訓（借訓を含む）で表記するかであって、借音と訓とはもともと相容れないものであった。「田須久」は、その対立を融和させた注目すべき例である。この音訓交用表記タスクは〈助ける〉意の動詞であるが、「助」を人名でスケと読むことでもわかるように、元来スクだけで〈助ける〉意を表している。一方、タはタヤスシ（易）・タワスル（忘）などのタと同じもの、もしくは、タグル（繰）などのタと同じく「手」の意を有するものであり、いずれにしても接頭語に相当する。意味を有する最小の言語単位を言語学上では形態素（morpheme）と呼ぶが、タスクは形態素レベルではタ‐スクと分析され、前掲「田須久」の表記は形態素内では音訓交用されていないということになる。

このように、古くは同一形態素内で音仮名と訓仮名との交用がないという原則が存在していたことが確認される。このことは、現代において平仮名と片仮名とを一語内で、もちろん同一形態素内でも交え用いることがないのと同様に、音仮名と訓仮名の双方を別の文字体系として意識していたということを物語るものである。それは音仮名が漢字の字音に、訓仮名が漢字の字義つまり〈やまとことば〉に基づくという、由来の異質性がそれぞれの万葉仮名に反映されていたからであろう。しかし、合成語であれ、「田須久」のように万葉仮名の文字列として訓仮名が音仮名と交用されていることは、訓仮名が音仮名との距離を次第に縮めてきたことを示すものである。また、一般名詞を訓仮名だけで表記した「者田」〈幡《はた》〉（『法隆寺命過幡銘』六八二年、東京国立博物館蔵）のような例も出現するに至った。

その後七世紀末以降には同一形態素内での交用も数多く見えるようになる。

阿津支煮（アヅキニ）　（藤原宮跡出土木簡）
者々支（ハハキ）　（藤原京跡出土木簡）
波佐目売　阿真売　志津加比売（ハサメメ　アマメ　シヅカヒメ）　（大宝戸籍帳、御野国味蜂間郡春部里戸籍）

このような段階においては、音仮名と訓仮名との間に存在した境界はもはや失われ、両者が万葉仮名として等質のものと意識されていることは明らかである。それは音仮名と訓仮名の背景にある字音と〈やまとことば〉との差異をあえて意識しなくなったためであろう。

呉音系の万葉仮名が七世紀半ば以降慣用されるようになると、たとえば、「乃」は呉音ナイ（漢音ダイ）であるが、慣用としてノ（乙類）を表し、「止」は呉音シ（漢音シ）であるが、慣用としてト（乙類）を表すように、当代の字音が必ずしも万葉仮名の音韻を表象しなくなっていることを感じ取る場合もあったに違いない。そのため、訓と漢字との密接な結びつきを背景として、「矢」がヤを、「三」がミ（甲類）を表すという表音的用法との関係で音仮名との差異が別段感じられなくなってきたのではあるまいか。もちろん、万葉仮名を用いる層が次第に増大し、万葉仮名の慣用も拡大するに従って、漢字の音と訓との明瞭な差異意識が薄れ、万葉仮名それぞれの出自・由来に関心が向けられなくなってきたのでもあろう。こうして、万葉仮名として「乃」はノ（乙類）であり、「三」はミ（甲類）であるというように、万葉仮名一般へと収斂されたのである。

六　訓仮名の分類

最後に、訓仮名の用法について整理しておこう。訓仮名は音仮名と擬似的関係を有することから、前記の音仮名の用法に準じて分類してみる。(4)

A　一音節訓仮名　訓そのもので一音節表記するもの

a　一字一音節訓仮名　例：宇《う》多《た》手《て》（万葉集巻十一2464）

b　複字一音節訓仮名　例：五十《い》等《ら》児《ご》乃《の》島《しま》爾《に》（万葉集巻一42）

B　略訓仮名　訓の語頭または語尾音節を省いたもの

a　語の語頭音節を省いたもの　例：名《な》積《づみ》叙《ぞ》吾《あが》来《け》煎《る》（万葉集巻三382）

b　語の語末音節を省いたもの　例：赤《あ》弥《み》陀《だ》寺《てら》（千葉県城山遺跡墨書土器）

c　同音を反復する語のうち、一つの音節を省いたもの　例：奈《な》具《ぐ》佐《さ》米《め》七《な》国《くに》（万葉集巻六963）

C　連合訓仮名

a　訓の語頭の母音音節を前接語の末尾母音によって解消するもの　例：借《かり》五百《ほ》磯《し》所念《おもほゆ》（万葉集巻一7）

b　訓の語頭音節を類音の前接音節によって解消するもの　例：神長柄《かむながら》（万葉集巻一38）

c　訓の末尾音節を同音の後続音節によって解消するもの　例：赤《あ》加《か》真《ま》（千葉県五斗蒔瓦窯跡刻書瓦）

D　多音節訓仮名　二音節以上の訓で表記するもの

a　一字多音節訓仮名

甲　二音節を表すもの　例：朝 庭《あしたには》取撫賜《とりなでたまひ》 夕庭《ゆふべには》伊《い》縁立之《よりたたしし》（万葉集巻一3）

乙　三音節を表すもの　例：慍《いかり》下《おろし》（万葉集巻十一2436）

b　複字多音節訓仮名（熟合訓による訓仮名）

甲　二音節を二字で表すもの　例：懸而《かけて》小竹《しの》櫃《ひつ》（万葉集巻一6）

乙　二音節を三字で表すもの　例：恋渡《こひわたる》 青頭鶏《かも》（万葉集巻十二3017）

〔Dは、音仮名における二合仮名との関係で、ここでは一応訓仮名に含めた。〕

漢字音と〈やまとことば〉の音節構造は異なることから、特に略音用法と連合用法に相当の違いが見られる。まず、訓仮名では音節自体が省かれたり解消されたりもする（Bのbc、Cのbc）。次に、音仮名では韻尾の取り扱いが留意されるのに対して、訓仮名では語頭が母音である場合に略音や連合が問題となる。BのaとCのaは、いずれも訓の語頭が母音だけの音節である場合である。このような点を見ると、訓仮名で省略や解消の対象となるのは、訓の語頭が子音付きの音節である場合は語末音節、訓の語頭が母音だけの音節である場合はその語頭音節ということになる。後者は、語中に母音だけの音節はこないという古代日本語における音韻結合の法則と深く関係している。また、訓は漢字一字に和語の二音節以上が相当したり、また、熟合訓のように漢字二字以上に一語の〈やまとことば〉が相当したりすることがしばしばあることから、表出する音節数と所用の文字数との関係が複雑で、音仮名に比べると雑然たる印象がある。逆にそれが訓仮名の楽しさ、おもしろさと関係するのであろう。

おわりに——万葉仮名から仮名へ——

『万葉集』の万葉仮名主体の歌表記は依然として音仮名だけの使用であり、また『正倉院万葉仮名文書』（七六二年頃）にも訓仮名の使用は見えない。したがって、奈良時代においては、音仮名には伝統的な万葉仮名体系が全く崩壊してしまったということでもないようである。一部には保守的な表記様式も確かに存続していた。

しかし、『万葉集』の訓字主体の歌表記をはじめ、木簡では次のように音仮名と訓仮名の交用は一般的になっている。

奈尓波川尓作久矢己乃波奈　（観音寺遺跡出土木簡、徳島市国府町、七世紀末）

以津波里事云津々〔虚言《いつはりごと》言ひつつ〕　（平城宮木簡二九二七号、養老から神亀初年頃）

田□（延カ）之比等々流刀毛意夜志己々呂曾〔絶えし人と取るともおやじ心ぞ〕　（平城宮木簡一七四号、天平十九年以降）

七世紀末になると、万葉仮名は音仮名と訓仮名の区別を体系として失い、その結果漢字の音訓を直接に意識するのではなく、単に特定の音節を表出するだけの文字として再編されたのである。そして、万葉仮名は簡単で書きやすい実用的な字体としてさらに発展していく。その一つは書体を草書に書き崩して九世紀には草仮名となり、さらに九世紀末にはそれを簡略化して平仮名となった。もう一つは、古代中国に見える「省文」（漢字の字画を一部省略すること）、これは冒頭の藤原京跡出土木簡の「皮」（「波」の省文）、「へ」（「部」の省文）の類であるが、この省文を文字体系において採用して、九世紀初頭には片仮名を作り出す。この新たな仮名の位相は漢字という文字体系から乖離して、日本語の表現をその発音のままに書き記すことを可能にした。

このような日本語を優位とする表記世界は、やがて漢文ではなく和文を、漢詩ではなく和歌を新たな時代の文学として推進させる原動力となっていく。そのような国風文化の開花をもたらす基底に、平仮名・片仮名の母胎である万葉仮名の、もう一つの大きな歴史的意義がある。(5)

註

（1）拙著『古代日本の表記と文体』（吉川弘文館、二〇〇〇年）第一章第二節参照。

（2）拙著『日本語の誕生――古代の文字と表記――』（吉川弘文館、二〇〇三年）五一頁以下参照。

（3）訓仮名の成立過程について詳しくは、第三章第二節を参照されたい。

（4）詳しくは拙稿「訓仮名用法の分類」（『立教大学日本語研究』第九号、二〇〇二年）に譲ることにする。

（5）仮名の成立については注2書一七九頁以下に詳述した。御参照いただければ幸いである。

第二節　訓仮名の成立

一　訓の成立

漢字が伝来して日本語は文字と出会った。漢字以前に固有の文字があったという説は後世の賢しらにすぎない。

漢字は中国語を書き表す文字体系であり、古くからその性質を形音義と称してきた。つまり、音（字音）とともに、意味（字義）をも有する視覚的記号（字形）というのである。表音文字は形・音に止まるのに対して、漢字はそれらに加えて意味をも表す。すなわち、一つの漢字は単語を表すことから、表意文字というよりも、表語文字という名で呼ばれるのがふさわしい。このような表語文字は楔形文字やヒエログリフなど最古の文字に共通する性質であり、文字の発生に深く関わる。

ところで、そのような漢字の、日本語における用法には音と訓とがある。音は中国語音に由来するもので、その音には複数のものがあることも少なくないが、それらは基本的には伝来時期や伝来ルートの違いに起因する。これに対して、訓は和語（やまとことば）である。そもそも、「訓」とは『爾雅』に「訓、謂字有意義也」とあるように、その文字の意味内容という意である。「訓詁注釈」という語があるが、「詁」とは古言のことで、その古い言葉を現代語で解釈することをさし、「訓む」とは訓詁を施すという意ともなる。このように「訓」は解釈の意でも用いられるが、日本語において「漢字の訓」という場合はその字義に相当する日本固有の語、すなわち和語（やまとことば）に相当する。

漢字は表語文字であるから、その字義に自ずから和語が対応しうる。「山」は〈やま〉の意であるから、「山」を和語で「やま」と解釈することができる。もちろん、漢字の字義に対応する語が日本語の語彙体系に存在しない場合もあり、漢字に訓がない、もしくは字義と訓とが対応しない場合もある。たとえば、後者は本来ナマズの意である「鮎」に対して、日本語で「あゆ」という訓を当てる類である（そのような訓を「国訓」と呼ぶ）。このほかにも、厳密に和語を規定する困難さや、対応関係のねじれなど、訓そのものの認定にも問題が少なくないが、ここではそれらは省略する。

日本語における漢字の訓は、漢文を日本語に翻訳していくうちに、ある漢字に一定の訳語が相当するように意識されたことに由来する。ただし、固有語を当てるという訓の用法は古代朝鮮半島に発達したものであって、渡来人たちがそのような用法を日本語にも応用した。その和語と漢字の結びつきの最も古い例は、『岡田山一号墳鉄刀銘』（松江市大草町、六世紀第3四半世紀以前）の、訓（和語）でヌカタベを表した「各田マ臣（額田部臣）」に見える。これに対して、『稲荷山古墳鉄剣銘』（四七一年）などには固有名が音仮名で記されていることから、日本における訓の成立時期は六世紀の前半であると考えられる。この間の詳しい事情については、拙著『日本語の誕生——古代の文字と表記——』（吉川弘文館、二〇〇三年）を参照されたい。

二　音仮名と訓仮名

漢字は表音文字としても用いられる。たとえば、サンスクリットの mañjūṣaka を「曼珠沙華」、naraka を「奈落」というように音訳しているように、六書でいう仮借の用法によって、他の言語音をそのまま音訳するという用法がもともと古代中国に存在する。「万葉仮名」とは、そのような用法が『万葉集』に多く見えることから名付けられた名称であるが、もとより日本での創造ではない。

漢字の表音的用法が日本列島で行われた現存最古の例は『稲荷山古墳鉄剣銘』である。字音を借用して日本語音節を表記した万葉仮名を音仮名（借音仮名）というが、ここではその音仮名の使用が「乎獲居《をわけ》」「斯鬼《しき》」などと見える。このような固有名（人名・地名）の音訳による表記は古代朝鮮半島の金石文に広く見られるもので、しかもその使用字に共通するものが少なくないことも注目される。

ところで、万葉仮名には音仮名のほかに、字訓を借用して音節表記に用いた訓仮名（借訓仮名）がある。たとえば、片仮名のチは「千《ち》」、ミは「三《み》」という万葉仮名に基づくものであり、それぞれ訓を借用した用法である。和語の表記に漢字を借りたのが訓に相当するのであるから、訓仮名は仮借の二重構造を有するものと言えよう。

訓仮名は訓に基づくものであるから、その発生は訓の成立以後になる。音仮名に比べると、その使用は時代が下り、現存最古の例は七世紀のものとなる。たとえば、伝飛鳥板蓋宮跡出土の習書木簡（飛鳥京木簡一七号、七世紀中葉もしくは前半）に見える「矢田部」の「矢」がその一例である。「矢田部」は仁徳皇后の八田皇女（仁徳紀即位前紀「八田皇女」）の名代であり、ヤタのヤは〈多数〉を意味する「八」が正訓字であるから、「矢」は訓を借りた表記ということになる。年代の確定する例では、石神遺跡（奈良県明日香村）出土木簡に「乙丑年十二月三野国ム下評」とある「三」が最古である。ミノのミは美称のミであり、正訓では「御」であって、「三」は訓仮名と認められる。乙丑年は天智四年（六六五）である。

現段階では、訓仮名は七世紀中葉以前に確実なものが見られない。しかし、「矢田部」のような固有名の表記にはそれより遡って用いられていた可能性もあり、訓の使用が六世紀中葉には見られることから、その仮借の用法も六世紀にまで遡ることも想定される。

三　訓仮名の誕生

古代の文章で漢文を用いるなかで、人名・地名だけは日本語のまま、まずは音仮名で、そしてやがて訓で表記した。本来の字義に合致する訓のことを「正訓」と呼ぶが、固有名は「額田部」や「高屋《たかや》」（菩薩半跏像銘、六〇一年）などのように、基本的には正訓によって表記しようとするのが表語文字たる漢字の本質から見て自然である。

このように訓に従って固有名を書き表そうとしたなかで、思わず「正訓」から外れてしまって「借訓」の表記となったのが「矢田部」の「矢」であり、「三野」の「三」であろう。一語のまとまりとしての姓名や地名はすべてが音仮名で書かれるか、訓で書かれるかであって、それを一語のなかで交え用いることはなかった。つまり、音（漢字音）を用いるか、訓（和語）を用いるかであって、それは別個の表現世界であったのである。

ヤタを「矢田」と書いた表記者にとっては、あるいは「田」に稔る稲の形状から「矢」を連想していたのかもしれず、「矢田」の「矢」が借訓であり、正訓ではないなどとは、当時の人々にとって思いもよらないことではなかったろうか。すなわち、固有名に訓が用いられるようになったことが、自ずから借訓そして訓仮名の発生を内在させていたとも言える。訓による固有名表記の試みが次第に増大すると、語源解釈においてずれが生じる場合も出来し、その結果、借訓用法のうち、一音節表記のものが訓仮名となったと見られる。他方、その表記において、意図的に好字として訓を借りようという試みもあったかもしれない。この両者を画然と区別することはむずかしい。

前掲の「矢」や「三」は、それぞれ音節文字であって、訓仮名と見て差し支えない。しかし、次のような「矢」の例と比べると、その表音文字としての性質に劣っているように感じられる。

奈尓波ツ尓作久矢己乃波奈〔難波津に咲くやこの花〕　（観音寺遺跡出土木簡、徳島市国府町、七世紀末）

つまり、「矢田」「三野」の「矢」「三」は訓が主体である文字列に用いられている点で、その字義が前面に押し出されているという印象が否めない。そこには、正訓的な側面が否定できず、字義が語と相関しているように見受けられる。これに対して、観音寺遺跡出土の難波津木簡のように、訓仮名が万葉仮名としての文字列におかれた場合、それは第一義的に表音文字として機能していて、字義がほぼ捨象されることとなる。その意味で、万葉仮名一般としての訓仮名の形成はもう少し時代が下ると見なければならない。

四　訓仮名の展開

万葉仮名の文字列における訓仮名の古い例は、次の北大津遺跡出土木簡（滋賀県大津市、七世紀後半）に見える。

贊田須久

「贊」をタスクとよむことを記したもので、何らかの音義の一部かと考えられている。これが訓仮名「田」と音仮名「須久」とでタスクと音節表記されているのである。このような音仮名と訓仮名とが一語の表記に交え用いられている例はこれ以前の史料には見あたらない。

前述したように、固有名を書き表す場合、語全体を音仮名で表記するか、訓（借訓を含む）で表記するかであって、借音と訓とはもともと相容れないものであった。その対立を融和させた表記が「田須久」の音訓交用表記である。このような音訓交用は七世紀末以降次のように多く見える。

阿田矢〔アタヤ〕　（藤原宮跡出土木簡）
者々支〔ハハキ〕　（藤原京跡出土木簡）
波佐目売　阿真売　志津加比売〔ハサメメ　アマメ　シヅカヒメ〕　（大宝戸籍帳、御野国味蜂間郡春部里戸籍）

しかし、七世紀末より以前においては音仮名と訓仮名の交用はあまり類例がない。そのなかで、『万葉集』柿本人麻呂歌集の、少なくとも天武九年（六八〇）以前に成立したと見られる非略体歌（付属語に至るまで原則として表記する形式）より、さらに古い表記形式を有する略体歌（付属語の表記を大幅に省略する形式）に、次のような例が見える。

若月清不見雲隠見欲宇多手比日　（巻十一 2464）

〔三日月のさやにも見えず雲隠り見まくぞ欲しきうたてこの頃〕

ウタテは〈普通でない〉〈無性に〉などの意を表す副詞で、ウタは「宇多」と音仮名で、テは「手」と訓仮名で表されている。副詞ウタテのウタは形容詞ウタ楽シや副詞ウタタなどのウタと共通するもので、一方、テはカツテなどのテと同じく副詞語尾を構成するものである。すなわち、形態素（morpheme）のレベルではこれをウタ-テと分析でき、その形態素内では音仮名と訓仮名が交用されていないことになる。

同様に、前述の「田須久」について見ると、タスクは〈助ける〉意の動詞で、「助」を人名でスケと読むことでもわかるように、本来スクだけで〈助ける〉意を表すものである。そして、タはタヤスシ（易）・タワスル（忘）などのタと同じもの、あるいは、タグル（繰）などのタと同じく「手」の意を有するものと見られ、いずれにせよ接頭語に相当するものである。つまり、タスクも形態素レベルではタ-スクと分析され、「田須久」は前掲ウタテと同様、形態素内での音訓交用の例とはならない。

少し細かい話になったが、この二例に共通することは形態素レベルでは音と訓とが交用されていないということであって、この類例として訓と音仮名の交用例が挙げられよう。

高志五十戸税三百十四束　佐井五十戸税三×　（観音寺遺跡出土木簡、六六〇年頃）〔「高志」は『和名類聚抄』に「多加之」とある。〕

与野評　（小松市那谷金比羅山窯跡出土平瓶刻書、七世紀中葉）

タカーシ、サーキ、ヨーノいずれも正訓を表す漢字に、形容詞活用語尾シ（結果的に「高い志《こころざし》」の意も掛けられているかもしれない）、サーユリ（小百合）・サーヨ（小夜）などのサと同じ接頭語サ、〈良い〉の意を表す形容詞語幹ヨがそれぞれ付属語的に音仮名で交用表記された例である。

他方、形態素内で訓仮名だけで表記された例は前述した『万葉集』柿本人麻呂歌集の略体歌にも多く見える。

紅衣染雖欲著丹穂哉人可知　（巻七1297）
〔紅の衣染めまく欲しけども着てにほはばか人の知るべき〕
吾以後所生人如我恋為道相与勿湯目　（巻十一2375）
〔我ゆ後《のち》生まれむ人は我が如く恋する道に逢ひこすなゆめ〕

動詞ニホフの語幹ニホ、副詞ユメを訓仮名でそれぞれ表記したものである。また、壬午年（六八二）の年記を有する『法隆寺命過幡銘』（東京国立博物館蔵）にも〈幡《はた》〉を「者田」というように、一般名詞を訓仮名だけで表記した例も見える。

このように、訓仮名の成立当初には形態素内での音訓の交用は見あたらないのであって、音仮名と訓仮名は同一形態素内で交用されないという原則が、いわば母音調和のごとく存在していたことが確認されるのである。

五　万葉仮名一般としての訓仮名へ

右のような原則が示すことは、畢竟、今日平仮名と片仮名とが同一形態素内で交用されないように（変体仮名は別として）、音仮名と訓仮名とは別の文字体系であるという文字意識が存したということに他ならない。それは音仮名が漢字の字音に、訓仮名が漢字の字義にもとづくという異質性が万葉仮名の意識としても強く反映されていたからであろう。しかし、合成語であれ、万葉仮名の文字列として訓仮名が音仮名と交用されていることは、訓仮名が次第に定着してきたことを物語るものである。

そして、七世紀末以降には前掲「阿田矢」「者々支」のように、同一形態素内で交用される例が多く見られるようになる。

奈尓皮ツ尓佐久矢己乃皮奈泊留己母利□真波々留部止佐久□□□□□　（藤原京跡出土木簡、八世紀初頭）

〔難波津に咲くやこの花春ごもり今は春べと咲く…〕

右の木簡では、「さくや」の助詞「や」は前掲の観音寺遺跡木簡と同じく「矢」が用いられ、さらに「（い）ま」（今）に「真」、「春べ」の「べ」に「部」（原表記は「マ」）というように訓仮名の使用が一段と多くなっている。このように、文書や習書などの非文芸的な実用的世界では、音仮名と訓仮名との間に存在した境界が失われ、その両者は万葉仮名として等質化されてしまったのである。他方、文芸的な世界でも万葉集巻一の柿本人麻呂作歌に「珠裳乃須十二四宝三都良武香」〔玉裳の裾に潮満つらむか〕（巻一40）ともあって、音仮名「須」と訓仮名「十」、訓仮名「三」と音仮名「都」がそれぞれ一語に交用される例が見えることから、広くその両者が等質的なものとして意識されるに至っていたと見られる。

その背景として、慣用する音仮名に呉音・漢音と異なるものも珍しくないため、万葉仮名に字音の表象を優先的に認める必要がなくなったことが指摘できよう。たとえば、前掲ハハキの「支」は、呉音・漢音ではシであるが、キ甲類を表すというように、当代の字音が必ずしも万葉仮名の音韻を表さないとすれば、「支」がキを、「止」がトを表すという同じレベルで、「矢」がヤを、「三」がミを表すことに違和感を覚えなくなってきていたというのであろう。

こうして、好字もしくは画数の少ない訓仮名が万葉仮名一般に解消されるに至ったのである。

第三節　『上宮聖徳法王帝説』の万葉仮名

一　固有名の表記

上代の万葉仮名には、日本書紀などに用いられた漢音系のものを除くと、大きく古音系のものと呉音系のものとがある。古音は呉音よりも古く、五世紀以前に朝鮮半島から伝来したもので、中国上古音に由来する。『稲荷山古墳鉄剣銘』などに用いられた最古層の万葉仮名は古音に基づくものである。古音系の万葉仮名には呉音系のものと区別しがたいものもあるが、呉音系とは明らかに異なるものも認められる。そのうち、『上宮聖徳法王帝説』（以下、帝説と略す）に用いられているものは次のとおりである。

意（オ）　例：「阿米久爾意斯波留支比里爾波乃弥己等」（第78行）
奇（カ）　例：「巷奇」（第78行）
支（キ甲類）　例：「伊志支那郎女」（第5行）
居（ケ乙類）　例：「等已弥居加斯支移比弥乃弥己等」（第80行）
巷（ソ）　例：「巷奇」（第78行）
至（チ）　例：「多至波奈等已比乃弥己等」（第84行）
止（ト乙類）　例：「波止利女王」（第9行）

乃（ノ乙類）例：「阿米久爾意斯波留支比里爾波乃弥己等」（第78行）
移（ヤ）　例：「等已弥居加斯支移比弥乃弥己等」（第80行）
已（ヨ乙類）例：「等已弥居加斯支移比弥乃弥己等」（第80行）
里（ロ乙類）例：「比里古」（第6行）

このうち、「意・支・止・乃」は変体仮名として平安時代以降でも用いられるように、奈良時代でも多くの資料にその使用が見える。それらに比べて、「居」は奈良時代には使用の少ない字母で、むしろ呉音に基づくコ乙類の仮名として『万葉集』では用いられているものである。

帝説の「繡帳銘釈」（第94〜96行）では、「奇・巷・已・至」にわざわざ音注を施しているように、後世ではこのような、呉音系と異なる古音系の万葉仮名が馴染みのないものになっていたことが明らかである。ちなみに、第94行で「弥」にもメの音であろうと注記しているのは、上代特殊仮名遣いにおける、ミ甲類とメ甲類の弁別に関する問題であって、渡来人系の人々によって作り出された上代日本語表記法は、それらを弁別しないというものであったことを示すものである。それは古代朝鮮語の母音体系にエに相当する音韻がなかったためで、上代日本語のエ段乙類音は弁別できたが、エ段甲類音とイ段甲類音は区別しにくかったことから、それらを弁別する表記法を持たなかったことによる。従って、「弥」は本来ミ甲類音であるが、メ甲類音にも当てられているのである。

そこで、呉音系に包摂されないような、右のような古音系万葉仮名の使用について、まずは考えておきたい。「奇・居・巷・至・移・已・里」は帝説において、すべて「天寿国繡帳銘」（以下、繡帳銘と略す）にもちいられていることが注目される（「里」は繡帳銘以外にも「比里古」〔第6行〕の例も存するが、ロ乙類には「乎麻呂古王」〔第7行〕のように「呂」字も用いられている）。

そこで、繍帳銘と、それ以外の段における同一語の表記を見ると、ソガは繍帳銘に「巷奇」（第78行）とあるのに対して、それ以外では次のように表記されている。

蘇我　第5・11・104・109・113行
宗我　第19・60行
（ちなみに、裏書には「曾我」第203・215・218・218行ともある）

上代の金石文に「嗽加」（法隆寺金銅釈迦三尊仏光背銘）や「巷奇」（元興寺丈六仏光背銘・元興寺露盤銘）などとも見えることに照らせば、帝説の表記のうち、繍帳銘以外の「蘇我」「宗我」（もちろん「曾我」も）は恐らく推古朝より後の時代のものであろう。ところで、ソ甲類の「巷」は中古音で匣母（コウ）で、サ行には適さない万葉仮名である。春日政治「法王帝説裸考」（『国語と国文学』一九三五年九月号）では「巃」が誤り変じたものとされるほか、大矢透『仮名源流考』（一九七〇年複製）では古音ソウ（韻尾はŋ）かとされているが、詳しくは不明である。

また、「等已弥居加斯支移比弥乃弥己等」（第80行）は「止余美気加志支夜比売天皇」（第21行）とも表記されているが、後者は「止・支」をしばらく除けば、ミ甲類とメ甲類を弁別してそれぞれに「美」「売」を、ケ乙類には「居」ではなく「気」を、ヤには「移」ではなく「夜」を、ヨ乙類には「已」ではなく「余」を用いているように、古音系万葉仮名を意識的に避けようとした表記と認められる。これらの点で、古音系万葉仮名を用いる繍帳銘は、「弥」の用字法をも含めて、いかにも古めかしい表記である。

このように繍帳銘には確かに古い要素は見られるのであるが、「等已弥居加斯支移比弥乃弥己等」（第80行）は、『元興寺露盤銘』『釈迦像光背銘』には「止与弥挙哥斯岐移比売天皇」ともあって、ト乙類の万葉仮名について見ると、「等」字の使用はむしろ古音系万葉仮名に馴染まないように思われる。「等」は『万葉集』の柿本人麻呂歌集にその使用が認められるが、それは古音系の万葉仮名を意識的に排除しようとしたためであろう。(1) むしろ、通用字母としては、宮ノ本遺跡出土須恵器刻書（七世紀半ば頃）に「已止次止」とあるように、七世紀中葉以前は一般的に「止」が用いられていたと考えられる。(2)

したがって、帝説が現物の繡帳銘をそのまま引用しているとはにわかに認めがたい。帝説におけるト乙類の万葉仮名は四首の和歌表記を除くと、「等」は繡帳銘にのみ集中し、「止」は繡帳銘には全く用いられず、和歌を除くと次の四例である。

波止利女王（第9行）　伊止志古王（第10行）　止余美気加志支夜比売天皇（第21行）　司馬鞍首止利（第57行）

このことから、繡帳銘の現物に「止」とあったものを「等」を好字としてそれに書き改めたのではないかと推測されるのである。

これをさらに決定づけるのが「蕤奈久羅乃布等多麻斯支乃弥己等」（第82行）の表記である。美称を表すフトは「宮柱布刀斯理」（古事記・上）とあるように、トは甲類である。その点で、「怒那久良布刀多麻斯支天皇」（第18行）の「刀」は上代特殊仮名遣いに合致する。もちろん、トの甲乙は記紀歌謡においても混乱が見られるが、固有名表記において上代特殊仮名遣いに違例が見られる点はやはり七世紀代の表記とは思われない。帝説ではト甲類には「刀」が用いられていて、「刀自」のほか、繡帳銘でも「等已刀弥々乃弥己等」（第85行）のように正用されている。したがって、「布等」の表記は現物の厳密な引用ではなく、恐らく後世に「止」を「等」に書き改めた際に、うっかり上代特殊仮名遣いを誤ったものではなかろうか（トの二類を混同する時期については後述参照）。あるいは編集時点のミスと言うよりも、後に誤写した可能性も留保しておくべきかもしれない。いずれにしても、「斯帰斯麻宮治天下天皇」（第77行）とある「天皇」号の問題とも関わるものであり、帝説の本文を繡帳銘の現物そのものの忠実な引用であるとは断じて言えない。

同様に、「五天皇治天下」（第17～24行）の段に見える「止余美気加志支夜比売天皇」（第21行）も、前述したようにかなり後世的である。この段では、音韻の弁別がなされ、呉音系の万葉仮名を用いるのであるが、このことは「阿米久爾意斯波留支比里爾波乃弥己等」（第78行）に見えるところの古音系の「意」（オ）、「里」（ロ乙類）を避けるかのように、「阿米久爾於志波留支広庭天皇」（第17行）と表記していることにも表れている。前者は「於」で、後者のロ乙類は「広《ひろ》」の訓で表記しているのである。古く固有名は『稲荷山古墳鉄剣銘』のように万葉仮名のみで表記したが、六世紀代に訓が用いられるに従って、訓で表記されるようにもなった。しかし、音と訓を一つの固有名表記に交用する例は七世紀においては多くはない(3)。特に、「伊斯比女命」（第18行）のように、訓仮名「女」を音訓交用表記する例は藤原宮出土墨書土器には「宇尼女ッ伎」のような表記が見える七世紀末以降のものである可能性が高い。

さらに、シキシマの表記を見ると、次のとおりである。

斯帰斯麻宮治天下天皇　（第77行）
斯帰斯麻天皇　（第81行）
斯貴島宮治天下阿米久爾於志波留支広庭天皇　（第17行）
志帰島天皇　（第118行）
志癸島天皇　（第108行）

これも万葉仮名だけの表記が古いもので、シマを「島」というように音訓を交用する表記はより新しいものと見てよかろう。そして、なかでも「志癸島天皇」の表記は特異である。「癸」は韻鏡では内転第七合牙音全清上声四等韻、広韻では「居誄切」であって、キ乙類にふさわしくないとは言えないものの、上代の万葉仮名としては普通用いられないものである。

また、「伊加留加宮」（第114行）についてであるが、これも上代の表記としてはやや疑問が残る。帝説所載の和歌には「伊我留我」（第71行）「伊加留我」（第98・102行）とあり、『万葉集』にも「伊加流我」（巻十三3239）とあるように、上代ではイカルガのガには濁音仮名の「我」を用いるのが一般的である。これに対して、『日本霊異記』の「鵤」の訓注に「伊加留加」（上・第4話）と見えるように、「伊加留加宮」のようなガに清音仮名を用いる表記は平安時代以降のものであるように思われる。

二　万葉仮名表記歌

最後に、四首の万葉仮名表記歌について見ておく。

(a)伊我留我乃止美能井乃美豆伊加奈久爾多義弖麻之母乃止美乃井能美豆　（第71～73行）
(b)伊加留我乃止美能乎何波乃多叡婆許曾和何於保支美乃弥奈和須良叡米　（第98～99行）
(c)美加弥乎須多婆佐美夜麻乃阿遅加気尓比止乃麻乎之志和何於保支美波母　（第100～101行）
(d)伊加留我乃己能加支夜麻乃佐可留木乃蘇良奈留許等乎支美尓麻乎佐奈　（第102～103行）

この帝説所載の和歌四首の表記についてはすでに述べたことがあるため、(4)詳しくはそれに譲るが、上代特殊仮名遣いの観点から若干触れておくことにする。

「止美」(a)(b)は現在の富雄川のことであるとすれば、トミ（富）のトはト甲類であって、ト乙類の「止」を用いるのは上代特殊仮名遣いの違例となる、ただし、奈良時代中期から仏足石歌などにトの二類の区別が混乱し始めることから、それ以降の表記と見れば、「止美」を富と解することに問題はない。

また、「美加弥乎須」(c)は語義未詳であるが、「御神食す（神の治める）」の意であれば、カミ（神）のミは乙類であることから、ミ甲類「弥」は上代特殊仮名遣いの違例となる。ただし、これも奈良時代中期以降ミの区別も徐々に厳密ではなくなることから、それ以降の表記と見れば、その解釈に矛盾しない。

このような観点から見ると、四首の和歌の表記年代は奈良時代中期以降とするのが穏当のようである。ただし、前記の例以外には上代特殊仮名遣いの違例がないことから、平安時代まで下ることも想定しがたい。たとえば、『日本霊異記』の上巻「聖徳太子示異表縁第四」に(b)と同一歌が見えるが、

　伊可流可止三乃乎加波乃太江波己曾和可於保支見乃三奈和数良礼女

この歌には上代特殊仮名遣いの違例（「女」は上代特殊仮名遣いではメ甲類であるが、助動詞「む」の已然形はメ乙類）、訓仮名の使用（「三・江・見・女」）が見え、そして、ワスラレというように助動詞「る」（平安時代以降「ゆ」は「る」にとって代わられる）が用いられている。これに比べると、(b)はいかにも奈良時代的であると言える。

歌そのものの成立とは別に、帝説に筆録された年代は奈良時代中期以降末期までの間であると推測される。

おわりに

『上宮聖徳法王帝説』は別個の資料を編集したものであるが、その個々の資料については、成立年が推古朝にまで遡るものがあるように考えられてきた節がある。しかし、繡帳銘の表記にしてもその引用態度は厳密とは言いがたい。その点で、言語資料として扱う際には慎重な態度が必要である。

註

（1） 拙著『日本古代の表記と文体』（吉川弘文館、二〇〇〇年）九六頁。
（2） 註（1）書四八〜四九頁。
（3） 註（1）書三二頁以下。
（4） 註（1）書一二六頁以下。

〔テキストは沖森・佐藤信・矢嶋泉『上宮聖徳法王帝説　注釈と研究』（吉川弘文館、二〇〇五年）を用いた。行番号などはそれを参照されたい。〕

第四節　言語資料としての歌経標式

歌経標式には大きく二つの系統の本文がある。一つは原撰本系の真本、もう一つはその抄出本である抄本である。抄本系は後述するように、明らかに平安時代以降に成立したと認められるため、奈良時代語の資料として扱うことはできない。したがって、まず真本系を対象として言語史的立場から若干の考察を加え、最後に抄本系の表記の一二の問題を論じようと思う。

一　万葉仮名の使用状況

まず、歌経標式の歌謡部分の万葉仮名とその使用数を次にあげる。ただし、査体・有頭無尾の参考本文は除き、校訂した本文に基づくものとする。

〔語彙表記使用の万葉仮名字母表〕

ア　阿35	イ　伊29	ウ　宇10	エ　愛2	オ　於11
カ　可35何9伽2	キ甲　岐36	ク　倶41	ケ甲　計8	コ甲　古4胡1
	キ乙　紀4基2		ケ乙　気12	コ乙　己19
ガ　我20	ギ乙　宜2疑2凝1	グ　具2		ゴ乙　其1御1
サ　佐19	シ　旨48詩2之1	ス　須18	セ　勢6	ソ甲　蘇8
				ソ乙　曾1
	ジ　自3	ズ　受1	ゼ　是6	
タ　他22多2太1	チ　知10	ツ　都27	テ　弖23	ト甲　吐1
				ト乙　等27止5登1苔1
ダ　陀3隄5	ヂ　遅2治1	ヅ　豆4		
ナ　那48	ニ　爾46耳1	ヌ　努8奴3	ネ　禰12	ノ甲　努1
				ノ乙　能73
ハ　婆43破1	ヒ甲　比28	フ　不16	ヘ甲　弊4幣2	ホ　保13
	ヒ乙　非2		ヘ乙　倍9陪1閉1	
バ　馬3	ビ甲　婢4			
マ　麻38摩2	ミ甲　美44弥4	ム　牟13无1	メ甲　倍2咩1	モ　母44毛3

	ミ乙 味1			
ヤ 夜16		ユ 由11	エ 延3	ヨ甲 用1
				ヨ乙 与26
ラ 羅23	リ 利26	ル 留22流1	レ 礼10	ロ甲 路1
				ロ乙 侶8呂1
ワ 和10	ヰ 為1		ヱ 恵5	ヲ 呼13乎1烏2

『歌経標式』における万葉仮名は、各音節表記において一字しか用いられていないことが多い。キ甲の「岐」、ナの「那」、ノ乙の「能」、ラの「羅」、リの「利」などは常用仮名として特筆される。そうしたものの内、ラには「良」ではなく「羅」が、クには「久」ではなく「倶」が用いられるのは恐らく『日本書紀』の影響であろう。シに「旨」が多用されているのもやはり『日本書紀』を意識したものと見られる。

これに対して、使用頻度の低い仮名字母は特定の箇所に集中している傾向がある。たとえば、「伽」「詩」「受」「多」[1]「登」「苔」「破」「毛」「流」「為」は『歌経標式』のなかで、20番の「えみしをひだり」の歌の、『日本書紀』歌謡と用字がきわめて似ている歌にだけ見える。したがって、これらの用字も『日本書紀』の本文表記に影響された可能性が高く、『歌経標式』本来の用字法とは異なっている。

非常用的な仮名は常用仮名に対する変字法においても現れる。恐らく、11番の例歌の「陪」と「閉」、「侶」と「路」（ただし、後者は上代特殊仮名遣いの違例である）はそうした変字法に基づく表記であろう。

このほか、「阿羅摩之乎」（第31行）の「之」「乎」はこの箇所にだけ用いられているもので、これに加えて「摩」は他に第49行に一例見えるだけである。すなわち、「摩之乎」、特に「之乎」という文字の連合は本書中ではきわめて異例の用字である。この歌は、真本系に「倶爾之女」[(2)]という本文が伝えられているように、あるいは後世の補訂が加えられた可能性も留保しておく必要もあるように思う。一例しか使用のないものに「凝」もあるが、これは林健子[(3)]が既に指摘するように、「疑」の左上の「ヒ」を「止」とも書く異体字があり、書写を重ねていくうちに、その最終の二画が二水に誤解された可能性が高い。

このように『歌経標式』所用の万葉仮名は常用仮名と非常用仮名とに区別でき、その際、先に『日本書紀』の用字の影響を指摘したように正音的な用字法が志向されている。このことは、ハに「波」を用いずに漢音に基づく「婆」を用いていることに端的に現れており、また「乃」ではなく「能」を用い、「止」より「等」、「乎」より「呼」を多用するような、古音系の万葉仮名を回避する傾向とも軌を一にする。こうした正音的万葉仮名の使用は、「詩経」に対する「歌経」という書名にも現れているように、中国および漢詩に対する対抗意識によるものであることは疑いない。

特殊な字母に、韻書や上代の他文献には見えない「哢」がある。これは観智院本『類聚名義抄』（仏中49）に俗字として挙げられているように、口偏を付けて音仮名としたものであろう。本書で口偏の音仮名は他に「吐」「呼」が見える。これに「味」を加えてよいかとも思われる。特に「吐」は記紀歌謡や万葉集には用いられていない。ちなみに、「呼」は『万葉集』にはしばしば用いられているが、記紀には見えない。こうした偏などを加えて表音性を際立たせようとする手法としては、ほかに人偏が加えられた「侶」[(4)]が挙げられる。また、「隄」であるが、これは堤の意で、広韻では杜奚切（斉韻）とあり、また図書寮本『類聚名義抄』では『和名類聚抄』を引いて「低」の同音注が付されていて[(5)]、呉音はダイである。これをダの音仮名として用いるのは不適切というのではないが、音仮名ダとしての使用は、前述の『歌経標式』所用の万葉仮名の正音的志向と矛盾する。「隄」は「陀」の異体字である「陁」の草体の誤認である可能性が極めて高い。

次に、『歌経標式』所用の万葉仮名がすべて音仮名であることを確認しておきたい。3番の例歌は、竹柏園本、東博本とも第二句の末尾に「女」が用いられている。「女」という訓仮名であろうと想定されるが、第二句「伊勢能俱爾之女」を「伊勢の国占め」などとするにせよ、意味が全く通じない。これは、抄本系の「伊勢能俱爾々母」によって校訂すべきものであって、この「女」は明らかに誤写である。同様に訓仮名かと疑われるものが13番の例歌に見える。

何爾可俱爾母能婆於母婆自非隄比子能（抄本の第三句は「比他他久美」）

この真本系原文の第三句まで歌詞のほぼ等しい歌が『万葉集』に見える。

かにかくに物は思はじ飛驒人の（斐太人乃）打つ墨縄のただ一道に（巻十 2648）

両者の相違は、真本系が「ひだひこの」とするのに対して、万葉歌は「ひだひとの」とある点だけである。真本系の原文そのままに「子」をコ甲類の表記として「飛驒彦の」と解するならば、この「子」の用例は『歌経標式』中で唯一の訓仮名となる。「飛驒彦の」としても全く意味が通じないわけではないが、当該箇所における訓仮名の使用は本書全体から見るときわめて異例であり、万葉歌、および真本系を引用する『和歌童蒙抄』には「ひだひとの」とあることから、真本系の「子」は「等」の異体字「朩」[6]の誤写であるとするのが穏当であろう。ほぼ同時期になった『仏足石歌』にも音訓交用がなされていないように、『歌経標式』の歌謡表記にも音訓交用は認められないのである。[7]

二　上代特殊仮名遣いと清濁の書き分け

『歌経標式』における上代特殊仮名遣いの違例を次に記す。

ソ甲　ソレ〈其〉（第139行）、ナノリソ〈莫告藻〉（第189・193行）の「蘇」は仮名遣いの違例。また、ソフ〈添〉（第104・105行）は上代文献には甲乙両類の表記が存する。

ト乙　イト〈糸〉（第42行）の「止」は未詳（「都」〔第110行〕は後述参照）。

ノ乙　カスガノ〈春日野〉（第236行）、ノベ〈野辺〉（第54行）、ヨシノ〈吉野〉（第132・133行）の「能」は仮名遣いの違例（「努」〔第171行〕は後述参照）。

ヘ甲　ヘラ〈箆〉（第100行）の「幣」は未詳。あるいは『歌経標式』によってヘ甲か。

ヘ乙　第189・192行の「倍」、および第62行の「陪」は「の上」と解して、正用としておく。

メ甲　アレコヒメヤモ〈我恋ひめやも〉（第63行）の「咩」は助動詞ムの已然形であって仮名遣いの違例である。「阿売」〈天〉（第155行）の「売」も違例である。

ヨ乙　キヨク〈清く〉（第174行）、ヨ〈助詞〉（第217行）、ヨ〈夜〉（第231行）の「与」は仮名遣いの違例。

ロ乙　「伊知旨侶岐」（第208行）、「伊知旨侶」（第210行）、「旨侶他閉」〈白妙〉（第62行）、「旨侶他倍」（第217・219行）の「侶」はそれぞれ仮名遣いの違例。「美須麻侶」（第156行）、「美須麻呂」（第156行）は未詳であるが、ミスマル〈御統〉との交替形であればロ甲となるべきようにも想定され、仮名遣いの違例かもしれない。

右のように、ソ・ノ・メ・ヨ・ロにおいて上代特殊仮名遣いの違例が見える。特にロにおいては、一〇例中五（あるいは七）例、メにおいては三例中二例が違例となっていることは注目される。

上代特殊仮名遣いは、「取る」「問ふ」などの特定の語において既に『古事記』『万葉集』においても両類の表記が見えているが、『万葉集』のなかでも巻十五では、「夜杼」〈宿〉(3580)の「杼」、「与妣与勢弖」〈呼び寄せて〉(3643)の「与」(「呼び」のヨ)や、「波呂波呂爾」〈遥々に〉(3588)、「可具呂伎」〈か黒き〉(3649)、「之呂多倍能」〈白妙の〉(3751)などの「呂」のようにその違例がかなり散在するようになる。『万葉集』巻十五は、内容は天平八～十一年(七三六～九)頃で、編集時期は天平十四、五年(七四二、三)頃かとも言われているものである。それより少し時代の下る『仏足石歌』は天平勝宝五年(七五三)撰(ただし、造立は七六一年以降という)で、ここには「尊し」のトの表記に「多布刀久」「多布止可理」というように甲乙両類が用いられている。このように、上代特殊仮名遣いの混乱はオ段音を中心として奈良時代中頃から一般化したようで、宝亀三年(七七二)撰の『歌経標式』における違例は、こうした時代の言語の状況を反映したものであることは疑いのないところである。

メについては『歌経標式』の違例が古いもののようであるが、エ段音では『正倉院仮名文書(甲文書)』(七六二年頃成立)には「支々多末部爾」〈聞き給へに〉、「加蘇部天」〈数へて〉のようにヘに混用の例が見え、また同文献には「美奈」(皆)という同じマ行音のミに混用例も存する。したがって、『歌経標式』のメの混乱も時期的に矛盾するものでなく、むしろ年代の確定できる最古の違例として貴重なものである。これらを案ずるに、あるいは、上記への「倍」「陪」の用例のなかにも「の辺」と解するべき、仮名遣いの違例となるものがあるかもしれない。

なお、査体・有頭無尾の本文は、真本系の二本には欠けているため、注釈編では抄本によって参考本文を掲げているが、その「可志己気」の「己」「気」はいずれも仮名遣いの違例である。これは後述するように、抄本の成立が平安時代、しかも中期以降であることによるものである。

次に、万葉仮名の清濁の書き分けについて音節毎に考察しておく。

カ・ガ　「可」は原則として清音専用で、ウナガセ（第155行）の一例のみ濁音。「何」も原則として清音専用で、キヌガサ（第67行）の一例のみ濁音。「伽」は清音のみ。一方、「我」は濁音専用。
キ甲・ギ甲　「岐」は原則として清音専用で、コギリ（第174行）の一例のみ濁音。
キ乙・ギ乙　「紀」「基」は清音、「宜」「疑」「凝」は濁音。
ク・グ　「倶」は清音専用、「具」は二例中一例が清音（第43行）。
ケ甲　「計」は清音のみ。
ケ乙・ゲ乙　「気」は一二例中、カゲ（陰）の表記「可気」「何気」の計五例が濁音。
コ甲　「古」「胡」とも清音専用。
コ乙・ゴ乙　「己」は原則として清音専用で、コトゴトニ（第152行、東博本による）の一例のみ濁音。「其」「御」は濁音専用。
サ　「佐」は清音のみ。
シ・ジ　「旨」「之」「詩」ともに清音専用。「自」は三例とも濁音（ただし、東博本では「旨」とある一例を含む）。
ス・ズ　「須」は原則として清音専用で、ネズミ（第138・140行）の二例のみ濁音。「受」は濁音専用。
セ・ゼ　「勢」は濁音専用、「是」は六例中、原則として濁音専用で、セ〈為〉（第67行）、ワタセ〈渡〉（第37行）の二例が清音。
ソ甲　「蘇」は清音専用。
ソ乙　「曾」は清音専用。
タ・ダ　「他」「多」「太」は清音専用。「陀」は三例中、タリ（第43行）が清音。「隄」は濁音のみ。

チ・ヂ　「知」は清音専用、「遅」「治」は濁音専用。

ツ・ヅ　「都」は原則として清音専用で、シヅク（第239行）とタヅ（第147行）の二例が濁音。「豆」は濁音専用。

テ・デ　「弖」は原則として清音専用で、二三例中、アケイデ（第115行）と、マデ（第42・59・125・190・193・208行）が濁音。

ト甲　「吐」は清音。

ト乙・ド乙　「止」は原則として清音専用で、ミドリ（第42行）のみ濁音。「等」も原則として清音専用で、接続助詞ド（第146行）のみ濁音。「登」「苔」も清音。

ハ・バ　「婆」は原則として清音専用で、助詞バ（第147・223・230行）のみ濁音。「破」は清音、「馬」は濁音専用。

ヒ甲・ビ甲　「比」は原則として清音専用で、タナビク（第218行）のみ濁音。「婢」は濁音専用。

ヒ乙　「非」は清音専用。

フ・ブ　「不」は清音専用。

ヘ甲　「幣」「弊」ともに清音専用。

ヘ乙　「閉」「倍」「陪」は濁音専用。

ホ・ボ　「保」は原則として清音専用で、ノボレ（第104・105行）のみ濁音。

以上のように、本書ではほぼ清濁が書き分けられていると言ってよかろう。

三　声と韻

「声」は、本書では単に音または発音のことを指しているようである。「同音韻」（第18行）と「同声韻」（第74行）、

「一頭尾者第一句尾字与二句尾字不得同音」（第20行）と「二者胸尾第一句尾字二句三六等字不得同声」（第28行）などのように「声」は「音」と相通して用いられている。ただし、歌病・同声韻では、例歌の第三句尾字と第五句尾字の「爾」は同声であり、「利」と「爾」は同声韻を犯していないと述べているところから、その項では頭子音までも含めて等しい字を、「同声」と言っているようである。したがって、「同声韻」とは同声同韻のことで、「声」は特に子音のことを指しているかとも見られ、「声」を頭子音の意で用いる中国音韻学の影響を反映したものであろう。

ちなみに、中国音韻学で「声」は声調、すなわちアクセントの意でも用いられる。奈良時代のアクセント体系は必ずしも明らかではないが、畿内においては平安時代後期と大差がないと想定でき、[8] 仮に平安時代後期のアクセント体系で見ると、同声韻を犯していない証歌とする15番歌では、上平調の助動詞「けり」（終止形）の「り」と、上声の助詞「に」とが押韻されている。したがって、『歌経標式』ではアクセントに関して考慮していないと見られ、「声」は本書では原則として母音の意で用いられている。短歌形式では、第三句の尾字と第五句の尾字が本韻とされるが、韻の合わない離韻の例として挙げる25番歌を除くと、「得たる」歌、「失てる」歌にかかわらず、本韻である第三句の尾字と第五句の尾字とがほとんどの歌で押韻されている。唯一韻が合わないのは、遍身の例として挙げる16番歌であるが、遍身の歌はもともと「失てる」例であって、特に「本韻を除いて」と論じている点で本韻の押韻は特に考慮しなかったのかもしれない。

本書における押韻の例を見ると、上代特殊仮名遣いで二類に区別する音節も、浜成は韻が同じであると捉えているようである。互いに、上代特殊仮名遣いで甲乙の区別のある音節における第三句と第五句の尾字の例は次の三つである。

能（ノ乙類）―吐（ト甲類）　（第49～50行）

等（ト乙類）―能（ノ乙類）　（第104～105行）

能（ノ乙類）―哢（ヨ甲類）　（第114～115行）

また、長歌の場合で見ると次の例が挙げられる。

能（ノ乙類）―侶（ロ乙類）　（第155～156行）

美（ミ甲類）―味（ミ乙類）　（第157～158行）

この組合せから見るに、オ段音およびイ段音（ミ）の甲類と乙類とは作歌上韻が相通するものとして扱われていることがわかる。『歌経標式』の成立は、上代特殊仮名遣いの混乱し始める時期と重なるが、そうした音韻上の混同からこうした韻の相通を捉えているのか、それとも作歌上の規則としてその相違を容認しているのかは、にわかに判断できない。

ところで、『歌経標式』の20番の「えみしをひだり」の歌の表記が『日本書紀』と酷似していることは前述したとおりであるが、『日本書紀』には「毛々那比苔」とあるが、『歌経標式』には「毛々那比都」（第110行）となっている。この「都」は本書ではツの音仮名として用いられているから、「ももなひつ」と読むのが穏当であろう。本書に挙げられた証歌の特徴として、短歌の第三句の尾字と第五句の尾字とが本韻として押韻していることが認められる。当該歌が無頭有尾の歌であっても、「ももなひと」は第三句相当であって、したがって、第五句「多牟伽比毛勢受」の「受」と押韻するために『日本書紀』の「苔」を「都」に書き換えたように思われる。仮に万葉仮名として「苔」字を避けたとするならば、第四句の「比苔」の「苔」の箇所も別字でなければならず、また、単に音節トの書き換えならば、トの甲乙の違例が認められない本書では「止」や「等」が用いられたのではなかろうか。

これと同様のことが、「努」に認められる。ヌの万葉仮名として八例見える「努」が、第171行では押韻のために格助詞ノに対して用いられているのである。「努」をノ甲類の仮名とする限りにおいて、その仮名遣いは違例ということになるが、ここでは押韻のためにヌ相当として扱うべきものと考えられる。

ウ段音とオ段音（本来はオ段甲類音）とが相通する特性が、押韻という修辞のためにうまく利用されている点で、上記のような「都」「努」の使用は共通している。

四　抄本系の表記

22番歌について見ると、真本系の「あかとき」（第114行）に対して、抄本系には「あかつき」（第81行）と表記されている。「あかつき」〈暁〉は、上代語の「あかとき」に代わって平安時代以後用いられた語で、『金剛般若経集験記』平安初期点の用例が最も古いもののようである。

そうした非上代語的な言語事象は抄本系の万葉仮名の用法に顕著で、明らかに歴史的仮名遣いと異なったものさえ見える。「古能那之平宇倍天」（第85行）は「この梨を植ゑて」、「奈賀由倍爾」（第203行）は「汝がゆゑに」の意であるから、本来はそれぞれヱの仮名でなければならない。また、「阿美之保比太利」（第77行）も真本「蝦夷をひだり」に対応するもので、助詞ヲをホとしている。もっともこれは真本の文意を理解しにくかったために改変した可能性もないわけではないが、ヲをホと混同した例として挙げることができよう。こうしたヱと語中尾のヘ、ヲと文節末尾相当のホの混同、すなわちハ行転呼音は十世紀後半頃から始まり、十一世紀初め以降一般化したと考えられている。(9) したがって、音韻の上からは、現存の抄本の作成時期は十世紀後半以降と考えられる。

このほか、抄本系ではア行のエとヤ行のエの混同も見える。28番歌の抄本系の第五句「阿佐止比己衣天」（第117行）の「衣」はア行のエの万葉仮名である。しかし、奈良時代の成立であるならば、真本系が「阿佐等碑古延弖」（第147

行）とするように、天暦（九四七〜九五七）以前では「延」などのヤ行のェの万葉仮名が用いられていなければならない。これによっても現存の抄本系の成立は十世紀後半以降となる。

さらに、29番歌では、抄本系の第三句「和我伊禰旨」（第123行）に対して、真本系には「和我為禰旨」（第151行）とある。イヌ〈寝ぬ〉にせよ、ヰヌ〈率寝〉にせよ、意味の上に大差ないようにも見えるが、文脈上では「連れて行って共に寝る」の意であるべきところである。真本は意味の通じがたい箇所も少なくないから、「ゐぬ」よりも「いぬ」の方がわかりやすいこともあって、改変されたものであろう。それはイとヰの音韻上の相通に基づくものかもしれない。イとヰの混同は、語中においては「かいそくむくゐせん」（青谿書屋本『土左日記』）などのように十世紀に混同の例が見え、また「つくつくとたびにやゐでの山吹の花」（『和泉式部続集』上）のように「井手」と「出で」を懸けたものも見えるが、その音韻上の統合は十二世紀末から十三世紀以降に一般化したとされている。(10) 現存抄本系の成立の時期がそこまで下がるかはにわかに判断できない。

ちなみに、抄本系を引用する藤原清輔撰『奥義抄』の成立が一一三五から四四年の間とするならば、抄本の成立がそれ以前であろうことは知られる。ただし、『奥義抄』の日本歌学大系本では上記の箇所をそれぞれ「あかとき」「うゐ」「あみしを」「ゐね」としており、また『奥義抄』は概ね現存の抄本系によりつつも、真本系の用語を用いている箇所もまま見られるところから、あるいは現存の抄本は『奥義抄』が引用した抄本系の一本とは別の系統である可能性もある。その点で、原撰本を抄出した本の成立と、現存の抄本系本文の成立とは別個に考える必要のある点を留保しておく。また、藤原清輔が抄本系を底本としつつ真本系と校勘して『奥義抄』を著したとも考えられなくはないが、本稿では現存抄本系の用語および表記の特異性を指摘するにとどめたい。

なお、抄本系は25番の「しらなみの」の歌（第94行）と38番の「しほみてば」の歌（第194行）を音訓交用表記しているが、それは『万葉集』の表記に従ったものである。特に、「しらなみの」の歌では、抄本系では神宮文庫の一本を除いて、すべて第五句の尾字が「濫」であって（校異編参照）、これは『万葉集』諸本中、類聚古集や神宮文庫本の「監」と異なり、西本願寺本の「濫」と同じである。また、類聚古集や神宮文庫本では第一句の尾字が「之」ではなく、「乃」としているので、その点でも抄本系の表記は西本願寺本の系統に近いといえよう。

註

（1）「多」はほかに「双本」の訓注にも用いられているが、この双行注記は後世に加えられた可能性が高い。
（2）この表記は誤写であって、注釈編では「倶爾々母」と校訂した。
（3）「歌経標式索引」（『関西大学国文学』四二、一九六七年）。
（4）「侶」は『万葉集』には用いられているが、他の上代歌謡には見えない。
（5）『図書寮本類聚名義抄　本文編』（勉誠社、一九七九年）二〇三頁三行。
（6）あるいは「止」の誤写かとも考えられるが、全体として「等」の使用が多いことから見て、その可能性は低いように考えられる。
（7）拙著『日本古代の表記と文体』（吉川弘文館、二〇〇〇年）第二章第四節「万葉仮名文の成立」参照。
（8）拙稿「日本語アクセントの史的形成」（『立教大学日本文学』第五五号、一九八五年）参照。
（9）築島裕『平安時代語新論』（東京大学出版会、一九六九年）三五〇頁参照。
（10）同右、三五九頁参照。

〔テキストは沖森・平沢竜介・佐藤信・矢嶋泉『歌経標式　注釈と研究』（桜楓社、一九九三年）を用いた。歌番号はそれを参照されたい。〕

第四章　人麻呂歌集の表記

第一節　人麻呂歌集略体歌の表記の特性

一　人麻呂と人麻呂歌集

七世紀、特に天武朝において、日本語の表記体として宣命大書体や万葉仮名文が発生したことは特筆すべきである。それは日本語の音列をできるだけ忠実に表記しようとした試みであったが、同じく日本語表記の革新的なものとして人麻呂歌集の表記をあげなければならない。略体歌表記についてはすでに「万葉仮名交り文の成立」(『日本古代の表記と文体』吉川弘文館、二〇〇〇年、第二章第二節所収)として論じたことがあるが、それは主として訓字主体から音仮名交用へという表記体の観点から考察したものであって、略体歌の訓字主体における表記の特性についてはあまり触れることができなかった。しかし、天武朝における表記の革新を論じる場合、人麻呂歌集歌の表記を抜きにしては語れない。

吉田義孝「柿本人麿研究における略体歌の位置――民謡性の問題を中心として――」(『文学』一九六三年五月号)では、人麻呂の出仕について次のように推定している。

おそらく人麿は、天武朝の比較的早い時期に、天武二年（六七三）の出仕法の定めるところによって、舎人という身分で出仕していたのではなかっただろうか。

非略体歌の最初とされる庚辰年（天武九年〈六八〇〉）の年記から見て、出仕の具体的な時期はともかく、天武朝の前半、天武九年以前には、宮廷で活躍していたことは疑いなかろう。

人麻呂歌集は人麻呂自身の採録によるものと一応仮定して、その略体表記を人麻呂のみによる創始と考えることには少し躊躇される。ただし、多数の略体歌が人麻呂歌集に収録されているという事実は、人麻呂が略体歌表記と深く関わっていたことの現れであり、少なくともその「やまと歌の文字化」の創造の一端を担っていたという推測は許されるであろう。人麻呂歌集以外に、略体歌表記のようなものが見あたらないことも重視すべきことである。なかでも、略体和文（いわゆる和化漢文）に「而」が用いられているのに対して、略体歌には助詞「て」に相当する箇所に表記がなされておらず、それゆえ「略体歌」と「非略体歌」を区別する基準ともされていることや（稲岡耕二『万葉表記論』塙書房、一九七六年）、借訓の「鴨」が原則として表記されているなど、そこに一貫性が認められることも創造的性格をうかがわせる。

ただ、略体歌にも助詞助動詞などの付属語がかなり表記されているものもある。そして、音列に忠実に表記しようとする方向は、付属語表記に音仮名を用いていることによっても明らかである。その略体歌における付属語表記を中心にして、天武朝における表記の創造の一端を明らかにしたいと思う（以下、訓みは原則として日本古典文学全集『万葉集』小学館刊〈以下「全集」〉に従ったが、諸説を勘案して私見によって改めたものもある）。

二　補助字の表記――「為」字を中心に――

稲岡耕二『万葉集全注　巻十一』（有斐閣、一九九八年）〔以下「稲岡全注」〕において、人麻呂歌集略体歌における「為」を「たり」と訓む例として次の例があげられている（二二二頁）。

是川水阿和逆纏行水事不反思始為《おもひそめ》○（巻十一2430）
菅根惻隠君結《むすび》○為我紐緒解人不有（巻十一2473）
打田稗数多雖有擇《えらひ》○為我夜一人宿（巻十一2476）
敷細布枕人事問哉其枕苔生負為《こけおひに》○（巻十一2516）
愛我念妹人皆如去見耶手不纒為《てにまかず》○（巻十二2843）

2516は別として、「為」は従来、2430・2476では過去の助動詞「き」の連体形「し」を、2473では尊敬の助動詞「す」の連用形「し」（もしくは助動詞「き」の連体形「し」）を、2843では形式的な動詞「す」の連用形「し」を表記したものとして扱われてきたものである。ところで、漢文において「為」がタリとなるのは「為人」のような、「とあり」という指定表現に由来するもので、動詞に承接するようなものではない。この点についてはすでに述べたことがあるので(1)、ここでは詳述しないが、「為」をアリに用いた確実な例は人麻呂歌集になく、「たり」には「有」「在」が用意されている。仮に「為」が「たり」の表記に用いられたとするならば、少なくとも「有」「在」との用字法上の問題を解決する必要があろう。この点で、稲岡耕二「人麻呂歌集の訓みの基底（二）」（『万葉集研究』第一六集、一九八八年）に「積極的な、主体の自ら望んでした行為」を表すものとされてはいるが、「てあり」に由来する「たり」はアスペクトとして表現されるものであって、助動詞「たり」が意志というムード的な表現と関わると見るのはやはり疑問である。むしろ、音列に忠実な表記をめざすという、人麻呂歌集略体歌の筆録者の営為を鑑みれば、「為」を借訓として活用して「し」に当てたと考える方が穏当であるように思われる。たとえば、略体歌に「為」は次のように訓仮名として用いられている。

春去為《し》垂《だり》柳十緒妹心乗在鴨　（巻十1896）

千重敷布我恋妹当為《し》暮《ぐれ》零所見　（巻十2234）

妹恋不寐朝明男《を》為《し》鳥従《どりの》是此度妹使　（巻十一2491）

そして、助動詞「き」のク語法として、連体形「し」にあてた「為」も認められる。

阿和雪千重零敷恋為《こひし》来食《くの》永我見偲　（巻十2334）

右は接尾語「く」に「来」を借訓するとともに、「き」の連体形「し」にも「為」を用いたものである。この発想からすれば、2430・2476も特に問題があるようには思われない。過去の助動詞「き」の連体形「し」ではない理由として、稲岡前掲論文では、「万葉集全体でもその用例が少ないこと」と、「人麻呂歌集古体歌では過去の助動詞「き」を文字に表さないのが普通」であることをあげる。しかし、同じ助動詞が活用形によって表記される場合と、表記されない場合とがあることは助動詞「つ」によって確認できる。終止形「つ」は次のように表記されないが、

早敷哉不相子故徒是川瀬裳《も》襴　潤《すそぬらしつ》　（巻十一2429）

他方、連体形「つる」は訓仮名で表記されているのである。

水上如数書吾命妹相受日《うけひ》鶴鴨《つるかも》　（巻十一2433）

山葉追出月端々妹《いもをぞみ》　見鶴《つる》及恋　（巻十一2461）

ちなみに、連体形「つる」の無表記は次の例のみであるが、

秋夜霧発渡凡々夢《いめにぞみつる》　見　妹形矣　（巻十2241）

これは後述するように二音節以上からなる一語の付属語の場合、原則として表記するのが略体歌の方針であるように

思われるので、「いめにぞみける」(2) などと改訓する方がよいように思われる。いずれにせよ、連体形「し」の表記は略体歌に確認でき、また同じ助詞でも連体形が表記された場合が存在するのである。

尊敬の助動詞「す」に用いた例も次のような例をあげることができる。

住吉小《を》田苅為《だをからす》子《こ》賤鴨無奴雖在妹御為私田苅　（巻七1275）

これは「おもほす」に「思御」（巻十1890）と表記する表意的なものに対する、音列を確定する表記として捉えることができる。2473は「むすばしし」の表記である可能性が高いが、「むすばしし」の助動詞「き」の連体形「し」の表記であっても、前述のとおり問題ない。

形式的な「して」に相当する表記では、次のような例がある。

玉梓道不行《みちゆかず》為《して》有者惻隠此有恋不相　（巻十一2393）

菅根之惻隠々々照日乾哉吾袖於妹　不相《いもにあはず》為《して》　（巻十二2857）

これは、厳密には「為」で「し」を表記したものであるが、「て」は略体歌では無表記であることから、「為」が結果的に接続助詞的な「して」に相当するものとして機能していると見ることもできる。2857については、「いもにあはずして」であろう。稲岡全注では、前記した2843の「手不纒為」について「為」を「有」の誤字と見て「てにまかずありて」と訓んでおり、同様に2857も「いもにあはずありて」と訓むことを主張されるのであろうが、安易に誤字説を採ることは避けるべきであろう。むしろ、借訓として「為」を「し（て）」の表記と見るのが穏当である。2393についても、「為」を衍字と解する説が一般的のようであるが、これもやはり問題がある。それは後述するように「者」は「ませば」という反実仮想としての用法と見るべきもので、第三句は「あらませば」となり、第二句の「道不行為」は「みちゆかずして」と読むのが穏当であるように思われる（後述参照）。

このように、「為」は、日本語の辞的要素に対応させて、その表意的側面を重視して用いたもので、筆者がかつて「補助字」と名づけたものと捉えるべきであって、助動詞「き」の連体形「し」の表記もその延長線上にある巧みな表記と見ることができる。

本来漢文の助字ではなく、補助字として転用されたと分析できるものには、ほかに「在」(タリ・ケリ・リ)、「有」(タリ)、「与」(コス・コソ)、「社」(コソ)、「御」(ス)、「去」(ヌ)、「量」(バカリ)、「及」(マデ)などがある(前掲拙著第二章第二節参照)。このうち、訓義に異説があるのが「去」と「与」である。

「去」は略体歌では動詞の「さる」「ゆく」「いぬ」にも用いられている。補助字の用法としては次の二例が認められる。

久方天光月隠《かくりなば》　去何名副妹偲　(巻十一 2463)

平山子松末有廉叙波我思妹不相《あはず》止去《やみなむ》　(巻十一 2487)

2463は「隠り去く」という意味をも含むものかもしれないが、これは助動詞「ぬ」に相当するものと見てよい。また、2487は原文「看」「者」とする諸本もあるが、「看」では文意が通らず、また「者」を文末助字と扱うのも略体歌としては他に類例がなく問題が残る。「者」は後述するように「は」「ば」の表記であって、語気詞としての用法とは認められない(後述参照)。したがって、澤瀉久孝『万葉集注釈』(中央公論社、一九五七年)(以下「注釈」)などによって「去」とするのが最も穏当であるように思われる。「嘗」の誤字説も可能性が全くないわけではないが、字形から見てやや無理がある上、借訓の用法としても略体歌の表記レベルでは「む」を含む助動詞の連接表記としては認めがたい。「去」は略体歌において、「ぬ」の未然形「な」を表記した補助字と認められる。

「与」は助動詞「こす」(命令形「こそ」を含む)として用いられる。

吾妹子見偲奥藻花開在我《われに》 告与《つげこそ》　（巻七1248）

吾以後所生人如我恋為道相与勿《あひこすな》湯目《ゆめ》　（巻十一2375）

日並人可知今日如千歳有与《ありこせぬ》 鴨《かも》　（巻十一2387）

里遠眷浦経真鏡床重不去夢《いめにみ》 所見《え》与《こそ》　（巻十一2501）

我心等望使念新夜一夜不落夢《いめに》 見与《みえこそ》　（巻十二2842）

現直不相夢谷相《あふと》 見与《みえこそ》我恋国　（巻十二2850）

以上は訓義に問題はないが、次の2858の第五句を全集のように「わにもふれこそ」と読むならば、「与」は唯一の反転表記となる。

妹恋不寐朝吹風妹経者吾与経　（巻十二2858）

第五句の「われにふれこそ」という訓みは、稲岡全注にも指摘があるように反転表記を容認することになり、略体歌の傾向から見て、従うことはできない。結句の読みは諸説あって、「与」を「さへ」と読む説（武田祐吉『万葉集全註釈』角川書店、一九五六年、日本古典文学大系『万葉集』岩波書店、一九五七—六二年〈以下「大系」〉など）もある。しかし、ここは漢文助字の「与《と》」として「私とともに」の意と見て問題なかろう。

むしろ、巻十二の略体歌は、次のような特異なものを含んでいることに注意したい。

現直不相夢谷相見与我恋《あがこふら》 国《くに》　（巻十二2850）

菅根之惻隠々々照日乾哉吾袖於妹《いもに》不相為《あはずして》　（巻十二2857）

前者には、「谷《だに》」「与《こそ》」「国《くに》」という付属語要素が表記されているが、特にク語法の「く」に助詞「に」がついた二音節を「国」で借訓表記した例は略体歌にはこれしか見えない。後者では、「之」「於」「為」および「哉」が表記されているが、ことに格助詞「に」を表記した略体歌はこの歌だけである。訓字の文字列に対して付属語を音仮名で交用表記するに至るまでには、いくつかの段階が当然予想される。略体歌内部にも、その表記意識の葛藤があり、それがこの巻十二の略体歌における「於」「国」「与」による表記に現出しているのではなかろうか。その意味で、巻十二の略体歌についてはその特異性に留意する必要があるように思われる。

三　「者」の表記

ここで、先に少し触れた「者」の用法について見ておくことにする。「者」は略体歌においては、係助詞「は」および接続助詞「ば」の表記として用いられている。まず、仮定条件につく「者」についてみると、次のとおりである。

是量恋物　知　者《しらませば》遠可見有物　（巻十一2372）
恋為死為物　有　者《あらませば》我身千遍死反　（巻十一2390）
玉桙道不行為　有　者《あらませば》惻隠此有恋不相　（巻十一2393）
何名負神幣嚮《たむ》奉者《けせば》吾念妹夢谷見　（巻十一2418）
我妹吾矣《われを》念者《おもはば》真鏡照出月影所見来　（巻十一2462）
梓弓引不許　有　者《あらませば》此有恋不相　（巻十一2505）
雷神小動雖不零吾将留妹　留　者《いもしとどめば》　（巻十一2514）
度会大川辺若歴木吾久在者《わがひさならば》妹恋鴨　（巻十二3127）

2462は格助詞「を」に「矣」が用いられている。ところで、「矣」は略体歌ではこれ以外に六例見える。

是山黄葉下花矣《はなを》我《あれ》小端見反恋　（巻七1306）

秋夜霧発渡凡々夢見妹形《いもがすがたを》矣　（巻十2241）

隠沼従裏恋者無乏妹名告忌物《ゆゆしきものを》矣　（巻十一2441）

烏玉彼夢見継哉袖乾日無吾恋《あれはこふるを》矣　（巻十二2849）

人言繁時吾妹衣有裏服《したにきましを》矣　（巻十二2852）

新治今作路清聞鴨妹於事《いもがうへのことを》矣　（巻十二2855）

「矣」についてはつとに古屋彰「人麻呂歌集略体歌の位相――〈矣〉の借訓用法を手がかりに――」（『国語と国文学』一九六九年十一月号）の論考が知られ、語気詞としての用法が色濃く現れていることは、七例中五例が歌の末尾に置かれている点でも首肯される。1306もそれに準じて考えてよかろう。ただし、2462は詠嘆的な用字法と見るにせよ、語順に倒置法などの特殊な技巧のない表現であって、ここでは、「我妹」と「吾」の文法的関係を明示した格助詞「を」の素直な表記である。2462では、この格助詞「を」を表記したことに対応して、接続助詞「ば」もバランスよく「者」で表記されたものと考えられる。この歌では、自発の助動詞「ゆ」にも「所」を用いるというように、一首全体がより精細に表記されていると言える。

2514は、対をなす2513に助動詞「む」が「将」で表記されている。

雷神小動刺雲雨零耶君将留《きみをとどめむ》　（巻十一2513）

略体歌には稀な「将」表記を踏まえ、さらに三字という結句の整合性からも「者」表記がなされるのが自然であったのであろう（前掲拙著第二章第二節参照）。ちなみに、略体歌における「将」は、右以外では次の旋頭歌に見えるだけである。

天在一棚橋何将行《いかにかゆかむ》穉草妻所云足壮嚴　（巻十一2361）

ここでは、第五句「つまがりといはば」において「ば」は無表記であるが、これも2514と同様に「二・三・三」「二・三・三」という文字数の整合性によるものかと思われる。2418は「たむけす」を「幣嚮奉」というように表意的に表記し、さらに「奉」という待遇表現に関わる文字も用いている。このような表意性にすぐれた文字列であるからこそ、「ば」の表記も要請されたのではあるまいか。

このように考えることが許されるならば、残る四例の「者」表記も、単に「ば」だけを表記しようとしたものと考えるべきではなかろう。そこで、それぞれの読みを見ると、2372は「しらませば」、2390・2393・2505は「あらませば」という音列と対応しているのである。略体歌においては、「ませば」という表現における「ば」の読添えは見えず、他方「あらば」は「有」「在」とのみあって、「者」は表記されていない。

大海候水門事有《バ》従何方君吾率凌　（巻七1308）
春去先三枝幸命在《バ》後相莫恋吾妹　（巻十1895）
息緒吾雖念人目多社吹風有《バ》数々応相物　（巻十一2359）
天地言名絶有《バコソ》　汝吾相事止　（巻十一2419）
大船真楫繁抜榜間極太恋年在《バ》如何　（巻十一2494）
人言繁時吾妹衣有《バ》裏服矣　（巻十二2852。全集など通行の訓に従ったが、第四句は、おうふう刊『万葉集』のように「ころもにあらなむ」と読むのがよかろう。後述参照）

したがって、「ませば」という反実仮想においては、その強い仮定性の故に「者」が表記されていると考えられる。このように見れば、2393において、「為」を衍字とするには及ばないし、また「者」の文字法にも適うことになる。ちなみに、その四句以下を「ねもころかかるこひにあはずあらむ」と読む場合、「ませば……まし（を）」という対応が通例であることに違うのであるが、これはより古い時代にあっては存在しうるものであったと認められる。

吾王皇子之命乃天下所知食世者春花之貴在等望月乃満波之計武跡　（巻二167）

右の人麻呂作歌では「しらしめしせばはるはなのたふとくあらむともちづきのたたはしけむと」というように読むことは動かしがたい。「せば」を承ける「貴在等」において、「在らむ」という「む」が表記されていないが、「たたはしけむ」の「武」表記によって、それは確定できよう。このように、同じく反実仮想の「せば」が「む」と対応する例が知られるのであり、衍字説によらなくても解釈が可能である。

ところで、略体歌には、もちろん確定条件の「者」表記も見られる。

雲隠小嶋神之 恐《かしこけば》 者目間心間哉　（巻七1310）
妹当 遠《とほくもみれば》 見者怜吾恋相依無　（巻十一2402）
恋事意追不得出《いでてゆけば》 行者山川不知来　（巻十一2414）
隠沼従《したゆ》裏恋者《こふれば》無乏妹名告忌物矣　（巻十一2441）
念 余《あまりにしかば》 者丹穂鳥足沾来人見鴨　（巻十一2492）
妹恋不寐朝吹風 妹《いもにしふれば》 経者吾与経　（巻十二2858）

2441は前述の2462と同様、「矣」と共起したものと考えられる。1310は形容詞「かしこし」の確定条件法として略体歌における唯一の表現であり、動詞（および助動詞）に付く「ば」の場合と区別して、特に表記されたものと解釈できるように思われる。その点で、2492の「あまりにしかば」と訓まれるものも、略体歌中他に類例がないことから、読添えの多くなる場合には「者」でその文脈を補ったものと見られよう。ただ、巻十二の歌については後述することにして、2402・2414については表記の徴証からはその文字法の特徴を捉えがたい。あえて言えば、この二首に共通する点は、確定条件を構成する従属節が「者」無表記の場合と構造を異にすることである。「者」無表記の確定条件を構成する句を示すと次のとおり。

［名詞＋動詞＋バ］

春去《バ》（巻十1895）（巻十1896）　夕去《バ》（巻十2095）（巻十一2503）　日並《バ》（巻十一2687）［以上、主語＋動詞＋バ］

月見《バ》（巻十一2420）［目的語＋動詞＋バ］

［名詞＋ニ＋アリ＋バ］（ニアリは指定の助動詞相当）

物有《バ》（巻十一2404）

［動詞＋動詞＋バ］

恋度《バ》（巻十一2376）（巻十一2499）　見度《バ》（巻十一2379）　君恋浦経居《バ》（巻十一2409）　縛依《バ》（巻十一2448）

［不＋動詞＋バ］（［名詞＋不＋動詞＋バ］を含む）

心不得《バ》（巻七1303）　不来哀《バ》（巻十一2360）　妹不告《バ》（巻十一2388）　不見恋《バ》（巻十一2397）　君目不見《バ》（巻十一2423）　妹目不見《バ》（巻十一2426）

これに対して、2402は「とほくもみれば」（もしくは「とほくみゆれば」）と読め、形容詞連用形を含むものとしては他に例がない。また、2414は「いでてゆけば」という「て」を含むもので、単なる動詞の連接ではない点で、やはり略体歌には類例がない。このような分析はやや細かすぎる憾みもあるが、「者」の用字意識の一つとして提起しておきたいと思う。あるいは2441の「したゆこふれば」も、助詞「従《ゆ》」を含む句は「ば」無表記の句に例がなく、その点で「者」を表記したものと解することもできよう。

もう一点付け加えると、これらの「ば」の「者」表記の特徴として、それが仮定条件にせよ確定条件にせよ、いずれも句末において表記されていることが指摘できる。もちろん、句末の「者」無表記は、未然形に付く「ば」二一例（諸注釈によって多少異なる）のうち一五例、已然形に付く「ば」では一八例のうち一六例を数え、「ば」が句末にある場合すべてに「者」が表記されているわけではない。しかし、「者」表記がある限りは、それが句末であることが確認できることは、「者」に句を統成する機能を認めることができるようにも思われる。

ここで、残された巻十二の略体歌における「ば」の表記を見ておく。

度会大川辺若歴木吾久在者《わがひさならば》妹恋鴨　（巻十二3127）

妹恋不寐朝吹風　妹　経者《いもにしふれば》吾与経　（巻十二2858）

右は前記したものであるが、ほかに「ば」無表記と見られるのものに次の歌がある。

人言繁時吾妹衣有《バ》裏服矣　（巻十二2852）

我心等望使念《バ》新夜一夜不落夢見与　（巻十二2842）

前者は先にも少し触れたように、「ころもにありせば」ではなく、次の類歌によって

吾妹子者衣丹有南秋風之寒比来下著益乎　（巻十2260）

「わぎもこはころもにあらなむ……したにきましを」に従うのが適当である。後者は全集のように「ともしみおもふ」とよみ、句切れとすることに問題はない。そうすると、巻十二の略体歌における「ば」の無表記は見られないことになる。

ところで、逆接の条件法を構成する「とも」「ども」「ど」においては、必ず「雖」が表記されていて無表記は認められない（稲岡耕二「人麻呂歌集の訓みの基底（二）」『万葉集研究』第一五集、一九八七年）。

風吹海荒《トモ》　明日言応久公随　（巻七1309）（参考：注釈・大系「うみこそあるれ」）

思依見依物有《ド》一日間忘念　　（巻十一2404）（参考：注釈・大系「ものにあれば」）
千早人宇治度速瀬不相有《トモ》後我孋　　（巻十一2428）（参考：注釈・大系・全集「あはずこそあれ」）
朝月日向黄楊櫛雖旧何然公見不《ド》飽　　（巻十一2500）（参考：塙書房刊『万葉集』「みるにあかざらむ」）

この点については、稲岡全注において強調されていることであるが、従うべきであろう。つまり、「ば」は係助詞「は」の延長として「者」の無表記も許容されるが、逆接の接続助詞「とも」「ど」などは、同じく接続助詞であっても、性質が全く異なるものとして意識されていたことがわかる。逆接の条件法を表記する方向性が条件を表す接続助詞一般に敷衍されていくところに、「者」の無表記の回避が必然的に用意されているのである。

巻十二の略体歌において「ば」に用字が見られないという点は、前述したように「於」「国」「与」の表記意識と無関係ではなかろう。音列を限定的に表記するための方向性の一つの展開が巻十二の略体歌に見出せるように思われる。ただし、巻十一と巻十二の編纂がどのような過程で行われたかについては成案をえないが、「正述心緒」「寄物陳思」という同じ部立てにおいて、人麻呂歌集歌を採録する際、そこに何らかの理由があったために所属を異にしているように思われる。

四　付属語借訓表記

略体歌にも例外的に、非常に高い確率で表記された付属語がある。それは「鴨」「哉」で表記された「かも」（および「もがも」）である。この点については、稲岡全注で、疑問詞を伴わない「かも」の無表記はないと述べているが、従うべきであろう。そして、係助詞「か」についても同様であるとして、通行の読みを改訓し、次の「か」を許容するのみである（稲岡耕二「人麻呂歌集の訓みの基底（一）」前掲）。

玉響昨夕見物今朝可恋物《こふべきものか》　（巻十一2391）

それは、これまで疑問詞を伴わずに「か」と読まれてきたものは2402・2459・2491ぐらいであり、文字に即して改訓する余地は残されていたと言える。

一方、係助詞「や」については、「哉」表記の巻十一の2379・2401などを「や」と読む方向が打ち出されているが、この「や」では通行の読みに加えて次の歌に無表記を認めている。

巻十一　2374・2404・2406・2459・2467

巻十二　2856

その表記しないという意識については解釈が示されていないが、あるいは詠嘆の程度に差を認めようとするのかもしれない。「や」はさておき、略体歌において「かも」「か」の表記されるのは、明らかに情動をモチーフとする「詩体」であることを意味するものであって、実用文とは性格を異にしていることを示すものであろう。そして、音列にできるだけ忠実な表記をめざしたものでもあった。ただし、「や」も次のように「八」で表記されたものもある。

秋山霜零覆木葉落歳雖行我《われ》忘《わすれめ》八《や》　（巻十2243）

略体歌では「や」が「八」で表記しえたにもかかわらず、多く無表記となるのは何故であろうか。この点で助詞の無表記を見ると、一音節の「の」「が」「に」「を」「は」「ば」「や」などは無表記の例が多い。引用の格助詞「と」、係助詞「そ（ぞ）」も表記された例が見られず、一音節の場合、無表記となることが多いという傾向が看取できる。一方、複音節の助詞「すら（尚）」「だに（谷）」「のみ（耳）」「ばかり（量）」「まで（及）」「より（従）」「とも・ども（雖）」などは無表記の例は見られない（「かも・がも（鴨・哉）」はやや性質を異にするが、筆録者の表記意識を案ずるに、これに準じて扱われよう）。「だに」は無表記の例として通行の訓では次の歌があげられるが、

烏玉彼夢《ニダニ》　見継哉袖乾日無吾恋矣　（巻十二2849）

新編古典文学全集（小学館、一九九五年）では「そのいめにしもみつげりや」、伊藤博『万葉集釈注』（集英社、一九九七年）では「そのいめにをしみえつぐや」と訓んでおり、「だに」の読添えを回避しようとしている。ここでは「だに」の読添えは必要なく、「彼夢」は「そのいめにしも」のような訓が穏当であろう。

百世《ももよ》下《しも》千代《ちよ》下生《しもいきて》有目《あらめ》八方《やも》吾念妹乎置嘆　（巻十一2600）

ただし、「こそ」「つつ」のように表記されることの少ないものもある。係助詞「こそ」の「社」表記は次の旋頭歌の例だけである。

息緒吾雖念人目《ひとめ》多《おほみ》　社《こそ》吹風有数々応相物　（巻十一2359）

「こそ」の無表記は、稲岡全注に巻十一2403・2419・2428・2445をあげるが、これに巻七1309・1310、巻十二2853が加わるものと思われる。あるいは、「こ」「そ」に分析して、「そ（ぞ）」を表記していないように、一音節相当の連接として表記しなかったものかもしれない。「つつ」は「乍」のほか、「管」で表記したものも一例ある。

是耳恋度玉切不知命歳《としは》　経《へに》管《つつ》　（巻十一2374）

無表記は、巻七1248、巻十2334、巻十一2379・2406・2460であり、稲岡全注に説くように、接続助詞「て」に語義的に準ずるものとも見られるが、これも「つ」「つ」に分析し、助動詞「つ」が表記されなかったように、同じく一音節相当の連接として表記しなかったとも考えられる。このように考えることが許されれば、略体歌の筆録者は原則として二音節以上の助詞を表記する立場にあったと言えそうである。

これを二音節以上の助動詞で見ると、「らむ」「けむ」は無表記であるが、これは助動詞「む」を含むものとして扱われたためであろう。略体歌での「む」は前述したように表記されたものもあるが、一般には読添えとされているからである。「まし」もあるいはこれに準じて無表記されたのかもしれない。いずれにしても推量のムードは原則として表記されていないのである（この点で終助詞「なむ」も同様に扱われよう）。また、「けり」「たり」はテンス・アスペクトに関するものとして「き」「り」などと同様に無表記される場合もあったと見られよう。これに対して「べし（可・応）」「ごとし（如）」「しむ（令）」は漢文助字によって表記されている。助動詞「こす」もその命令形「こそ」の無表記が通行の訓では次の歌に見えているが、

比日寐之不寐敷細布手枕纒寐欲《コソ》　（巻十二2844）

これは「ねまくほりすも」のように読むことが可能であり、希求の意に関してはすべて表記されていると見てよいように思われる。

このように、複音節付属語の表記に拘泥するのも、助動詞「つ」を表記しないのに連体形「つる（鶴）」を表記し、ク語法の「くに」を「国」で、「なにしか」という音列における助詞の連接「しか」を「然」で表記した、その理由を考えたいからである。「しか」の表記は次のとおりである（「つる」「くに」は前述参照）。

朝月日向黄楊櫛雖旧何然公《なにしかきみが》　見不飽　（巻十一2500）

夕去床重不去黄楊枕何然汝《なにしかなれが》　主待固　（巻十一2503）

「しか」の無表記は巻十一2488、巻十二2848・3130に見えるが、「か」が原則無表記でありながら「しか」の場合表記するのは、それが複音節相当であるためではなかろうか。音列にできるだけ忠実に表記しようとし、読添えの音節を最少限にすることを表記法として志向したという特質を無視することはできないように思われる。少なくとも略体歌でありながら「くに」「しか」のような付属語を借訓によって表記した背景として、それらに共通する表記意識を探る必要があろう。

そこで、まず考えられるのが二合仮名の存在である。二合仮名が複音節訓仮名を生み出したという、表記史の上における重要な役割については本章第三節で詳しく述べるが、仮借において漢字一文字に対して複音節が対応しうることが広く意識されるようになり、それを音列の限定に応用したのが略体歌の筆録者であったと考えられる。

これと関連して付属語表記に用いられた訓仮名の特質を少し見ておくと、二音節訓仮名の「鴨」(-p)「谷」「鶴」「国」(-k)はいずれも入声韻尾を、「然」「管」(-n)は撥韻尾を有する漢字である点が注目される。無韻尾の漢字を音仮名として通用させているなかで、「干各《かにかく(に)》」「珍《ちぬ》」などのような有韻尾の漢字は、韻尾を有するが故に例外的な二合仮名として意識される。その用字が何かしら特殊な用法であることを意識させるのであり、それが同じく仮借の用法としての借訓(訓仮名)であることを示唆するものでもあったと考えられる。すなわち、有韻尾の用字はその文字列において正訓ではないことを特立させているといえ、それによって万葉仮名の一字一音節ではなく、二合仮名を背景とした二音節の借訓(訓仮名)の用法であることを特立しえたのであろう。

五　単音節借訓字

この関連で、付属語的要素の表記に用いた一音節訓仮名としては次のようなものがある。

八(-t)　秋山霜零覆木葉落歳雖行我忘八《われわすれめや》　(巻十 2243)

目(-k)　礒上立廻香樹心哀何深目《なにしかふかめ》念始　(巻十一 2488)

いずれも有韻尾の漢字による表記である。「や」は訓仮名の「矢」も用いられたはずである。伝飛鳥板蓋宮跡出土木簡(飛鳥京木簡二七号、七世紀中葉もしくは前半)に「矢田部」とあり、「矢」は訓仮名としてすでに用いられていたにもかかわらず、あえて「八」を用いたのには単に字形が平易であるからというだけではなかろう。

略体歌の筆録者にとって、音列を文字化する工夫は随所に見られる。「心哀《ねもころに》」「不顔面《しのび》」などの義訓と称される連想的な表記、「在」「去」「及」などの補助字のほか、大幅に借訓という用法を採用したのも、木簡・金石文などの当時の実用文の表記と対比させると明らかである。訓字主体のなかに訓仮名を用いることも、発想として決して容易ではなかったであろう。もちろん、自立語においては万葉仮名による音訳を前提として「受日《うけひ》」（巻十一2433・2479）、「名著《なつかし》」（巻七1305）、「十緒《とをを》」（巻十1896）、「足常《たらつねの》」（巻十一2495）、「舌日《したひ》」（巻十2239）、「男為鳥《をしどり》」（巻十一2491）、「湯目《ゆめ》」（巻十一2375）などが可能となるのであるが、これを訓字主体という文字列のなかに埋没させてはならないであろう。そこには「日」「著」「十」「足」「舌」「目」などの入声韻尾字、「男」「湯」などの撥韻尾字が文字列に含まれていることに留意するべきである。文字列において正訓ならざるもの、すなわち借訓用法（訓仮名）のメルクマールとして有韻尾字の表記が機能していたと考えられるのである。一字による借訓でも次のようなものがあげられる。

廿（-p）　干各人雖云織次我廿物《わがはたものの》　白麻衣　（巻七1298）

葉（-p）　山葉《やまのはに》　追出月端々妹見鶴及恋　（巻十一2461）

食（-k）　阿和雪千重零敷恋為来食永我《けながきあれは》　見偲　（巻十2334）

秦（-n）　朱引秦《はだもふれずて》　不経雖寐心異我不念　（巻十一2399）

慍（-n）　大船香取海慍　下《いかりおろし》　何有人物不念有　（巻十一2436）

重（-ŋ）　里遠眷浦経真鏡床重不去《とこのへさらず》夢所見与　（巻十一2501）

もちろん、略体歌において借訓表記すべてに有韻尾字を伴っているわけではないことから、単なる偶然であると見る立場もあろう。しかし、文字列を正訓として解釈しようとするなかで、文脈に違和感を覚えるとき、有韻尾字による表記から得られる、音仮名らしからぬものという感触は、その字を訓で読むことをすぐさま想起させるものであっただろう。たとえば、1298において「羽」「歯」というハの訓仮名が可能であったところに「葉」を用いたのは、単に山の木々からの連想だけではないと思われる。その論理によれば、同じく山の鳥からの連想として「羽」でもよかったであろうし、山並みを「歯」に見立てることもできたかもしれない。そこに「葉」を用いたのは、入声韻尾であることによる訓への志向を積極的に意図したものと捉えるべきである。

狭（-p）　開木代来背若子欲云余相狭《あふさ》丸《わに》吾欲云開木代来背　（巻十一 2362）

右の「狭」も同じく字音読を回避しようとした用字法の工夫として把握されるのではないだろうか。

　略体和文（いわゆる和化漢文）が漢文助字を含む正訓字を基本とするなかで、人麻呂歌集略体歌の筆録者は日本語の音列に即して正訓で書き表しがたい語の表記を試みる必要に迫られた。それを借訓という手法に託しえたのは、文字列が訓字主体であるゆえに借訓をも許容したというだけではなかろう。ある場合には、カモ・カ・ヤなどとも読まれる「哉」に対する「鴨」、マス・ヰル等とも読まれる「座」に対する「益」などのように、多様な読みを排除して、より音列を限定的に表記しようとするものであった点を見ると、音列の限定的表記は仮借という漢字の用法に基盤があるものと認められる。漢字の意義に対応する正訓に適合しがたいもの（もしくは、読みを限定的に導くためのもの）は、借音もしくは借訓という表音的側面が利用されたのである。その「義」ではなく、「音」（借音・借訓）に表記を委ねた点において、略体歌の表記は日本語の音列が略体和文よりもさらに精細になりえたのである。借訓は古代朝鮮における固有名の表記にも見られるようであるから、その影響を全く無視することはできないにせよ、付属語をも含めた普通語を主体とする音列を「うた」ゆえに一層強烈に意識した略体歌の用字法の、それ独自の創造と展開を想定せざるをえない。漢文の音訳に由来する借音表記に促されて、借訓表記が積極的に利用されたことにおいて、その仮借として共通する表記意識を見過ごすことはできない。少なくとも二音節の「つる」「だに」「くに」「しか」「かも」などの付属語が有韻尾字によって表記されているのは、仮借である前提に立つ文字法であると見るべきで、それが有韻尾字であるが故の音仮名らしからざるものという意識に支えられていると考えるのが穏当であろう。

註

（1）この「為」は古事記の用字法に通じるムトスと訓むべきことは第二章第二節を参照されたい。「負」を訓仮名ニとして助動詞「ぬ」の連用形を表記したとするには、略体歌として他に例がなく、略体歌の表記方針に合わないため、従えない。

（2）本論中で述べたように略体歌では「けり」は無表記とされる場合がある。

第二節　人麻呂歌集とその後の上代表記

はじめに

天武持統朝において、人麻呂歌集が略体歌表記から非略体歌表記へと発展していった事実はほぼ動かしがたい[1]。非略体歌表記の発生の契機は天武朝に成立していた宣命大書体の原形にあると思われるが[2]、それを洗練し、その多彩な表記を創出した点は驚嘆に値する。そして、その表記はその後の上代の表記を決定的に方向づけたことも特筆すべきことである。稲岡耕二[3]は、人麻呂歌集の非略体歌の筆録は天武九年以後持統三年以前にしぼることができるとする。この点には特に疑念をはさむ必要はないように思われる。人麻呂作歌との関係を見ると、その下限を大幅に引き下げなければならないとは考えがたい。かりに持統三年（六八九）以前として非略体歌の成立を見た場合、持統万葉、元明万葉とも言われるような万葉集の成立過程で、それが新しい文学として後世に大きな影響を与えたことは改めて言うに及ばない。(4) そこで、本稿では、表記の文化という観点から、上代の多彩な表記を生み出した人麻呂歌集非略体歌の表記の特質と、非略体歌以降継承され、発展していった上代の表記との関係を考察することにする。(5)

一　人麻呂歌集の音仮名

略体歌の表記は訓字主体であって、表音的用法は借訓によるものが多くを占めるが、字音を借りたものも少数ながら見える。人麻呂歌集の音仮名についてはすでに竹尾正子『人麻呂用字考』（桜楓社、一九七四年）にその一覧表があるが、人麻呂歌集歌および略体歌・非略体歌の範囲も異なるため、ここに改めて示すことにする。

〈一音節相当の音仮名〉（括弧内は濁音相当に用いられたもの）

阿安	伊	宇有		
香[我]		久		古
柴	子師使四		勢世	[叙]
多[太]	[治]	都[川]	[田]	等登
奈		奴		能
波	避		遍	
				望
			延	
和			恵	乎

「川柴避」「望使」については疑問があるが、しばらく音仮名として扱っておく。このうち、有韻尾字がすでに略音

仮名として用いられている点は注意を要する。(6)

紐鏡能登《のと》香山《かのやまの》　誰故君来座在紐不開寐　（巻十一 2424）

伊田《いで》何《なにか》　極太甚利心及失念恋故　（巻十一 2400）

「田」はn韻尾を後続の音節ナに解消したものとも見られるが、少なくとも、「能」「等」はŋ韻尾（喉内撥韻尾）を無視した表記である。（「延」は連合仮名、「遍」は二合仮名と見ておく）。このように、略体表記においてはm韻尾を除く撥韻尾の略音仮名が出現している。(7)

これに対して、非略体歌の所用仮名字母を見ると、次のとおりである（清音の次の行に濁音も示した。括弧内は固有名詞に用いられたもの。また、甲類を先に乙類を「／」の後に配置し、訓仮名をも〈 〉内に示した）。

（阿）	已			於
加可架香〈鹿〉	枳〈寸〉／貴〈木〉	久〈(口)〉	祁家／気	／居己
我何	〈(寸)〉	具		〈子〉
佐左〈狭〉	之斯志四芝水〈僧〉	須	世	祖／曾〈具〉
	自慈	受		／叙序
多〈手（田）〉	知〈(乳)〉	都追豆	弖太	／等登得〈跡〉
太	治	豆頭	天弖	／杼（渡）〈常〉
奈那南〈名〉	仁爾邇尼二而〈丹荷〉	奴	尼年〈根〉	／乃能
波〈羽〉	比臂〈(日)〉		部／閉倍	保宝〈太〉
	備	府	便	

麻〈真〉	美弥〈三見〉／未	武牟	馬売／米〈目眼〉	毛母勿物文〈裳〉
也夜〈八（矢）〉		由	延遥	／与
良羅楽〈等〉	利理里	留流	礼列	漏／呂侶
和	〈井〉			乎遠〈麻少〉

（「一云」などの異伝歌には、右の他「鶏」がある）

これらの一音節相当の音仮名を見ると、非略体歌は略体歌の音仮名を基本的には引き継いでいるが、新たな表記体（非略体）の使用によってより多くの音節表記を必要とすることから、万葉仮名字母を大幅に増やしている。そして、その多くがその後の万葉集歌の万葉仮名字母として引き継がれていったことは右の表を見て明らかである。

その際、仮名字母の選択には神経を使ったにちがいない。略体歌の仮名字母において、古音系字母を回避し、「止」ではなく「等」を、「乃」ではなく「能」を採用したことはすでに述べたことがある。(8) しかし、非略体歌では「乃」を使用している。これは呉音ナイとの子音の共通性によってそれを許容したことをうかがわせる。人麻呂歌集非略体歌の筆録者の判断によって、古音系の「乃」は復活したが、「支」「止」は排除された。この方針は万葉集における呉音系仮名用字の使用を決定づけているとも言える。ただ、これらのうち、どの仮名字母が人麻呂歌集の筆録者の創意によるかは現段階では明確にしがたい。当時における常用字母にどのようなものがあったかなどについては、木簡などの今後の発掘を待つしかない。その字形の平易さ、後世での使用などを勘案すると、右のうち、かなりのものは当時でも常用的なものであった可能性が高いと想像される。ただ、後世において使用の稀な仮名字母も少なくない。この点については、すでに一部言及があるが、(9) それらは主として略体・非略体の認定をめぐって述べられたもので、その全般について論じられてはいない。そこで、次に、文字文化の継承をめぐって、人麻呂歌集非略体歌所用の、集中における特異な字母と、その後の上代表記との関係について見ることにする。

二　人麻呂歌集非略体歌の特異字母をめぐって

「尼」は次の歌では、ニ・ネいずれにも用いられている。

白管自吾尓《われに》尼《に》保《ほ》波尼《はね》妹尓示　(巻九1694)

「尼」は脂韻に属し、呉音ではニであるが、斉韻所属の「泥」にも通じるものでもある。斉韻所属の字にはほかに「氐」「西」などエ段音の仮名字母があり、結果的にそれは古音のネに等しい。古音を排除する一方、許容できる範囲では従来の万葉仮名を踏襲しようという方針でもあったのだろう。推古遺文では「彌」がミ甲とメ甲に用いられているが、これは渡来人の音韻環境に由来するものであって、人麻呂歌集の「尼」の使用とは事情を異にすると思われる。それは非略体歌ではもう二例、ネが用いられている所以でもある。

在衣辺著而《つきて》榜尼《こがさね》　(巻九1689)

左尼《さね》始而《そめて》何太毛不在者　(巻十2023)

ただし、「尼」の音仮名ネは人麻呂歌集を除くと、巻九1679、巻十六3885と、巻十四の一例と巻二十防人歌の四例にすぎない(「阿後尼」巻十三3236は地名表記として別に扱っておく)。その字音に揺れがあったため、「禰」に比して使用されることが少なかったのであろう。

「而」は音仮名ニとして用例の確定するのは次の例のみである。(10)

天漢水左《みづさ》閇《へ》而《に》照《てる》　(巻十1996)

このほか「然叙《しかぞ》年而《としに》在《ある》」(巻十2005、人麻呂歌集)が音仮名ニとも考えられるが、確定的ではない。かりに「而」の音仮名ニの使用が人麻呂歌集だけであるとすれば、それはどのように考えるべきであろうか。結論から言えば、それは、人麻呂歌集非略体歌筆録者がかなり大胆に革新的に字母選択を行ったことを示すように思われる。人麻呂歌集非略体歌で用いられた仮名字母には、その後の上代表記において稀にしか用いられないものが少なくない。人麻呂作歌にも用例のないものは、あるいは極めて技巧的な仮名字母という扱いを受けたのかもしれない。しかし、それが稀で特異であればこそ、その後どのように用いられたか、その分布を考えることも無意味ではなかろう。そこで、他に用いられることが極めて少ない字母について見ることにする。

志貴《しき》島《しまの》　倭国者　（巻十三3254）

「貴」のキ乙類の用例は集中他には見られない。これは〈志が貴い〉という副文的用字法に基づくもので、「志貴皇子」など人名にも広く用いられる文字連接である。人麻呂歌集の独自の字母とは言えないものの、好字を用いようとした表記の方針を確認することができよう（古事記歌謡にも一例「阿治志貴多迦比古泥能迦微」〔上巻〕とある）。

松反四《し》臂《ひ》而《て》有八《あれや》羽《は》　（巻九1783）

「臂」は〈腕または肘〉の意で、集中では他に見られない。これは「頭」をヅの音仮名に用いたように身体名称の用字を意識的に用いたものである。[11]ちなみに、「頭」は「飛鶴乃多頭々々思鴨」（巻十一2409）とあるもので、この「多頭」が〈鶴〉の表記として、集中、山部赤人（巻三324・巻六919）、大伴旅人（巻六961）などに見えるのは人麻呂歌集にヒントを得たもののように思われる（家持の巻十九4398などの「多頭」はあるいは旅人の影響かもしれない）。

真《ま》祖《そ》鏡《かがみ》　雖見言哉　（巻十一2509）

「祖」が集中で音仮名ソ甲に用いられるのは、巻二十防人歌「弊古祖志良奈美」（4398）のみである。これは、「古」に続けて表意的な連想で「祖」を用いた可能性が高いように思われる。後世では、マソカガミの特殊な表記として意識されたため、「祖」が音仮名として独立して用いられなかったのであろう。そのような熟語的意識は「具」の訓仮名ソ乙の用字法にも通じる。

秋立待等妹告与具《いもにつげこそ》　(巻十2000)

所佐国叙真福在与具《まさきくありこそ》　(巻十三3254)

人麻呂歌集ではコソは「与」だけでも表記されているが、「具」によってコソの読みを確定しようとしたものである。「与」あるいは「社」によってコソが表記できるため、「与具」はその後に影響しなかったのであろう。しかし、このような語形を確定する送り仮名的な表記法は、その後の「百式紀乃《ももしきの》」(巻三323)、「天皇寸《すめろき》」(巻十三3312)などに通じるものである。

霞霏霺春者来良芝《はるはきぬらし》　(巻十1814)

「芝」は西本願寺本では「之」であるが、元暦校本・類聚古集などにより「芝」と見ることにする。これは集中他に使用がないものであるが、古事記・日本書紀にはその使用が見える。省画すると「之」であって、こちらが常用字母であるが、人麻呂歌集にあっては、表意的な「之」を避けて、あえて「芝」の使用を試みたものと解される。

如吾等架《わがごとか》弥和乃檜原尓挿頭折兼　(巻七1118)

右の「架」も集中この例のみである。この「架」も「加」を増画したものと見てよかろう。

剣後鞘納野邇《さやにいりのに》　(巻七1272)

同じく「尓」の増画である「邇」は、右の例を含めて人麻呂歌集非略体歌に八例見えるが、それ以外では「久邇」の地名表記を除くと、巻二215(人麻呂、或本歌)、巻十六3791のほか、巻五に三例、巻十七〜十九に八例(家持・池主)にすぎず、古事記にも見られるものの、やはり特異な字母である。これとは逆に、「荷」を用いる一方で、「何」を訓仮名ニに用いたとも見られるが、これらは本書一三五頁に述べたように音仮名ニとは認められないが、「何」をニに用いた例は集中では人麻呂作歌の巻二196だけである。

妹与吾此何有跡《ここにしありと》　（巻七1290）　［参考］「弓《ゆ》月我《つきが》高荷《たけに》霞霏霺」（巻十1816）

人麻呂歌集非略体歌において、少なくとも増画の手法が早くも意識されていたことは明らかで、ここに記紀に先立つ先進性がうかがえる。

人麻呂歌集にのみ用いられた字母には、ほかに後述するブ「府」、ヤ行のエ「遥」を加えることができる。それらは新たな表記の試みが要請された時代背景と、それに果敢に取り組んだ筆録者の営為を如実に物語るものでもある。そして、その後の万葉集歌では用いられないものの、たとえば「芝」のように新撰万葉集・日本紀竟宴和歌などに継承されるのは文字文化を考える上で興味深い。

次に、集中ほかにも若干の使用のある字母を見ておく。

天漢已《い》向《むかひ》　立而《たちて》　（巻十2011）

「已」は難訓歌の巻二156に「已具耳矣自得」に見られるが、これ以外では巻十四に一例、巻二十防人歌（駿河）に七例に見られるだけである。

入出見川乃床《とこ》奈《な》馬《め》尓《に》三雪遣　（巻九1695）

「馬」の音仮名メの用法は上記の人麻呂歌集以外の表記主体の諸巻では、ミヌメ「敏馬」の地名表記を除くと、「須馬神」（巻十三3236）だけである（巻十四には三例見える）。

三《み》毛《も》侶《ろ》之《の》其山奈美尓　（巻七1093）

味酒之三《み》毛《も》侶《ろ》乃《の》山尓《やまに》　（巻十一2512）

「侶」の音仮名ロ乙の用例は集中では、巻四487（「気乃己呂其侶波」変字法による）、巻九1723、巻十一2643・2805および巻二十4431（防人歌）だけである。これらの音仮名は巻十四および二十に共通する点が注目される。

水良《しら》玉《たまの》　五百都集乎　（巻十2012）

「水」は字音のスイを音仮名としてシにあてたものと見られる。このような用字法は集中では「水長鳥」（巻九1738虫麻呂歌集）に見えるだけであるが、それが特異であるだけに、人麻呂歌集の影響と見てよいかと思われる。同じく「僧」も訓仮名としてシに用いている。

鍾礼零丹落《ちらくし》　僧惜毛《をしも》　（巻十2094）

このような訓仮名の用法も「知僧裳無跡」（巻四658大伴坂上郎女）にのみ見えるもので、657には「曰手師物乎」とあって、いずれも「法師」を意識しての用字ではあっても、「僧」の訓仮名用法は人麻呂歌集に由来するものと見てよかろう。

「太」が訓仮名としてホに用いる例も稀である。

都追慈花尓太《にほえ》遥越売《をとめ》　（巻十三3309）

訓仮名ホの用例は、集中他にただ一例「尓太要《にほえ》盛而」（巻十九4211家持）に見えるだけで、これは明らかに人麻呂歌集の用字に基づくものであろう。(12) ところで、「太」は大部分は濁音ダに用いられ、人麻呂歌集略体歌にも「子太」の例もあるが、非略体歌には清音テに用いた例もある。

吾者《あは》干可《ほしか》太奴《てぬ》相日待尓　（巻十2012）

テに使用した例はほかにイトノキテ「五十殿寸太」（巻十二2903）とあるだけである（巻七1214「安太」はアダと読む説があり、しばらく除外する）。これも人麻呂歌集のテと読ませる用字法と無関係ではあるまい。

袖易子《そでかへしこ》少《を》忘而念哉　（巻十一2410）

「少」を訓仮名ヲとして助詞表記に用いるのは、集中では巻十二3061、巻十三3258ぐらいである（表意的な用法である巻十2147・2153、巻十一2683を除く）。これは、「麻」の訓仮名ヲの使用に近似している。

携　遊《あそび》礒《しいそを》麻見者悲裳　（巻九1796）

「麻」の訓仮名ヲは、助詞表記として、集中では巻十1919、巻十三3335・3336に見えるだけである。「少」「麻」の訓仮名は、前記「太」の音仮名テの用法とともに作者不明の古歌などに限られており、いずれも人麻呂歌集の表記の影響を受けたものではないかと考えられる。人麻呂歌集の特異な用字法を継承することによって、その正当性を示そうとしたものではなかろうか。

不視歟成嘗恋布《こほしけ》真《ま》国《くに》　（巻九1722）

「真」が訓仮名としてマに用いられた例も集中では少ない。接頭語ではなく、訓仮名マとしての使用は、マネク（巻二207人麻呂）、マクニ（巻三426人麻呂）、オクマフ（巻七1024・1025）、マニマニ（巻七1047）、マクニ（巻十一2577）、マヌラル（巻十六3879）ぐらいである（ウマヒト「宇真人」〔巻二96〕は義字的用法として除いた）。このうち、2577は人麻呂歌集および人麻呂作歌にある「真国」を踏襲したものかと思われる。

このような好字で、後世に影響を与えたものに「宝」の音仮名ホの用字法がある。

今谷毛尓《に》宝《ほ》比《ひ》尓《に》往奈《ゆかな》越方人邇　（巻十2014）

露霜尓々《に》宝《ほ》比《ひ》始《そめたり》　散巻惜　（巻十2178）

集中、「宝」の音仮名用法はこの他一一例見えるが、音仮名主体表記の巻十九と巻二十の三例を除くと、「四宝《しほ》」（潮、巻一40人麻呂作歌）と地名「佐《さ》宝《ほ》山《やま》」（巻三474家持）以外の六例がニホフ・ニホハス・ニホドリの表記に見える。これは明らかに人麻呂歌集の表記の影響によるものと考えてよかろう。

キ甲類では、古音系の「支」を避けて、音仮名「枳」、そして訓仮名「寸」を意識的に用いているようである。

赤駒之足我枳《あがき》速者《はやけば》　（巻十一2510）

舟竟舟人妹等《いもと》所見寸哉《みえきや》　（巻十1996）

「枳」は日本書紀歌謡所用の字母であって、朝鮮固有名の表記にも見られるものであるが、集中、表意主体の諸巻では、巻七1207（古集、濁音相当）、巻八1520（憶良）のみで、使用は極めて稀である。一方、仮名書き諸巻の巻五では憶良（794・802他）に見える他、巻十七・十八・二十では大伴家持にその使用が見える。この字母は別にシの字音をも有するため、仮名字母としては広まらなかったとも見られる。ただし、渡来人にその使用があったとしても、和歌表記に使用したのは人麻呂の創意によるものと考えられる。

以上、特異な字母について若干の考察を加えたが、その用字は特定の歌や、巻七、巻十から十三までの作者不明歌など、ある偏った範囲に分布している。恐らく、上代の表記者は人麻呂歌集の営為を継承する側面があったのであろう。このように特異な字母において人麻呂歌集の表記からの継承を想定できることから、以後の万葉集歌に常用されている通用的な仮名字母のうちには、その使用の根拠を人麻呂歌集に求めるべきものも少なからずあるにちがいない。

三　人麻呂歌集非略体歌の清濁意識

人麻呂歌集非略体歌では濁音専用仮名が見られ、かなり意識的な整理がなされている。

ガ「我」　子等我手乎《こらがてを》　（巻十1815）　弓月我高荷《ゆつきがたけに》　（巻十1816）　足我枳速者《あがきはやけば》　（巻十一2510）

見我欲君我《みがほしきみが》馬之音曾為　（巻十一2512）

ガ「何」　伏見何田井尓《ふしみがたゐに》（巻九1699）　我妹児何《わぎもこが》家門（巻九1775）

グ「具」　末枝乎須具里《ほつえをすぐり》（巻十三3309）

ジ「自」　白管自《しらつつじ》（巻九1694）

ジ「慈」　都追慈花《つつじはな》（巻十三3309）

ズ「受」　袖易受将有《そでかへずあらむ》（巻十2020）

ゾ「叙」　片待吾等叙《かたまつわれぞ》（巻九1705）　名積而叙来《なづみてぞこし》（巻十2001）　然叙年而在《しかぞとしにある》（巻十2005）

告尓叙来鶴《つげにぞきつる》（巻十2006）　苦 物叙《くるしきものぞ》（巻十2025）　紐 片 叙《ひものかたへぞ》（巻十一2356）

辞挙叙吾為《ことあげぞあがする》（巻十三3253）　所佐国叙《たすくるくにぞ》（巻十三3254）　吾乎叙物《われをぞも》（巻十三3309）

ゾ「序」　年序経去来《としぞへにける》（巻十2019）　事待吾序《ことまつわれぞ》（巻十一2440）　隠 徃 序《かくりゆかむぞ》（巻十一2510）

ダ「太」　落 波《ふりしは》太列可《だれか》（巻九1709）　何太毛不在者《いくだもあらねば》（巻十2023）

ヂ「治」　取而《とりて》引与治《ひきよぢ》（巻九1683）

ヅ「豆」　波豆麻公之雑豆臈《さひづらふ》（巻七1273）　佐豆人之《さつひとの》（巻十1816）

［参考］人見豆良牟可《ひとみつらむか》（一云、巻十一2353）

ヅ「頭」　多頭々々思鴨《たづたづしかも》（巻十一2490）

デ「弖」　垢附麻弖尓《あかつくまでに》（巻十2028）　（織弖兼鴨《おりてけむかも》　巻十2027　清音）

［参考］思 多鶏備弖《おもひたけびて》（一云、巻十一2354）

デ「天」　霏霺麻天尓《たなびくまでに》（巻九1706）

ド「杼」　与久列杼吾等乎《よくれどわれを》（巻九1697）　年者竟杼《としははつれど》（巻十一2410）

ビ「備」　神南備《かむなびの》（巻九1773）　［参考］思多鶏備弖《おもひたけびて》（一云、巻十一2354）
ブ「府」　見佐府下《みればさぶしも》（巻九1798）
ベ「便」　無為便事者《すべなきことは》（巻十一2368）

上記の音仮名のうち、「豆」「弖」「天」以外は問題がない。「豆」がサツヒトで清音に用いられるのは漢音の影響とされている（『時代別国語大辞典　上代編』三省堂、一九六七年）。特にツは字音による音写のむずかしい音節であるから、そのような揺れが生じた可能性は高い。「弖」は「低」が呉音で濁音相当であることから、本来は濁音仮名にも用いられ、それが漢音の影響で清音にも用いられたとも考えられる。(13)「天」はあるいは、その「弖」を介して濁音表記にも用いられたのかもしれない。

このように清濁の書き分けが天武持統朝において確立されていたことは注目される。ただし、ここでは、音仮名の濁音表記よりもむしろ、訓仮名の濁音表記に注目したい。

ギ「寸」　多寸能浦乎《たぎのうらを》（巻九1722）
ギ「木」　片山木之尓《かたやまぎしに》（巻十1818）
ゴ「子」　真名子仁文《まなごにも》（巻九1799）
ド「常」　常在常《つねにあれど》（巻七1268）

マナゴを「真名子」と表記して訓仮名の文字列で濁音を表す例については、略体歌にも「吾跡川楊・余跡川楊」（巻七1293）をアドカハの表記とすれば、地名表記ではあるが、訓仮名の濁音用字の先例があり、また「鴨」を「見依鴨」（巻七1300）というように（モ）ガモに当てる用法もある。訓字の連接における訓仮名の濁音表示は、和語における連濁を背景とした許容事項であったと見られる。しかし、「常」は本来清音のトに当たるもので、それを濁音ドに用いたことは注意を要する。字音による濁音仮名はその字音によって濁音が確定するが、和語は連濁する場合があるから、字訓による万葉仮名は本来的に清濁を併せ持つ性質がある。「常在常」は同字法による技巧的な表記に由来すると見られるが、人麻呂歌集の筆録者はそのような訓仮名の性質を見抜き、一音節相当の訓仮名が本来的に清音であっても濁音表示にも流用できることを訓字の文字列において試みたものと考えられる。

一方、「寸」「木」はいずれも音訓交用表記である点が注目される。人麻呂歌集非略体歌には「根毛居侶《ねもころ》」（巻九1723）、「足我枳《あがき》」（巻十一2510）（「三和山」（巻九1687）「木志」（巻十2313）などの地名は除く）などに見えるが、その例は少なく、一般に音訓交用表記は語源（または字源）意識によるものが多い[14]。ただ、先の二例の音訓交用表記は、濁音表示と関わっているように思われる。すなわち、「木」（巻十1818）はカタヤマギシと解するならば（清音で読む説もある）、「木」を複合語の後続要素の始めに用いるのは意図的であって、「木之」と音訓を交用させたのも、それがカタヤマ＝キシに本来分けられる語であることを明示し、それをギと濁音で読むことを許容することを示す表記意識があったと分析できる。同じく「寸」（巻九1722）も、地名が仮にタキ（ノウラ）であっても、それを〈滝〉と解釈したところから、「多寸」という音訓交用表記によって、タキのみならずタギとも読める清濁両様あることの可能性を示したものと解される。人麻呂歌集非略体歌の筆録者は、音訓交用における訓仮名に濁音表示を意図的に託したものであり、濁音専用字の使用とともに清濁意識を反映させた技巧的用字法を駆使したと考えられるのである。ただし、それは万葉仮名における清濁の区別を結果的に曖昧にすることになったとも言える。

四　連合仮名と略音仮名

非略体歌の仮名字母は全般的に無韻尾字が目立つが、有韻尾字も次のように少なくない。

［k韻尾］得　恵　得《うるはしと》吾念妹者（巻十一2355）　将来《きなむ》得《と》云者《いはば》取置待（巻十一2356）
　　　　楽　作楽花《さくらばな》佐可遥越売（巻十三3309）
［t韻尾］勿　香鳥髪飽田《あくた》志《し》付勿《つくも》（巻七1277）
　　　　物　江林 次完也物《やどるししやも》求吉（巻七1292）　吾乎《われを》叙物《ぞも》（巻十三3309）
　　　　列　春雨乃与久列杼《よくれど》吾等乎《われを》（巻九1697）　落波太列可《ふりしはだれか》削遺有（巻九1709）　心佐門消失多列夜《きえうせたれや》（巻九1782）
［m韻尾］南　神南備神《かむなびの》依板尓（巻九1773）
［n韻尾］天　高屋於霏霺麻天尓《たなびくまでに》（巻九1706）
　　　　仁　由槻我高仁《ゆつきがたけに》雲居立有良志（巻七1087）　真名子仁文《まなごにも》尓保比去名（巻九1799）
　　　　便　如是許無為便事者《すべなきことは》（巻十一2368）
　　　　文　真名子仁文《まなごにも》尓保比去名（巻九1799）
　　　　延　奴延鳥之《ぬえどりの》裏歎座都（巻十1997）
　　　　遠　吾恋孀者《つまは》知 遠《しれるを》往船乃（巻十1998）

「楽」はラクという二合仮名としての用例も多く（巻六に三例、巻七・八に一例、巻十一に三例、巻十三に一例）、またラカとして「相楽」の地名表記もある。これに対して、略音仮名としては「寧楽《なら》」があり、サクラに「作楽」を当てたのもそれが好字であるためであろう。それは人麻呂歌集非略体歌の筆録者の巧みな用字法と大胆な決断によるところが大きいように思われる。

「列」は前記の人麻呂歌集以外では、巻五の大伴旅人（822）の「那何列久流加母《ながれくるかも》」にのみ見えるので、これは人麻呂歌集非略体歌の表記の流れをひくものかと思われる。

ト乙類には略体歌で「等・登」が用いられているなかで、入声韻尾字「得」の採用はやはり特異である（大宝戸籍帳でも二合仮名トコにあたる）。この字はト乙類の音仮名として、巻二156（高市皇子）と巻十三の四例の他、仮名書き主体の諸巻では巻五に一三例（梅花歌および旅人の作歌と見られるもの）、巻十四に二例　巻十七・十八に各一例（家持作歌）、巻十九に二例見えるが、その分布にはやや偏りが認められる。恐らく、これは人麻呂歌集非略体歌における使用にその源泉があり、特に大伴旅人・家持によって継承されたもののように思われる。

「勿」は、t韻尾を脱落させる用法が巻五の806・807・819・849だけに見え、大伴旅人の用字圏に限られている。恐らく、この仮名字母も人麻呂歌集からの影響によるものであろう。

「物」は「燃《もゆる》火《ひ》物《も》取而《とりて》」（巻二160）のようにトに続く連合仮名かとも見られる例があるが、他には、巻三の二例、巻四に二例（うち、人麻呂作歌「百重二物」499）、巻五に三例（802・804・892はいずれも憶良の歌のみ）、巻九に三例、巻十三に三例（人麻呂歌集を除く）、巻十四に六例、巻十七に一二例、巻十八に八例あって、総合的に判断して連合仮名とは認められない。「物」は「勿」に比べて、その使用された範囲は広いが、このうち、巻五の憶良の用字は人麻呂歌集によるものかもしれない。

以上の入声韻尾字の略音仮名としての用法は、略体歌には見えず、非略体歌にはじめて見えるもので、その用字意識は後世に大きく影響を与えたものと思われる。それというのも観音寺遺跡出土木簡（七世紀末）に「奈《な》尓《に》波《は》ツ《づ》尓《に》作《さ》久《く》矢《や》己《こ》乃《の》波《は》奈《な》」というように、「作」が連合仮名として用いられているからである。この用字は恐らく連合仮名を意識しての表記であって、カ行に続くのは決して偶然ではない。

地方の表記資料として、大宝戸籍帳所用の万葉仮名を見ると、略体歌においてすでに略音仮名として用いられたŋ韻尾を除くと、ア「安」（「安都」御野国）、キ甲「吉」（「吉備部」筑前国）、マ「万」（「古万」御野国）、ヲ「曰」（「曰佐」御野国。ただし、これはサの子音が破擦音だとすれば、連合仮名となる）には略音仮名の用法が見られるが、二合仮名以外では、k韻尾のス「宿」は「宿古太売」「宿久波売」「宿古代売」（筑前国）、ム「目」は「加目久也里」（豊前国）のように連合仮名として用いられている（ただし、養老戸籍帳では「真宿奈売」の例が見える。大野透『続万葉仮名の研究』高山本店、一九七七年参照）。したがって、m韻尾およびp韻尾はもちろん略音仮名が見えないが、k韻尾も八世紀前後では原則として略音仮名にならないのが八世紀前後の用字意識であったと見られるのである。

古事記歌謡の万葉仮名で、ŋ韻尾字を除く、その他の有韻尾字はエ段音のデ「伝」、ベ甲「弁」、ヤ行のエ「延」、およびオ段音のボ「煩」、ヲ「遠」「袁」のn韻尾字であって、しかもエ・オ段音に限られている。ここではt韻尾やk韻尾の仮名字母は使用が避けられている。

日本書紀歌謡に用いられた万葉仮名には多く無韻尾の漢字が用いられているが、なかには撥韻尾・入声韻尾のものも含まれている。撥韻尾ではm韻尾のものはなく、ŋ韻尾とn韻尾のものが用いられている。ŋ韻尾には「等」「登」「騰」などがあり、n韻尾には「幡」「綿」「泮」などがあるが、いずれも略音仮名として用いられている。一方、入声韻尾ではp韻尾はなく、k韻尾とt韻尾のものがある。前者は用例が少ないながら連合仮名として次のように、韻尾を解消している（歌謡番号で示すことにする。また、森博達『古代の音韻と日本書紀の成立』大修館書店、一九九一年によってα群・β群を区別する）。

［k韻尾］賊　賊《そ》拠《こ》鳴《を》枳《き》舸《か》斯《し》題《て》（75）

［参考］陀《た》那《な》則《そ》挙《こ》謀《も》（顕宗前紀）　〈いずれもα群〉

しかし、t韻尾は略音仮名として用いられる傾向にある。ŋ韻尾を除く略音仮名の主な用例は次のとおりである。

［t韻尾］必　枳《き》謂《ゐ》屨《る》箇《か》愷《げ》必《ひ》謎《め》（92）

涅　磨陀左枳涅渠農《またさきでこぬ》（114）（115も）
［n韻尾］幡　於譜磨故幡《おほばこは》（100）［比に続く］　〈以上、α群〉
［t韻尾］末　末利椰塢多具陪《まりやをたぐへ》（28）
涅　枳瀰烏於望臂涅《きみをおもひで》（43）（67も［須に続く］）
［n韻尾］綿　古波儾塢等綿塢《こはだをとめを》（37）
泮　椰主区泮娜布例《やすくはだふれ》（69）　哆多瀰等異泮梅《たたみといはめ》（70）
幡　幡舎能夜摩能《はさのやまの》（71）　〈以上、β群〉

k韻尾を除いて略音仮名として用いる点でα群・β群ともに同じであるが、k韻尾字は前述したように連合仮名として用いられているのである。

このように、k韻尾の脱落は人麻呂歌集略体歌の段階では文芸的な意図によるものと認めざるをえない。また、t韻尾も大宝戸籍帳でも例が少なく、これも当時にあってはかなり大胆な用字法であったと言えよう。

次に、撥韻尾であるが、m韻尾については、「南」は「備」に続くもので、ビの子音が鼻音の入渡音を有する濁音であったと考えられることから、連合仮名として扱ってよい。「甘南備《かむなび》」（巻七1125・巻十三3223など）も同様である。「情有南畝」（巻一1）はマ行音に続く例であり、連合仮名であることは言うまでもない。「南」は集中ナムという二合仮名として用いられるのが一般的で、巻五でも「伊能知周疑南《いのちすぎなむ》」（886憶良）のように用いられている。このうち、集中では、例外的にハ行に続く次のような例がある。

対馬能禰波之多具毛安良南敷《したぐもあらなふ》（巻十四3516）

これは日本古典文学全集『万葉集』一（小学館、一九七一年）の解説（二一頁）に述べるように、少なくとも東国ではハ行子音がpまたはそれに近い発音であったことに基づくもので、m韻尾によって両唇の閉鎖を準備したものである。これも連合仮名に準じて扱ってよいもので、m韻尾の略音仮名は人麻呂歌集でも、そして集中でも見当たらないのである。

続いて、n韻尾についてみると、まず「天」はニに続く連合仮名である。ちなみに、略音仮名としては人麻呂作歌の「名具鮫兼天《なぐさめかねて》」（巻二194）に見える。「天」は大伴旅人（巻四575）や山部赤人（巻六919）などにも見え、巻五では憶良と吉田宜の歌に四例使用がある。旅人・赤人はいずれも「友無二指天《ともなしにして》」「葦辺乎指天《あしへをさして》」というように、「天を指す」（他にも数例見える）という副文的意味を好んでの用字法があったようである。ただ、集中で相対的に使用の少ない仮名字母であり、人麻呂歌集の影響も否定できないと見られる。

「仁」は集中では人麻呂歌集を含め、すべて略音仮名である。ただし、古事記には「番仁岐命《ほのににぎのみこと》」（序）とあって、ニニという二合仮名の用法がある。巻五では前述の「勿」と同様807・808・849という大伴旅人の用字圏に見え、やはり人麻呂歌集の用字法が影響したかと思われる。「仁」は好字でもあり、その使用は少なくないが、巻九1803の「可良仁文《からにも》幾許《ここだ》」（福麻呂歌集）は、あるいはその連接を模倣したとも想定できる。

「便」は音仮名用法では、集中スベにのみ用いられるもので、「為便《すべ》」以外では「須便《すべ》」が三例見えるだけである。これは義字的な用法であり、またエ段音の表記でもあって、慣用的に広まったものであろう。ただし、それは人麻呂歌集および人麻呂作歌の巻二196・207などにその源泉があるものと見られる。

「文」は後続のナ行音に続くようにも見えるが、人麻呂作歌には「高角山乃木間従文《このまゆも》吾袂振乎」（巻二134）などとあることから、あえて連合仮名と見るには及ばない。巻二に五例、巻三に二例、巻七に四例、巻九に二例（人麻呂歌集以外では「可良仁文幾許《からにもここだ》」の福麻呂歌集）、巻十に六首八例、巻十一に五首五例、巻十二に三首三例、巻十三に一七首二六例、巻十四に二例、巻十五に一例というように、巻十から十三に多くの例が見える。それは「文」が好字であるためで、作者未詳歌に多いのも人麻呂歌集の影響かとも思われる。

「延」はヌエドリに当てた例はすでに略体歌（巻十2031）にも見える。「延」はヌエドリにあてた例が多く、それ以外では巻五・十四・十五・十七～二十を除くと、巻十1848「毛《も》延《え》尓《に》家《け》留《る》可《か》聞《も》」のみである。ヤ行のエには他に集中「叡」「曳」「要」「遥」があるが、「遥」は人麻呂歌集のみ、「曳」も巻二十遠江の防人歌二例のみである。このうち、常用字母は「要」「延」であるが、表意表記主体では「要」が多く、仮名書き主体では巻五を除き、拮抗しているが、巻五は「延」だけである。大宝戸籍帳では訓仮名使用が一般的であるが、古事記ではヤ行のエはやはり「延」である。したがって、「延」は音仮名として古く常用字母であって、巻五における「延」の常用はそのような用字法に依拠したためであろう。ただし、集中でヌエドリの表記に「要」を用いる一例以外では「奴延鳥」であって、少なくともそこには人麻呂歌集が介在していることも想定される。ちなみに、「要」は人麻呂（巻二131）、憶良（巻八1520）の歌にも使用されている。

「遠」は古事記にも見えるが、古音の「乎」を避けようとする試みの一つとして音仮名「遠」を略音仮名として用いたのは人麻呂歌集筆録者の創意である可能性が高い。集中では略音仮名として、巻一に一例、巻二に二例（うち一例は人麻呂作歌217）、巻六に一例、巻九に一例、巻十三に六例、このほか仮名書き諸巻では巻五・十四・十七・十八および巻二十（家持のみ）に用例があるが、その試みは巻五の憶良以外にはあまり広まっていないようである。しかし、平安時代では「を」の字源ともなるように、徐々に「遠」は使用を拡大していく。

以上、n韻尾字の略音用法は人麻呂歌集筆録者の創意によるとは言えないまでも、万葉集歌に少なからず影響を与えたことは疑いない。そもそも、両唇を閉鎖するm韻尾に比べて、ŋ韻尾と同様唇を開けたままの調音であるため、韻尾が脱落しやすかったと見られる。ŋ韻尾字とn韻尾字は仮名字母として採用されることが多かったことがさらにそれを助長させたのであろう。このことは漢字音のm韻尾とn韻尾の区別が原則として平安時代まで保たれたことと考え合わせると、m韻尾がかなり特殊な単音として意識されていたことを示すものと認められる。

おわりに

人麻呂歌集非略体歌はまさに非略体であるがゆえに、その表記すべき用字も略体に比べて多くなる。したがって、表記により多くの技巧を凝らせる機会が増えたとも言える。略体歌にも「吾跡川楊《あどかはやなぎ》・余跡川楊《あどかはやなぎ》」（巻七1293）、「泉小菅凡浪《なみなみに》」（巻十一2471）などのような変字法は見られるが、非略体歌では長歌においてさらにバラエティに富む。

事挙—辞挙—言上　言幸—真福　百重波—千重浪

「ことあげ」に見られるような、一字以上の交替は次の例にも見える。

名乗曾花—莫語之花　（巻七1290）

しかし、非略体歌における技巧の特徴はそのような単純な変字法にとどまらない。同じ語（形態素）の繰り返しでない、文字を単に繰り返すことのおもしろさにも着目している。

児等手《こらがて》乎《を》巻向山者《まきむくやまは》常 在常《つねにあれど》過徃人尓《すぎにしひとに》徃巻目《ゆきまかめ》八方《やも》　（巻七1268）

第三句ではツネとドに「常」を同字法として用い、さらに第二句のマキムク「巻向」に対して、同じくマキムクの表記である「巻目」（1087）を用いて、第五句のマカメに「巻目」と表記するのは意図的であり、知的な文字技巧と認められる。

松反《まつがへり》 四臂而《しひて》有八羽《あれやは》三栗《みつぐりの》 中上《なかのぼり》 不来《こぬ》麻呂等《まろと》言八子《いふやつこ》　（巻九1783）

右の数詞を繰り返す表記も、漢詩にも認められるにせよ、人麻呂歌集によってはじめて和歌に試みられたものと見てよい。このような表記の技巧が文字文化として万葉集歌に受け継がれていくことは特筆に値する。そのほか、「人妻《ひとづま》故《ゆゑに》吾《あれ》可恋奴《こひぬべし》」（巻十1999）というように「可…奴」をヌベシの表記としたのも、送り仮名的な要素を含めて返読させる表記法は西大寺本金光明最勝王経古点の片仮名交じり文に通じるところがある。「乏之《ともし》牟《む》可哉《べしや》」（巻十2017）の表記と並んで、その表記の試みは後世に大きな影響を与えたことは疑いのないところである。

註

（1）稲岡耕二『万葉表記論』（塙書房、一九七六年）第一篇参照。
（2）拙著『日本上代の表記と文体』（吉川弘文館、二〇〇〇年）第二章第三部参照。
（3）注1書二〇一頁以下。
（4）高橋義孝「天武朝における柿本人麻呂の事業――人麻呂歌集と民謡の関連を中心に――」（『国語国文学報』第一五号、一九六二年）において、天武朝において「芽生えてきた新文学を方向付け促進していった」という人麻呂歌集の文学上の位置づけについてつとに指摘がある。
（5）略体歌および非略体歌の範囲は、注1書一九八頁以下に従うこととする。ただし、難訓歌の表記については考察外とした。
（6）第四章第三節参照。
（7）二合仮名については注6で論じてあるので、省略することにする。
（8）注2書一九六頁。
（9）森淳司『柿本人麻呂歌集の研究』（桜楓社、一九七六年）や稲岡耕二注1書などに言及が見え、特に前者の「六　用字」「七　書式」では「特殊用字」と名づけている。
（10）注1書六一〇頁以下
（11）竹尾正子は『人麻呂用字考』（桜楓社、一九七四年）二〇一頁以下において「生活反映の用字」と称している。

(12) 稲岡耕二注1書四八四頁以下で、この「太」を音訓交用表記という観点から「本」の誤りとする。かりにこれが「本」であっても、その特異な字母の継承の点では論旨に変わりはない。また、「太」が音仮名タとして「末支太末不」(巻十八4113)とあるが、これは損傷部が平安時代に補修されたことによるものである(大野晋「万葉集巻十八の本文に就いて」『国語と国文学』第二二巻第三号、一九四五年)。

(13) 稲荷山古墳鉄剣銘の「半弖比」がハデヒである可能性については注6論文で論じたことがある。

(14) 橋本四郎「訓仮名をめぐって」(『万葉』三三号、一九五九年)、注1書第三篇など参照。

第三節　子音韻尾の音仮名について

はじめに

春日政治『仮名発達史の研究』(一九三三年)において、万葉仮名の音仮名用法はつとに次のように整理されている。(1)

無韻尾で一音節表記するもの(全音仮名)

字音の韻尾を省いたもの(略音仮名)

字音の韻尾を後続音節の頭子音によって解消するもの(連合仮名)

字音の韻尾に母音を添えて二音節相当にするもの(二合仮名)

この四分類自体は穏当なものであるが、新たな出土資料を視野に入れると、上代の音仮名の実態に関しては改めて整理する必要性があるように思われる。近年、金石文の再調査によって、また新出木簡に端を発する「天皇」号をめぐる議論などによっても、いわゆる推古朝遺文といわれてきた資料のなかには、成立年代が七世紀末頃にまで下ると見るべきものも認められる。このことから、用例を改めて確認するという作業を通して、七世紀以前の音仮名用法が再検討を迫られているのである。そこで、日本語音韻と構造的に合致する無韻尾の全音仮名はさておき、子音韻尾、すなわち入声韻尾および撥韻尾を有する音仮名の用法に関して、その相互の関係を中心に若干の考察を加えることにする。

一　子音韻尾字の用法

『稲荷山古墳鉄剣銘』に見える万葉仮名は全音仮名が多いが、それ以外のものも見える。

多《た》加《か》利《り》足尼《すくね》　〔二合仮名〕
乎《を》獲《わ》居《け》　〔連合仮名〕

「足尼」は『稲荷山古墳鉄剣銘』発見以前でも古例として次のようなものが知られていた。

巷《そ》奇《が》大臣伊《い》奈《な》米《め》足尼《すくね》女吉《き》多《た》斯《し》比《ひ》弥《め》乃《の》弥《み》己《こ》等《と》　（天寿国繡帳銘）
斯《し》多《た》々《だ》弥《み》足尼《すくね》　（山名村碑、六八一年）

『天寿国繡帳銘』は『上宮聖徳法王帝説』に採録されているもので、ここには「斯帰斯麻宮治天下天皇」とあるため、七世紀前半のものとするのは疑わしい。しかし、『稲荷山古墳鉄剣銘』に確認できることから、二合仮名の用法が五世紀に遡ることは明らかである。他方、「獲」は古音のワクに由来するもので、k韻尾は後続の「居」の頭子音に解消されたものと見られ、連合仮名も同じく五世紀に遡る。そこで、次の「半」が問題となる。

其児名半弓比

「半」は換韻所属の字であって、n韻尾を有する。「半弓比」をハテヒとよむならば、この「半」は略音仮名ということになる。しかし、これを略音仮名とすることは、春日政治の、推古朝の仮名はほとんどが全音仮名であって、連合仮名でもない、いわゆる略音仮名はわずかに「等」「良」ぐらいであるという指摘[2]と齟齬する。そこで、この問題を解明するため、略音仮名と連合仮名の系譜を少したどってみることにする。

『飛鳥・白鳳の在銘金銅仏』『日本古代の墓誌』[3](同朋舎、一九七九年)によって、金石文の確実な例を見ると、確かに連合仮名は七世紀前半にも確認できる。

嗽加《そが》大臣　(法隆寺金銅釈迦三尊仏光背銘、六二八年)

ŋ韻尾を有する「嗽」は後続のガ行に続くものと認められる。ちなみに、「天皇」表記を含む資料には次のような例が見える。

巷奇《そが》大臣伊奈米《いなめ》足尼《すくね》女吉多斯比弥《きたしひめ》乃《の》弥己等《みこと》　(天寿国繡帳銘)

巷奇《そが》名伊奈米《いなめ》大臣　(元興寺丈六仏光背銘)

巷宜《そが》名有明子《うまご》　(元興寺露盤銘)

「巷」「吉」は連合仮名として問題はなく、「明」もŋ韻尾が類音で後続のカ行に続くものとして連合仮名に準ずるものと認めてよかろう。

一方、略音仮名は「戊辰年」(六六八年)の年記を有する「船首王後墓誌」に次のように見える。

安理故能刀自《ありこのとじ》　(船首王後墓誌)

しかし、この資料は闕字や「官位」という語などから見て、天武朝末年から八世紀初頭のものとされていることから、n韻尾およびŋ韻尾を有する万葉仮名の略音仮名の古例は右の年記より下ることになる。また、略音仮名は『元興寺露盤銘』にも見えるが、これも七世紀末頃以降のものと考えられる。

佐《さ》久《く》羅《ら》韋《ゐ》等《と》由《ゆ》良《ら》宮　（元興寺露盤銘）

そこで、このような略音仮名を人麻呂歌集略体歌に見てみよう。それは非略体歌の成立は「庚申年」（六八〇年）を下限とする(4)と考えられ、少なくとも略体表記は六八〇年以前のものとして扱ってよいと認められるからである。次に、子音韻尾を有する万葉仮名を示す。

〔二合仮名〕

廉　レム　（m韻尾）　平山子松末有《う》廉《れむ》叙《ぞ》波《は》我思妹不相止者　（巻十一2487）

干　カニ　（n韻尾）　干各《かにかくに》　雖云織次我廿物白麻衣　（巻七1298）（原文「千名」）

珍　チヌ　（n韻尾）　珍 海《ちぬのうみの》　濱辺小松根深吾恋度人子姤　（巻十一2486）

丸　ワニ　（n韻尾）　開木代来背若子欲云余相狭《あふさ》丸《わに》吾欲云開木代来背　（巻十一2362）

当　タギ　（ŋ韻尾）　言出云忌々山川之当都心《たぎつこころを》　塞耐在　（巻十一2432）

壱　イチ　（t韻尾）　路辺壹師花《いちしのはなの》　灼然人皆知我恋孋　（巻十一2480）

各　カク　（k韻尾）　干各《かにかくに》　人雖云織次我廿物白麻衣　（巻七1298）（原文「千名」）

極　ココ　（k韻尾）　伊田何極太甚《ここだはなはだ》　利心及失念恋故　（巻十一2400）

大船真楫繁抜榜間極太恋《ここだこふるを》　年在如何　（巻十一2494）

積　サカ　（k韻尾）　百積《ももさかの》　船潜納八占刺母雖問其名不謂　（巻十一2407）

〔二合仮名以外〕

安　ア　（n韻尾）　安《あ》治《ぢ》村《むらの》　十依海船浮白玉採人所知勿　（巻七1299）

延　エ　（n韻尾）　吉哉雖不直奴《ぬ》延《え》鳥《どりの》　浦嘆居告子鴨奴延鳥　（巻十2031）

遍　ヘ　（n韻尾）　心千遍《ちへに》雖念《おもへど》人不云吾恋孋見依鴨　（巻十一2371）
田　デ　（n韻尾）　伊《い》田《で》何《なにか》　極太甚利心及失念恋故　（巻十一2400）
能　ノ　（ŋ韻尾）　大穴道少御神作妹勢《いもせ》能《の》山《やまを》　見吉　（巻七1247）
　　　　　　　　　紐鏡能登《のと》香山《かのやまを》　誰故君来座在紐不開寐　（巻十一2424）
香　カ　（ŋ韻尾）　紐鏡能登《のと》香山《かのやまを》　誰故君来座在紐不開寐　（巻十一2424）
等　ト　（ŋ韻尾）　我心等望《とも》使念《しみおもへば》　新夜一夜不落夢見与　（巻十二2842）
望　モ　（ŋ韻尾）　我心等望《とも》使念《しみおもへば》　新夜一夜不落夢見与　（巻十二2842）

二合仮名については後述することにして、まずそれ以外について見ておく。撥韻尾の後続子音で分類すると、次のとおりである。

n韻尾	（後続音節）	ニ	（ナ行）	千遍
		ナ		伊田何
		ヂ・ド	（ダ行）	安治村　奴延鳥
ŋ韻尾	（後続音節）	ノ	（ナ行）	能登香山
		モ	（マ行）	等望使
		ヤ		妹勢能山
		ト	（タ行）	能登香山
		シ	（サ行）	等望使

n韻尾の場合、「千遍」は、付属語を含むカニを「干」で、アフサワニのワニを「丸」で表記した例があることから、

二合仮名と見られるものであり、鼻濁音であったダ行に続く場合も問題はなかろう。また、「伊田何」の「田」はナニカ「何」に続くもので、n韻尾は後続音節のナ行子音に解消される連合仮名に相当するものである。これに対して、ŋ韻尾の場合は、西大寺本『金光明最勝王経』古点では「ウ」であって、唯一「痛」に「ツイ」という付訓が見えるのみである。ただ、撥韻尾はもともと日本語音韻になかったことを考えると、あるいは「ヤ」に続く場合も、連合仮名に準じて扱われるべきかもしれない。このほかの、ナ行・マ行に続くものは、同じ鼻音に続くことから連合仮名に準ずるものと扱えなくもない（この点については後述する）。

例外となるのは、「能登香」「等望使」の二例である。後者は元暦校本に「我心等望」の四字がなく、ミの読み添えの点でも特異なもので、原文に疑問がある。しかし、少なくとも前者に関しては略音仮名と見る以外にない。この点から見ると、「能」は前述の「妹勢能山」の例でも説明に窮するものであり、また、「能登香山」の「香」も、右ではŋ韻尾を助詞「の」に続く連合仮名として仮に扱ったが、ノに続く場合であれば、n韻尾の音仮名を使用できたはずであるから、それぞれ略音仮名と見るのが穏当であろう。人麻呂歌集略体歌における略音仮名の使用は動かしがたい。

ちなみに、非略体歌においては次のような、入声韻尾の略音仮名も用いられている。

雪己曾波　春日消良米　心佐閇　消失多《きえうせた》列夜《れや》　言母不往来　（巻九1782）

都追慈花　尓太遥越売　作楽《さくら》花《ばな》　佐可遥越売　（巻十三3309）

そもそも、人麻呂歌集略体歌は、古音の「乃」を排して呉音の「能」を積極的に用いようとしたものであって、それ以前の表記原理とは根本的に異なるものであった[5]。それは、古音に基づく表記原理を否定したところに由来するものであって、漢字音の束縛から逃れた、日本語音韻を優位とする新たな表記原理の採用であった。その試みの一つがこの略音仮名の使用であると位置づけられよう。

そこで、このような略音仮名は『稲荷山古墳鉄剣銘』にまで遡らせることが可能であろうか。これについて、二合仮名の存在理由を踏まえて考察したいと思う。

二 用法の由来

二合仮名の用例を『稲荷山古墳鉄剣銘』以後で見ると、日本人の名の表記ではないが、『隅田八幡宮人物画像鏡銘』に「穢人今州利《こむつり》」とある。さらに七世紀では次のようなものが見られる。

薬師徳保《とこほ》上而　（法隆寺金堂四天王像銘、六五〇年頃）
旦波《たには》博士　（西河原森ノ内遺跡出土木簡、六八二年以前か）（「博士」は漢語のため、ここでは対象外とする）
大弁官直大貳采女竹良《ちくら》卿　（采女氏塋域碑、六八九年）
出雲国若倭部臣徳太理《とこたり》　（鰐淵寺金銅観音菩薩造像記、六九二年）

ところで、『日本書紀』の百済関係資料には次のような例が見える。

職麻那那加比跪《ちくまななかひこ》　（神功紀四十七年四月条、百済記の引用中）＝千熊長彦
筑紫《つくし》　各羅《かから》海中　（武烈四年是歳条、百済新撰の引用中）＝筑紫・加唐島
（ツクシは欽明紀十五年十二月条に「竹斯」とも見える。ちなみに、「竹斯」は『北史』『隋書』倭国条にも見える）

『百済記』『百済新撰』などは持統朝以降に成立したものかと言われているが、このような二合仮名の表記は古代朝鮮に由来するものであることは疑いない。新羅語にせよ百済語にせよ、いずれも閉音節の言語であり、その子音語尾はできるだけ表記しようという姿勢が見える。

李基文『韓国語の歴史』（藤本幸夫訳、大修館書店、一九七五年）によって、『三国史記』地理志における地名表記の一

端を見ると、「石山県、百済珍悪山県」は「石」を意味する百済語 *turak が「珍悪」(「珍」tur は訓によるもので、中世語 tork に対応する) と表記されている (同書四七頁。ただし、岩波古典文学大系『日本書紀　下』六一一頁では、「珍悪」を tor-o とする)。このような例は、『日本書紀』において百済関係資料の直接引用の形式をとらないところに数多く見える。

大臣伊梨柯須弥《いりかすみ》　(皇極紀元年二月丁未条)

「伊梨柯須弥」は、『三国史記』などに見える「泉蓋蘇文」の音訳で、「泉」は唐の高祖の諱を避けたもので、もとは「淵」であり、この「淵蓋蘇文」は原音 irkasum に相当するという (前掲『日本書紀　下』二三八頁)。ただし、李基文前掲書では、『三国史記』の「泉井郡一云於乙買」の例を引き、「泉」は「於乙」(*er) であるとして、ir との関係を説くが、いずれにしても音節末尾の韻尾に配慮していることがうかがわれる。

筑足流城《つくそくろ》或本云都久斯岐城　(雄略紀八年二月条)

「筑」は「達句」の tar、tur に相当し、「足流」は su-kur の音訳で村落の意味という (前掲『日本書紀　上』四七八頁)。suk の表記に「足」を用いるのは『稲荷山古墳鉄剣銘』の「足尼」の二合仮名の使用に通じる。

宇流助富利智干《うるそほりちか》　(神功紀摂政前紀)

「宇流」は『三国史記』巻四十五に見える「于老」に相当し、「舒弗邯」の地位にあった者で、この ur-spurkan を表記したものが「宇流助富利智干」であるという。なお、「智は官名・人名の付加語尾ないし敬辞・美称」と説かれている (前掲『日本書紀　上』六一四頁。神功紀五年三月己酉条の「汗礼斯伐」と同一人か)。ここでは、子音が音節化され、r は「流」、s は「助」、r は「利」で表記されているのである。

新羅王波沙寐錦即微叱己知《みしこち》波珍干岐《はとりかんき》　(神功紀摂政前紀)

この「波珍」は新羅の官位「波珍飡」ないし「海干」(『三国史記』による) に当たり、「海」の朝鮮古訓 patar に相当する（前掲『日本書紀　上』六一二頁）。この「珍」は訓 tar で、-n が朝鮮語音韻 -r に当てられている。
ちなみに、古代朝鮮の金石文において人名に用いられた子音韻尾字を参考のため若干示しておく。

『迎日冷水里碑』（五〇三年）　-t 節　末　壱　弗　-k 徳　宿　腹　-m 心　耽　-n 申

『蔚珍鳳坪碑』（五二四年）　-p 十　-t 吉　一　勿　悉　述　-k 即　毒　力　宍　尺　若

-m 心　-n 昕　先　慎　男　本　洗　斤　珍　文　辛

ほかに、五世紀の資料には『広開土王碑』（四一四年）、六世紀では『永川菁堤碑（丙辰銘）』（五三八年）、『丹陽新羅赤城碑』（五五〇年頃）などがあり、『広開土王碑』には、右には見えない ŋ 韻尾字の「農売城」も見える。

このように、古代朝鮮において、閉音節の表記に特別の配慮がなされていることは明白である。これらの表記法は百済関係資料だけの特殊な表記ではなく、金石文や『三国史記』などの諸例から見て、古代朝鮮において一般に行われたものであることは間違いない。そして、その表記原理が五世紀の日本でも用いられたことは、『稲荷山古墳鉄剣銘』において、所用の万葉仮名字母が『日本書紀』所載の古代朝鮮固有名などの表記に用いられた音仮名と著しく一致する点、さらには「足」の二合仮名が用いられている点などから明らかである。二合仮名がその韻尾と異なる音節に当てられた例として「平群」「播磨」「群馬」などが例として示されることがよくあるが、「リ」が舌内撥韻尾 n で表記されたのは前述の「珍」において、古代朝鮮で、韻尾の -r に -n が当てられたことによるものであって、渡来人による表記法に由来するものであろう。そして、このような調音点を同じくする場合、唇音の m 韻尾を同じ唇音の bi にあてて「淡等」、舌音の n 韻尾を同じ舌音の di にあてて「但馬」「丹比」と表記することも行われるようになったと考えられる。

ただ、二合仮名・連合仮名の用法は古代朝鮮における創始ではなく、古代中国において梵語を漢訳する際などに用いられたものであることは、大野透『萬葉仮名の研究』(明治書院、一九六二年、四三七頁) に述べられているとおりであろう。梵語を漢字で表記しようとした原理は、古代朝鮮で新羅・百済・高句麗の言語を、そして上代日本で日本語を漢字表記するための原理ともなったのである。

このように見ると、『稲荷山古墳鉄剣銘』の「半」を略音仮名とすることには躊躇される。そこで、『日本書紀』を見ると、次のような人名が見える。

膳臣巴提便　(欽明紀六年三月条)

「巴提便」は『釈日本紀』古訓および『日本紀竟宴和歌』(延喜六年) によって「ハスヒ」と読み慣わされている。しかし、「提」は清音テにも用いられるが、多くは『那須直韋提碑』(七〇〇年) などに見えるように濁音デの仮名である。したがって、「巴提便」はハデヒの表記であり、それが名として上代に存在した蓋然性がある。「半」のｎ韻尾は、人麻呂歌集略体歌の「安治」と同じくダ行音に続く「連合仮名」に準ずる用法として、濁音の入りわたり音の鼻音的要素を表記したものと扱うことができる点からも、「半弖比」はハデヒを表記したものと見るべきであって、「半」を略音仮名と認める必要はなかろう。むしろ、古くから、連合仮名として韻尾を解消しようとした用字法が広く行われていた点を考え合わせると、略音仮名の出現は比較的新しいものではなかろうか。ただし、それが先に見た人麻呂歌集において創始されたかどうかは今のところ未詳である。恐らく略音仮名の用法がすでに存在していて(6)、それを略体歌に採用したと見るのが穏当のように思われる。

三　多音節仮名の成立

二合仮名が全音仮名と同時に、日本語音韻の表記に用いられたことは、日本語の音韻表記に重要な意義を持つにもかかわらず、これまであまり重要視されてこなかった感が否めない。それは、使用例も少なく、やや技巧的な用法であるという印象が強く、また、日本語の音節構造から見て二合仮名は臨時的なものであるというように、漠然と考えられてきたからであろう。この点については、橋本四郎「多音節仮名」(『澤瀉博士喜寿記念萬葉学論叢』澤瀉博士喜寿記念論文集刊行会、一九六六年)で、『万葉集総索引　漢字篇』において二音節以上を表す文字が表音的に用いられる場合でも表意用法と一括して「訓義」の項に収められていることに関して次のように述べていることが参考になる。

仮名は一音節といふ固定観念の存在がこの混乱を生んだもので、われわれ自身もまた、これらの文字に「仮名らしくない仮名」といふ評価を与えがちな意識の束縛から脱却しきってはゐない。(前掲書六四三～四頁)

この指摘は今でも新鮮に響くところがある。それは、二合仮名の位置づけが未だに明確ではないことに起因するように思われる。訓仮名の確例が七世紀であることを考えると(7)、むしろ、多音節仮名の史的な展開は二合仮名を中心に据えることで、明らかになるのではなかろうか。

多音節仮名の起源となる有韻尾字の使用は、古代朝鮮ではその固有の音韻を表記するために積極的に使用されていた。日本語表記でもこれを継承して、『稲荷山古墳鉄剣銘』の「足尼」のように有韻尾字が使用されているが、「足」の末尾子音に添えた母音がuであることは注意される。これは、前記の百済関係資料など、末尾子音に多くi、uが添えられていることを考えると(8)、聞こえ(sonarity)の小さい母音が選ばれるという一般原理に由来するとともに、古代朝鮮における開音節化の表記原理が日本語における開音節化に影響を与えた可能性も少なからず考えられる。前掲の「宇流助富利智干」(神功紀摂政前紀)はur-spurkanの表記と見られ、rは「流」、sは「助」、rは「利」に対応している。このような、「流」がrと、「助」がsと等価値的であるという意識に支えられて、日本語表記おいてスクをsuk(足)で表わすことも自然な成り行きであったと考えられる。開音節の構造を持つ日本語では、「足」は

suku（soku）という発音として初めて安定するという背景にも、それは支えられている。このように見るならば、二合仮名は「鬼っ子」のような特別なものという見方は当たらない。

　この二合仮名で注目されるのは、古くは単語表記の第一字目に使用されている点である。人麻呂歌集を除く七世紀の資料および百済関係資料では、「足尼」「徳保」「旦波」「各羅」など、すべてが語頭に位置している。このような例は、「相模」「信濃」「筑波」「讃岐」など、固有の地名表記にも多く見える。(9) 二合仮名の使用は、日本語における自立語的なものに付属語的なものが添えられるという文法的特徴にも起因して、あるまとまりを語頭に示すというものであったと考えられる。「多音節仮名」における、あるまとまりを示す働きを統成機能と名付けたのは橋本四郎であったが（前掲書六六八頁）、これを広い意味に解すると、二合仮名の語頭における使用も統成機能と称することもできる。

　複数の音節を表す音仮名（二合仮名）は、訓仮名の発生に伴って、同じく複数の音節を表す訓仮名（多音節訓仮名）を生み出していったのであろう。それは、「額田部《ぬかたべ》」（岡田山一号古墳出土鉄刀銘）、「高屋《たかや》」（菩薩半跏像銘）、「高志《たかし》」（観音寺遺跡出土木簡）のような、一次的には漢字の表意機能による日本語音韻の表記が普及し、やがて語源解釈による漢字表記が増大するにつれて、表意的機能から遊離する度合いが強まったことに由来しよう。(10) 表意性を一次的に捨象した漢字において、日本語の音韻表記の二つの表音的側面、すなわち音と訓とが存在し、一方の存在が当然他方の存在をも促していくというものであった。多音節訓仮名は、二合仮名の存在を前提として生み出されたと見て間違いない。

　多音節訓仮名は、現在のところ人麻呂歌集略体歌に現れるものが最も古いもののようである。

玉坂《たまさかに》　吾見人　何有　依以　亦一目見　（巻十一　2396）
水上　如數書　吾命　妹相　受日《うけひ》鶴鴨《つるかも》　（巻十一　2433）
大船　香取海　慍下《いかりおろし》　何有人　物不念有　（巻十一　2436）

このような用法が人麻呂歌集略体歌において初めて試みられたかどうかは不明である。恐らく、先に推測したように固有名詞の表記には、たとえば「出雲」（鰐淵寺観音像銘）のような語源解釈に基づく多音節訓仮名を用いるというような事態も生じていたであろう。ただし、略体表記において付属語的要素に、「鶴《つる》」「鴨《かも》」をはじめとする「谷《だに》」「管《つつ》」などの多音節訓仮名が用いられている点は注意すべきである。それが字訓の連鎖を原則とする略体表記に由来するものであって、音形式を限定することに留意したためである点から見て、付属語的要素の表記に用いたのは人麻呂歌集略体歌が最初かもしれない。この点については今後の資料発掘を俟つ以外にない。

ところで、二合仮名を人麻呂歌集非略体歌にみると、次のとおりである。

険　ケム　（m韻尾）　古尓有険《ありけむ》人母《ひとも》如吾等架弥和乃檜原尓挿頭折兼　（巻七1118）

玉津嶋礒之裏未之真名子仁文尓保比去名妹《いもも》　触険《ふれけむ》　（巻九1799）

兼　ケム　（m韻尾）　古尓有険人母如吾等架弥和乃檜原尓挿頭《かざし》折兼《をりけむ》　（巻七1118）

古之賢人之遊《あそびけむ》　兼吉野川原雖見不飽鴨　（巻九1725）

古人之《ひとの》殖兼《うゑけむ》杉枝霞霏霺春者来良之　（巻十1814）

為我登織女之其屋戸尓織白布織弖《おりて》兼鴨《けむかも》　（巻十2027）

点　テム　（m韻尾）　剣後鞘納野葛引吾妹真袖以著点《きせてむと》等鴨《かも》夏草苅母　（巻七1272）

長谷弓槻下吾隠在妻赤根刺所光月夜邇人見《ひとみ》点鴨《てむかも》　（巻十一2353）

濫　ラム　（m韻尾）　敷栲之衣手離而玉藻成靡可《なびきかぬ》宿濫《らむ》和乎待難尓　（巻十一2483）

君　クニ　（n韻尾）　辛苦晩去日鴨吉野川清河原乎雖見《みれど》不飽《あかな》君《くに》　（巻九1721）

香　カグ　（ŋ韻尾）　香山尓《かぐやまに》雲位桁曳於保々思久相見子等乎後恋牟鴨　（巻十一2449）

鍾　シグ（ŋ韻尾）　竿志鹿之心相念秋芽子之鍾礼零丹《しぐれのふるに》落僧惜毛　（巻十2094）
　　　　　　　　　朝露尓染始秋山尓鍾礼《しぐれ》莫零《なふりそ》在渡金　（巻十2179）
雑　サヒ（p韻尾）　住吉波豆麻公之馬乗衣雑《さひ》豆《づ》臈《らふ》漢女乎座而縫衣叙　（巻七1273）
臘　ラフ（p韻尾）　住吉波豆麻公之馬乗衣雑《さひ》豆《づ》臈《らふ》漢女乎座而縫衣叙　（巻七1273）
越　ヲト（t韻尾）　都追慈花尓太遥《にほえ》越売《をとめ》作楽花佐可遥《さかえ》越売《をとめ》　（巻十三3309　長歌）
　　ヲチ　　　　　吾等待之白芽子開奴今谷毛尓宝比尓徃奈越方人邇《をちかたひとに》　（巻十2014）
作　サク（k韻尾）　都追慈花尓太遥越売作楽《さくら》花《ばな》佐可遥越売　（巻十三3309　長歌）
目　モク（k韻尾）　痛足河々浪立奴巻目之《まきもくの》由槻我高仁雲居立有良志　（巻七1087）

このほか、五行説による相通で、「火」を「南」に当てたものもある。

南（火）ナム（m韻尾）　吾恋孀者知遠徃船乃過而応来哉事毛《ことも》告火《つげなむ》　（巻十1998）

ここでは、いずれも母音を添えるだけの対応関係であって、その韻尾に混乱はない。この点からも、「淡等《たびと》」「平群《へぐり》」のような固有名詞表記における二合仮名の韻尾の転換が臨時的なものであったことは明瞭であろう。ただ、注目すべきは、非略体表記が略体表記の二合仮名の用法を踏襲しただけではない点である。二合仮名は、略体表記では自立語に用いられるだけであったが、非略体表記ではケム・ラムなどの付属語的表記に及んでいるのである。二合仮名にも、「鶴《つる》」「鴨《かも》」のような多音節訓仮名の付属語表記法を適用したものであろう。[11] それは、略体表記で「有《う》廉《れむ》叙《ぞ》波《は》」「相狭《あふさ》丸《わに》」のように、語中・語尾における二合仮名の使用がすでに見え、語頭における統成機能を消滅させていたことからの当然の帰結でもあった。人麻呂歌集非略体歌の表記原理は、二合仮名と多音節訓仮名を「多音節仮名」として自在に駆使するという、新たな段階をもたらしたと認められる。

おわりに

二合仮名が多音節仮名の発達に関して極めて重要な位置を占めていることは上述のように明らかであるが、これは字音に対する伝統的な把握のしかたに基づくように思われる。この点について、一九九八年に飛鳥池遺跡から出土した、いわゆる「字書木簡」が注目される。

熊汗吾　匝ナ布　恋累尓　（奈良国立文化財研究所『飛鳥・藤原宮発掘調査出土木簡概報』一九九八年九月）

まず、「熊」は呉音ウであるが、喉内撥韻尾ŋを有するものであって、これを疑母の「吾」で表したものである。「吾」は模韻所属の字で、同じ模韻の「奴」「都」などから見て、呉音および古音ではグであったと見られる。これは、前述のように子音韻尾にuを添えるという原則に適うものである。ただし、平安時代にŋ韻尾を「グ」で表記した例はないが、それが却って忠実に韻尾を表記しようという古い表記法を浮き彫りにしている。「匝」は唇内入声pを「布」で表した「サフ」、「恋」は一字目は「累」のような字であるが、いずれにせよ、舌内撥韻尾nを「尓」で表した「□ニ」と読める（この点は平安時代に受け継がれていく）。この木簡では、子音韻尾の字音をそれぞれ二合仮名に相当する表記で表しているのである。字音において、子音韻尾が明瞭に把握されることは、日本語のみならず、古代朝鮮語でも同様であり、そのような伝統的な把握のしかたが二合仮名（および連合仮名）によって継承されてきた側面を物語るように思われる。七世紀以前において、字音の有韻尾に対して敏感であったというよりも、むしろ二合仮名として把握されてもいた事実を端的に示すものである。

註

(1)『春日政治著作集　第一冊』(勉誠社、一九八二年)一四頁。
(2)注1書一七頁。
(3)いずれも東野治之執筆「各個解説」による。
(4)稲岡耕二『萬葉表記論』(塙書房、一九七六年)二〇三頁。
(5)拙著『日本古代の表記と文体』(吉川弘文館、二〇〇〇年)第二章第二節参照。
(6)音韻の省略表記かとも見られる例は百済関係資料に存する。

佐知村飼馬奴苦都〈更名谷智〉　(欽明紀十五年十二月条)

これは、後文に「一本云」に「谷知」とも見え、コツはコクチのク(もしくは子音k)の音韻脱落であろう。また、次の「費智」はホチで、ホチキのキの音韻脱落ではなかろうか。

費智　(継体紀二十三年四月是月条「一云」の引用中)

発鬼　(敏達紀四年六月条)　弗知鬼　(推古紀八年是歳条)

このような表記が現れる背景には、日本語の開音節性が影響しているようにも思われ、それらは意図的な省略ではない可能性もある。ただし、このような子音韻尾の省略という表記に、略音仮名の成立の契機があるように考えられる。
(7)注5書第一章第二節参照。
(8)大野透『萬葉仮名の研究』(明治書院、一九六二年)四二五頁参照。
(9)注8書四三三頁に、三音節語の音仮名二字表記では、第二、三音節よりも第一、二音節に二合仮名を用いるのが普通であるという指摘がある。
(10)訓の草創期においては、二合仮名の、語頭における統成機能が、多音節を表す訓字の表記にも及んでいた可能性が想定される。
(11)二合仮名の付属語表記への転用は、「干各」の「干」などに付属語的要素を含む表記があることを契機として、内部に切れ目のある「点」(テ＋ム)などの付属語表記を介して、さらに一語的な「兼」「濫」(ケム・ラム)などに及んでいった過程も想起される。

第五章　日本古代の地名表記

第一節　『出雲国風土記』の音韻と表記

はじめに

『出雲国風土記』は、和銅六年（七一三）の風土記撰進の趣旨に沿って、多くの地名を含んでいる。それは、天平五年（七三三）という時期の、ある地方における表記のあり方を見る上で一つのまとまりをなしており、表記と音韻の関係を考える上で興味深い例を示している。

現存の『出雲国風土記』は、これまでの研究史で明らかにされているように、中央に奏上された正本でなく、副本の系統のもののようであるが、むしろその方が、個々の表記がもとの状態、当時の現状をそのまま保たっているとも推測され、表記史を探る上では好都合だとも言える。ただ、写本に恵まれず、その伝本の系統も豊富であるとは言いがたい。そのため、本文校訂に苦慮する場合が少なくなく、従来ともすれば恣意的な本文改変に魅せられがちであった。それを極力排するとともに、上代語としての妥当な読みを提供しようとして編集したのが、佐藤信・矢嶋泉との共編による『出雲国風土記』（山川出版社、二〇〇五年）である。本稿では、その校訂本文・訓読文を作成する過程で思いついたことを若干述べることにしたい。ただし、本稿はあくまで個人的な考察によるものであって、文責はすべて筆者に帰すものである。

一　範疇詞と限定詞

行政単位を表す「郡・郷・里・村」、神社を示す「社」、地形に関する「山・川・島・池」などを後続させているものをここでは地名表記と総称することにするが、その呼び名の表記に興味深い例が見える。そこで、ここではそれを整理するために、たとえば、「意宇郡」「由貴社」「長江山」を例にすると、「郡・社・山」という普通名詞は範疇詞、それに前接する、区別して呼ばれる要素である「意宇・由貴・長江」を限定詞と呼ぶことにする。

まず、『出雲国風土記』には、音仮名で母音連続となるような限定詞の表記が次のように見える。

（1）同一母音の連接

〔u—u〕　由宇社（意宇郡）　布宇社（意宇郡）　久宇島（島根郡）　都宇川（楯縫郡）

〔i乙—i〕　斐伊大河（出雲郡）　斐伊郷（大原郡）

〔o乙—o〕　許意島（島根郡）

〔a—a〕　伊奈阿気社（島根郡）

（2）異なる母音の連接

〔a—i〕　阿伊村（仁多郡）

〔o—u〕　意宇郡（意宇郡）

〔u—o〕　都於島（秋鹿郡）

古代日本語には母音の連接は認められない。したがって、(1)の同一母音の連接の場合、「伊奈阿気社」を除き、すべて一母音の音写とみて、「由宇」などの限定詞は一音節を表したものと見てよかろう。

由《ゆ》宇社(意宇郡)　布《ふ》宇社(意宇郡)　久《く》宇島(島根郡)　都《つ》宇川(楯縫郡)　斐《ひ》伊大河(出雲郡)　斐《ひ》伊郷(大原郡)
許《こ》意島(島根郡)

これらは『新訳華厳経音義私記』に見られる「蚊」に対する「加安」などと同様、一音節の発音がやや長めであったためであろう。それとともに、「紀《き》伊」がそうであるように、限定詞として二字であることが求められたことにも由来する。「由宇社」は同じ意宇郡に見える「玉作湯《ゆ》社」からみて、「由《ゆ》宇」は「湯」のことであろう。「許《こ》意島」のコは乙類で、「此」でなければ、「木」(被覆形)であろう。

これに対して、「伊奈阿気社」はイナアゲであろう。同じ島根郡条には「稲上浜」の例が見え、この「稲上」はイナアゲであって、『古事記』の「高天原」の訓注に見える「訓高下天云阿麻」と同様に、アの音節を脱落させないという表記である。

次に異なる母音連接の(2)を見てみよう。「阿伊」「意宇」はそれぞれアイ、オウであって、これらは広義のイ音便、ウ音便のさきがけと見る以外にない。すでに『万葉集』に「加伊」(153)、「麻宇勢」(4061)のようにカイ(楫)、マウス(申)という例が見られることから、右は「阿伊《あい》村」「意宇《おう》郡」という読みが許されるであろう。

ただ、「都於島」はツオ(シマ)と読まれるのであろうか。このような母音連続は上代には類例がない。もちろん、tuo から類推される two などという発音も考えられない。仮に漢音のトの用法であれば「都於」はその長音表記ともなろうが、「都」は上代では『日本書紀』でもツであって、そのような想定はしにくい。そうすると、これは「都於」の間に無表記のものがあることを想定するのが穏当ではあるまいか。たとえば、音仮名が連なる表記で、ノを補読した例が『出雲国風土記』には見える。

　爾佐加志能為社（島根郡）

これは『延喜式』巻十神祇十神名下（以下、「延喜式神名帳」と略称する。『延喜式』は国史大系本による）の出雲国島根郡条に「爾佐能加志能為社」とあり、したがって『出雲国風土記』の例も「爾佐加志能為社《にさのかしのゐ》」と読める。郡は異なるものの、音仮名の連続における、このようなノの補読例があることに照らせば、「都於島」はツノオ（シマ）と読むのが妥当であるように思われる。

ただし、ノの補読は『出雲国風土記』では例外であって、普通にはノが表記されている。

　須我乃非《すがのひ》社（仁多郡）

これは「菅火野」（仁多郡）の限定詞と共通する。また、範疇詞に続く場合にも、次のようにノが表記された例も見える。

　賀豆比乃《かつひの》社（意宇郡）　加豆比乃高《かつひのたか》社（意宇郡）　伊奈佐乃《いなさの》社（出雲郡）　知乃《ちの》社（神門郡）

　和加布都努志能《わかふつぬしの》命（秋鹿郡）　赤衾伊農意保須美比古佐和気能《あかふすまいのおほすみひこさわけの》命（秋鹿郡）

　赤衾伊努意保須美比古佐委気能《あかふすまいのおほすみひこさわけの》命（出雲郡）

延喜式神名帳の意宇郡条に「勝日神社　勝日高守神社」、同じく出雲郡条に「因佐神社」、神門郡条に「智伊神社」とあり、限定詞がノを介して範疇詞に続く例と認められる。このような例は限定詞を二字に準じるように書き表した「知乃《ちの》社」の例を除いて、思わず筆が滑ってしまったと考える以外にない（神名については後述参照）。

一方、訓による表記に母音連続となる例が見えるが、それらは次のように読むことができよう。ただし、「稲上浜《いなあげ》」（島根郡）は前述参照。

①同一母音の連続における後続母音の脱落

［a—a］　石穴山《いはな》（飯石郡）　川相郷《かはひ》（神門郡）　穴厚山《あなつ》（飯石郡）　高麻山《たかま》（大原郡）

［i—i］　鯉石島《こひし》（島根郡）　杜石池《もりし》（秋鹿郡）　御厳島《みつき》（出雲郡）　飯石郡《いひし》（飯石郡）

［u—u］　春殖社《はるゑ》（大原郡）

②異なる母音の連続における後続母音の脱落

［o—i］　門石島《かどし》（出雲郡）　此市山《このち》（仁多郡）

③異なる母音の連続における前接母音の脱落

［a—u］　河内郷《かふち》（出雲郡）

［o—u］　屋裏郷《やぬち》（大原郡）

右以外の、次のような例は脱落のないものとみたい。

［o—o］　子負島《こおひ》（出雲郡）

［o—u］　大内野《おほうち》（仁多郡）

［i—o］　日置郷《ひおき》（神門郡）

「子負」はまさにコオヒであり、「大内野」は「内野」に、美称として「大」が冠せられたもので、ここでは脱落はないものと見てよかろう。「日置」はヘキともなるように、母音脱落は想定できない。あるいは、母音連続が別の母音に変化したヘキの読みの可能性もあろう。ちなみに、母音連続が別の母音に転じたと見られるものとして次のものがある。

［a—i］　赤市池《あけち》（楯縫郡）

このほか、同一または類似の音節連続における音節脱落の例としては次の例がある。

河原《かはら》社（意宇郡）　川原《かはら》社（島根郡、大原郡）　長柄《ながら》山（神門郡）

ところで、イ乙類・ウ・オ乙類の音節には、前掲のように一音節二字の表記例が少なからず見える。それは、「斐伊」という地名表記が身近に存在したため、それを見慣れていることから限定詞の一音節表記法も意識できたかと思われる。また、そこには限定詞は二字であるべきだという表記意識も存したであろう。ただし、限定詞が一字であるものも次のように数多くある。

[里]　島《しま》里（島根郡）
[村]　渡《わたり》村（秋鹿郡）
[社]　城《き》社・前《さき》社（意宇郡）　水《みづ》社（楯縫郡）
[山]　荻《をぎ》山・志《こころ》山（意宇郡）　江《え》山（島根郡）　今《いま》山（秋鹿郡）　屋《や》山・陰《かげ》山・稲《いな》山・桙《ほこ》山・冠《かがふり》山（神門郡）　箭《や》山（飯石郡）　託《（たか）》山・恋《こひ》山（仁多郡）
[池]　匏《ひさご》池（島根郡）
[野]　蝨《むし》野（島根郡）
[島]　粟《あは》島・子《こ》島・羽《は》島（意宇郡）　栲《たく》島・船《ふね》島・匡《きし》島・赤《あか》島・黒《くろ》島・小《こ》島・鳩《はと》島・鳥《とり》島・衣《ころも》島・土《つち》島・長《なが》島・大《おほ》島・亀《かめ》島・附《つき》島・蘇《そ》島・松《まつ》島・鶴《つる》島・間《ま》島・御《み》島・葛《かづら》島・櫛《くし》島・真《ま》島・名《な》島・三《み》島（島根郡）　白《しろ》島（秋鹿郡）　脳《なづき》島・里《さと》島（出雲郡）
[浜]　鷺《さぎ》浜（出雲郡）
[埼]　瀬《せ》埼（島根郡）　山《やま》崎（出雲郡）

これらの例を見ると、ほとんどが限定詞の一字を訓によっていることがわかる。このことは次のような原則を導き出す。

○限定詞が音仮名による場合、一字表記ではなく、たとえば一音節であっても引き音の要素を表記して「由宇」とするほか、「知乃《ちの》社」(神門郡)のように範疇詞に続くノを表記して二字とする。

○限定詞が訓による場合、それが一字であっても問題なく、範疇詞とともに訓で二字表記となって、地名二字表記に準じるものとなる。

ただし、右の原則、特に後者に関して、「志山」「託山」「蘇島」が問題となりそうである。そこで、これらについて少し検証しておこう。

まず、「志山」は諸注釈では「阿志山」というように「阿」を補うことがあるが、細川家本・倉野本など諸本とも「志山」であるから、まずはこれに従うべきである。「志山」は前掲「斐伊」という表記に照らせば、限定詞一音節の表記と見るにはやや難がある。そこで、訓読すると、「志」にはココロザシのほか、観智院本『類聚名義抄』にはココロの訓もあるから、ここではココロヤマと読むのが適当なように思われる(1)。

次に「託山」であるが、「託」をタカと読むのは音によるものであるから、ここでは例外となる。しかし、この「託山」は本文に脱落があって、限定詞が二字となるべきもののように思われる。そこで、仁多郡の山および川の記事を抜粋して次に示す。

〔山〕

鳥上山。郡家東南卅五里。(略)

室原山。郡家東南卅六里。(略)

〔川〕

室原川。源出郡家東南卅五里鳥上山、北流。(略)

横田川。源出郡家東南卅六里室原山、北流。(略)

灰火山。郡家東南卅里。（略）　灰火小川。源出灰火山、入斐伊河上。（略）
託山。郡家正南四十七里。（略）　阿伊川。源出郡家正南卅七里遊託山、北流入斐河上。（略）
御坂山。郡家西南五十三里。（略）　阿位川。源出郡家西南五十里御坂山、入斐伊河上。（略）
志努坂野。家西南卅一里。（略）
玉峰山。郡家東南一十里。（略）　比大川。源出郡家東南一十里玉岑山、北流。（略）
湯野小川。源出玉岑山、西流入斐伊河上。

（以下「城紺野・大内野・菅火野・恋山」と続く）。

右では、山の名の出現順が、それが源となる川の名の出現順と一致している（楯縫郡にも用例数が少ないながら出現順に一致が見られる）。このことは、仁多郡の記述においては、山の名と川の名の配列順に意識的に対応関係を持たせたと見るべきであって、偶然の一致とは考えがたい。また、御坂山のように距離に不一致が見られることからも、それぞれ第四例の、正南「四十七」里と正南「三十七」里というような違いはあっても、「託山」は「遊託山」と同一の山と見るのが自然であろう。その場合、「遊」が脱落したと見るのが穏当であるから、「託山」は「遊《ゆ》託《たか》山」と校訂すべきである。したがって、この「託山」は限定詞一字の例とはならない。

ちなみに、「託」のような有韻尾字の扱いを次に表示しておく（連合仮名以外は代表例）。

〔二合仮名〕　伯大《はかた》山・佐《さ》雑《さふ》埼（意宇郡）　法吉《ほほき》郷・質簡《しつか》比《ひ》社・澹由《たまゆ》比《ひ》浜（島根郡）
〔連合仮名〕　宅伎《たき》戌（巻末）
〔略音仮名〕　本字文理《もり》（意宇郡）〔nの略[2]〕

法吉郷《ほほき》（島根郡）〔tの略〕
須作能乎命《すさのを》（秋鹿郡）〔k、ŋの略〕

最後に「蘇島」であるが、これは諸注釈ではソシマと読まれている。ただ、限定詞一字が音仮名である例はこれまで見てきたように類例がない。そのため、「蘇」を字訓と見たいが、そうすると、ヨミガヘル、ノラエ・ヌカエ（十巻本和名類聚抄に植物名「蘇」の訓として「乃良江」「奴加江」が見える）などが挙げられる。出雲郡の限定詞一字の島名は、形態・色彩のほか、「鳩島」「葛島」などのように動植物名に相当するものが用いられている点から見ると、ノラエ（シマ）もしくはヌカエ（シマ）の読みも想定される。しかし、「蘇」の、植物名としての訓の定着度には疑問が残り、むしろソ甲類の音仮名の方が『古事記』『万葉集』などにも、そして「社部臣訓麻呂之祖波蘇」（秋鹿郡）などとも見えることから、一般的な用法ではあるまいか。「許意島」というように二字表記できなかったのは、オ段乙類音には長めの一音節が認められるが、オ段甲類音にはそれが存在しなかったという蓋然性もある。また、「十」「麻」などの訓字もソ甲類を表象し特定するには必ずしも適当ではない。とすれば、ソシマという名は結局「蘇島」としか表記できなかったという事情があったのかもしれない。ここでは、限定詞一字を音仮名で表記する唯一の例外的な表記と見ておくことにする。

以上、唯一の例外を除くと、限定詞が音仮名の場合と訓による場合では表記意識が異なっていたことが明らかである。その背景には漢字における音と訓の位相差が判然としていたことが認められる。

二　限定詞の音訓交用

そこで、さらに『出雲国風土記』における限定詞の音訓交用の状況を見ておきたいと思う。まず、郷名の「本字」

として記す箇所に音訓交用例が少なからず見える。

本字恵《ゑ》伴《とも》（秋鹿郡）

本字三《み》太《た》三《み》（出雲郡）

今字三《み》刀《と》矢《や》　本字三《み》刀《と》屋《や》（飯石郡）

本字支《き》自《じ》真《ま》（飯石郡）

これらは文字能力の低い者によって臨時的に表記されたために、音訓の区別なく交え用いられたものであろう。それがそのまま古く慣用されていたということは、上代の地方における用字意識を考える上で示唆的である。ちなみに、風土記編纂時の「今」では、それらの音訓交用は解消され、「恵曇・美談・三屋・来島」となっている。

ただ、次の例はそのまま音訓交用が残されている。

漆沼《しつぬ》郷（出雲郡）　本字志刀沼（出雲郡）

薦枕《こもまくら》志《し》都沼値《つぬち》（出雲郡）

この「沼」字の使用は、シツヌという土地が沼地であることを十分に意識したためであろう。したがって、「沼」の用字は正訓として生かす一方、シツの訓字（一字）を探したが適当な用字が見つからなかったために致し方なく音訓交用となったのであろう。その意味で言えば、形態素の内部での音訓交用ではないことになる。

訓が二音節であるものとの関係で見ると、次のとおりである。

(1)守《(もり)》加《か》社（出雲郡）

(2)辛《から》大《た》保《ほ》浜（出雲郡）

(3)志《し》志《し》乃《の》村《むら》社（飯石郡）

(4)伊佐山《いさやま》社（大原郡）
(5)仰支斯里《しり》社（仁多郡）
(6)樋《ひの》仰支知麿《しりまろ》（大原郡）
(7)青幡佐《あをはたさ》草日古《くさひこ》命（大原郡）
(8)土椋《とくら》烽（巻末）

(1)「守加社」は、諸注釈では延喜式神名帳の出雲郡に「宇加神社」とあることから、「守」を「宇」に改めている。音訓交用でモリカと読むのはやや無理があり、他方「守」を音仮名用法として、たとえばスと読むのも、上代に「守」の音仮名例が見えないことから支持しにくい。ここは「宇加」の誤写と見るのが穏当であるように思われる。

(2)「辛大保」は従来「辛」が「宇」に校訂されてきた。しかし、ここは形態素カラの訓として「辛」のままでよかろう。(3)・(4)も形態素として「村」「山」を表したものであるから、これも問題はない。

(5)・(6)は諸本とも「仰支」とあって、このままではアフギなどと読むことになる。ただ、このような、語幹から活用語尾に渡る音訓交用は『出雲国風土記』に類例が認められない。細川家本・倉野本では「仰」の字体が「印」に似ていることから、原文の「仰」は「印」の誤写であって、すなわちこの二字は「印支」であり、イナキと読むべきではないかと思われる。そうすると、(5)は「印支斯里《いなきしり》社」、(6)は「樋印支知麿《ひのいなきしりまろ》」と解せられることになる。ちなみに、(5)は「里」は古音でロの音仮名でもあるところから、あるいはもとイナキシロ（稲置代）であった可能性もある。後に、「里」は新たに呉音のリで読まれるようになったとも考えられる(3)。

(7)は「青幡佐久佐丁壮命」（意宇郡）の例もあり、神名そのものには音訓交用が認められるが、形態素のレベルでは少なくとも「日古」の部分ではその内部における音訓交用の例とはならない。

⑻「土椋」は諸注釈とも「土」をト甲類の音仮名と見て、トクラとしている。訓によるツチクラの可能性もあるが、仮にトクラであっても、形態素のレベルではその内部に音訓交用を認める必要はない。

他方、一音節の訓の例で見ると、次のような例が存する。

⑼比《ひ》津《つ》社（島根郡）
⑽久《く》奈《な》子《ご》社（神門郡[4]）
⑾城《き》紲《（せ）》野（仁多郡）

いずれも正訓として用いられたものかと見られる。ただ、⑾は諸注釈ともキセノと読んでいるが、「紲」は呉音セチであって、これを音仮名として用いるのは極めて異例であり、しかも音訓交用での略音仮名の用法を想定する見方には従いがたい。ここは「紲」は訓で読むべきであって、「紲」は観智院本『類聚名義抄』に「キヅナ・ナハ」などの訓が見えることから、キヅナ（ノ）またはキナハ（ノ）というように改訓すべきであろう。

このほか、「食師《みけし》社」（意宇郡）の例もあるが、この「師」はスの連用形に由来する訓仮名シと見ることができる。『出雲国風土記』における音訓交用は「本字」の例を除くと、正訓字と音仮名の交用というレベルであると認められる。

三　特異な万葉仮名字母

『出雲国風土記』で特異な音仮名として、「如」の使用があげられる。

波《は》如《ね》社（出雲郡）
阿《あ》如《ね》社（神門郡）

後者は延喜式神名帳に「阿禰神社」とあるものに相当すると見られる。したがって、「如」はネを表すものと見てよかろう。前者も「波如」をハネと見て問題なかろう。「如」は中古音では内転第十一魚韻平声三等韻で、同韻字には「於・居・去・呂」などがあって、オ段乙類相当となるが、「居」が古音でケ乙類であるように、古くはネに相当するものと見られる。ただし、上記以外に使用例がなく、極めて特異な字母ではある。

同じくネには次のような音仮名使用も見られる。

阿年知社《あねち》（楯縫郡）

日本古典文学大系『風土記』（岩波書店、一九五八年、秋本吉郎校注）では後藤蔵四郎『出雲国風土記考証』（大岡山書店、一九二五年）の説にしたがって「年」を「計」に改めている。しかし、「計」はケ甲類であり、アケチは前掲「赤市《あけち》池」（楯縫郡）との関係で見ると、そのケは乙類であろうから、上代特殊仮名遣いの異例となる。ここは、そのまま「年」とするのが穏当であろう。「年」の万葉仮名用法は『万葉集』などにも見えるが、『出雲国風土記』ではこの例だけである。

このようなネに、常用的な「禰」のほかに「如」「年」のような特異な字母が用いられるのはなぜであろうか。この点については、秋本吉郎の説が参考になろう。氏は日本古典文学大系『風土記』で、神社名には各郡とも決まった基準がないとして、その理由として次のように述べている。

恐らく風土記編纂に際して、神社台帳の如きを資料とし、そのままに記載したもので、風土記編纂者の整理を経ていないためであろう。（前掲書、一一二頁頭注）

神社名が編纂者の整理を経ずに、何らかの原資料に基づいたと考えれば、「如」「年」のような、やや特異な音仮名の使用も理解できる。すなわち、エ段音はもともと万葉仮名表記がしにくく、たとえば『上宮聖徳法王帝説』に「吉多《きた》斯比弥乃弥己等《しひめのみこと》」とあるように、特にエ段甲類音はイ段甲類音と区別がなかった。さらに、ネには古く古音の「尼」が用いられていたが、「尼」は呉音ニであるため、これが避けられ、次第に「禰」に取って代わられたのであろう。その際、呉音ネイの「禰」のほかにも、「如」「年」などの入り込む余地があったと考えられる。すなわち、「如」「年」の使用は、音仮名選択の歴史的断面を示しているように思われる。この点は「俾」でも同様である。

　都俾志呂《つへしろ》社（意宇郡）

「俾」（ヘ甲類）の使用は極めて稀で、上宮記逸文に「俾支王」とあるにすぎない。また、「衛」も『日本書紀』に音仮名使用例が見えるものの、それ以外の上代資料には見あたらない。

　須衛都久《すゑつく》社（島根郡）

また、「義」は『上宮聖徳法王帝説』『常陸国風土記』の歌謡にゲ乙類の使用があるように古音ではゲ乙類であって（『万葉集』では3885番歌を除くとギ乙類に用いられている）、『出雲国風土記』でも同様であろう。

　須義《すげ》社・須義《すげ》浜（島根郡）
　多義《たげ》村（出雲郡、二例）
　須義弥《すげみ》命（大原郡）　多義《たげ》村（大原郡、二例）

島根郡の「須義浜」の遺称地を菅浦あたりと見る説に従えば、「須義」はスゲ乙を表したものと言うことができる。このように、複数の郡にまたがって「須義」「多義」という安定した表記がなされていることを見ると、逆に古層の万葉仮名として「義」がそのまま用いられていたと考えるのが自然であろう。

　このように、ネヘヱおよびゲに、一般的でない用字が多いのは、先に述べたエ段の万葉仮名字母の特異性に由来するように思われる[5]。そして、それが『出雲国風土記』のような地方における編纂書によく反映されている点は注目されよう。

エ段音以外では「裡」「兎」の用字が特筆に値する。

世裡陀《せりだ》社（大原郡）(6)

兎比社（飯石郡）

「裡」は、音仮名リとしての用法は他に類例がなく、「里」を増画したものであろうが、その場合「理」ではなかった点は興味深い。このほかに、イ段音の特異な万葉仮名として、次のような「致」「位」が諸写本に見える。

曾致乃夜社（出雲郡）

阿位川（仁多郡）　多位社（飯石郡）

前者の「致」は『日本書紀』に使用が見えるが、他の上代資料には用いられていない。同じ出雲郡神名火山条に「曾支能夜《そきのや》社」と見え、また延喜式神名帳に「曾枳能夜神社」とあるところを見ると、この「致」は「岐」または「伎」の偏を誤ったものかと考えられる。

後者の「位」は『万葉集』や『日本書紀』歌謡などにヰの万葉仮名用法がわずかに見えるが、あまり類例がない。このうち「多位社」は、延喜式神名帳に「多倍神社」と見えることから、「倍」を「位」に書き誤ったものと見るのが穏当であろう。(7)

次に「兎」は万葉集に「兎道」（巻一7）と見えるなど、訓仮名ウの例が若干見える。この「兎」（ウサギの意）は「菟」（植物名の一の意）とは本来別字であるが、通用して用いられることもあり、「菟」は万葉集では「菟芽子《うはぎ》」（巻十1879）、「菟楯《うたて》」（巻十1889）などとも見える。「菟」はすべて訓仮名ウの例ばかりであるのに対して、「兎」は『播磨国風土記』讃容郡条に「河内国兎寸村」とあって、この「兎寸」を諸注釈ではトノキとしている（ちなみに、『古事記』下・仁徳にも「兎岐河」の例が見える)。しかし、「兎」をトと読むのは音であって、訓仮名「寸」との連続では音訓交用となるため、にわかにはその説に従いがたい。上代の用字法から見れば、「兎寸」はウキとなるのが通例である。その「兎寸」はともかく、『出雲国風土記』の「兎比」は限定詞に「比」を含むことから、「兎」は音仮名である確率が高い。「兎」は中古音では内転第十二遇韻去声一等韻で、同韻字には「都・徒・奴」や「汙」などがあり、古くはツであろう（字書では呉音漢音ともトとする）。したがって、この読みとしてはツヒが適当であるように思われる。[8] これが音仮名であるとすれば極めて特異な例となり、それは取りも直さず古い時期の地方性用字の一端を示すものかと見られる。

以上のように、特異な用字は神社名に集中している点は注意すべきで、それは神社名が整理を経ない、原資料の表記を留めていたゆえであると考えられる。

ところで、万葉仮名と音韻との関係で見ると、「努」にヌとノ甲類の両用が認められる。まず、ヌの音仮名としか認められない例は次のとおりである。

布《ふ》都《つ》努《ぬ》志《し》命（意宇郡、二例）
和《わ》加《か》布《ふ》都《つ》努《ぬ》志《し》能《の》命（秋鹿郡）
沼田郷　本字努《ぬ》多《た》（楯縫郡）　努《ぬ》多《た》（楯縫郡）
和《わ》加《か》布《ふ》都《つ》努《ぬ》志《し》命（出雲郡）
阿《あ》陀《だ》加《か》夜《や》努《ぬ》志《し》多《た》伎《き》吉《き》比《ひ》売《め》命（神門郡）

「努多」という地名の「本字」表記に関するもの以外では、神名に限られている。しかも、ヌシ（主）という形態素に集中している点が留意される。このほかの「努」の使用例は次のとおりである。

努那弥《のなみ》社（島根郡）
加努夜《かのや》浜（島根郡）
伊農《いの》郷　本字伊努《いの》（秋鹿郡）　足怒伊努《いの》（秋鹿郡）　伊努《いの》社（秋鹿郡）
宿努《すくの》社（楯縫郡）
伊努《いの》郷　本字伊農（出雲郡）　伊努《いの》郷（出雲郡）
国引坐意美豆努《おみづの》命御子、赤衾伊努意保須美比古佐委気能《いのおほすみひこさわけの》命之社（出雲郡）
伊努《いの》（出雲郡、二例）　改字伊努《いの》（出雲郡）　伊努《いの》社（出雲郡、二例）
故努婆《このば》社（出雲郡）　同伊努《いの》社（出雲郡、二例）　弥努波《みのば》社（出雲郡）
意美豆努《おみづの》命（神門郡）
志努《しの》坂野（仁多郡）（篠）

これらのうち、「伊努」および「意美豆努」はイノ・オミヅノ（臣津野）であり、また「努那弥」はノナミ（同じ島根郡条に「野浪川・野浪浜」とある）であることは間違いない。それ以外はヌかノ甲類か決めがたいものの、ノ甲類の用法と見ることに特に問題はない。ただし、「故努婆」や「弥努波」の「努婆」「努波」はあるいは延喜式神名帳に「美努麻神社」とあるように、ヌマ（沼）のm—b交代形のヌバかもしれない。その一方で、ノマ（野ま）の交代形と見ることもできよう。

このように「努」の表す音韻は混沌としている。これに対して、「農」は次のようにイノだけに限られており、整理を経た用字と判断される。

伊農《いの》郷（秋鹿郡、三例）　赤衾伊農意保須美比古佐和気能《いのおほすみひこさわけの》命（秋鹿郡）

伊農波夜《いのはや》（秋鹿郡）　改字伊農《いの》（秋鹿郡）
伊農川《いの》（秋鹿郡）　伊農山《いの》（秋鹿郡）　伊農橋《いの》（秋鹿郡）
伊農川《いの》（楯縫郡）
伊努郷　本字伊農《いの》（出雲郡）　伊農社《いの》（出雲郡）
石見国安農郡《あの》（神門郡）　同安農郡《あの》（神門郡）
石見国安農郡《あの》（巻末総記）

一方、「奴」は次のとおりである。

奴奈宜波比売命《ぬながはひめ》（島根郡）
奴多之社《ぬたし》（秋鹿郡）
久志伊奈大美等与麻奴良比売命《くしいなだみとよまぬらひめ》（飯石郡）

第二例は根拠に乏しいが、第一・三例の神名ともにヌと見てよかろう。この「努・農・奴」の使用例から見ると次のように推測される。

（1）古く「努」は音仮名ヌとして用いられていた。
（2）新しくはヌに「奴」が用いられたのに伴って、「努」はノ甲類で用いられるようになった。
（3）新たに整理を経た表記ではノ甲類に「農」が用いられるようになった。ただし、神名には「努」が古い用法の音仮名ヌとしてそのまま用いられた。

神名の表記には原資料の表記が影響を与えていることは、範疇詞に前接する格助詞ノの、たとえば次のような表記から推測される。

和加布都努志能命《わかふつぬしのみこと》（秋鹿郡）

赤衾伊努意保須美比古佐委気能命《あかふすまいのおほすみひこさわけのみこと》（出雲郡）

おそらく、原資料には神名がミコトをも含め、『上宮聖徳法王帝説』に見えるように音仮名だけで表記されていたのであろう。

斯帰斯麻宮治天下天皇、名阿米久爾意斯波留支比里爾波乃弥己等、娶巷奇大臣名伊奈米足尼女、名吉多斯比弥乃弥己等、為大后。生名多至波奈等已比乃弥己等。妹名等已弥居加斯支移比弥乃弥己等。（以下略）

そのため、ミコトを「命」で正訓で表記した際にも、格助詞ノまでを音仮名で書き記したと見るのが自然な解釈のように思われる。この点は、後者に古音「委」が用いられていることも、原資料からの直接の影響であることを示唆しよう（古音は他にたとえば「奴奈宜波比売《ぬながはひめ》命」（島根郡）の「宜」などがある）。

ただし、神名に対して「和加布都努《ぬ》志能命」（秋鹿郡）の「努」とある一方で、「赤衾伊努《の》意保須美比古佐委気能命」（出雲郡）というように「努」とあるのは、秋鹿郡ではイノを「伊農」で統一して「赤衾伊農《の》意保須美比古佐和気能命」と記すのに対して、出雲郡ではイノを「伊努」で統一したため、右のような「伊努」となったものと見られる。「努」は「努志」「伊努」以外には決めがたいものも多いが、少なくとも編纂者の意識では原表記をそのまま踏襲した場合もあったにせよ、「今」という時点ではノ甲類と扱っていたと見て特に矛盾はなかろう。

このように、『出雲国風土記』の音仮名にはやや古層の使用法がうかがえ、それが地方性として表出している一面を看取することができよう。

おわりに

『出雲国風土記』の文辞は一見まとまりがないようにも見えるが、さまざまな局面で表記上の原則が見受けられる。また、奈良時代中期の出雲という地方の表記の様相を見せてくれる点でも貴重な資料である。そのためにも、厳密な校訂・訓読が今後も求められよう。

註

(1) 後述の「蘇島」の例を見ると、「志」も音仮名シとして常用的なものであるから、「志山」をシヤマと読む可能性も留保されよう。

(2) 神社名と地名との限定詞には共通したものが数多く見える。この点で、秋鹿郡の「安心高野」の「安心」は「阿之牟社」のアシムかもしれない。仮にそうだとすれば、「安《あし》心《むの》　高野《たかの》」となり、「安」「心」はそれぞれ略音仮名・二合仮名に当たる。また、写本には「阿浜理社」(神門郡)というヒに「浜」を用いた用例も見える。しかし、「浜」は音仮名として用いるのはきわめて異例で、これは延喜式神名帳に「阿須利神社」と見えることから、「須」が「濱」(「浜」の旧字)に誤写されたものと見るべきである。

(3) 万葉仮名「里」にちなむものとして、「乃利斯社《のりし》」(楯縫郡)に少し触れておく。この社名は延喜式神名帳に「能呂志神社」と対応するようで、『出雲国風土記』楯縫郡条には「能呂志《のろし》島・能呂志《のろし》浜」という例も見える。この点を案ずるに、おそらくノロシ(ノヤシロ)というのが本来の呼び名であって、「能里志」などというように、ロの万葉仮名に「里」が用いられていたと推測される。その「里」が新たに呉音リの万葉仮名となったため、編纂時にかけての段階で、「乃利斯社」というように書き改められた可能性が高いように思われる。

(4) ⑽は「加佐奈子《かさなし》社」(島根郡)のように音仮名シの例もあり、「久奈子」はクナシの可能性もある。ただ、「伊弉奈枳《いざなき》乃《の》麻《ま》奈子《なご》」(意宇郡)という音訓交用例も見えることから、しばらくクナゴと見ておく。

（5）「阿志毘縁山」（仁多郡）の「縁」は諸注釈でアシビエヤマと読まれているが、この万葉仮名は上代としては特異な字母となる。しかし、訓で読めば音訓交用の例ともなり、しかも適当な読み方が見当たらない。また、遺称地の「阿毘縁山」と近似する点で言っても、「縁」を万葉仮名用法と見るのがよいように思われる。「縁」は、韻鏡では外転第二十二合仙韻平声第四等韻喩母（および線韻去声）であり、n韻尾を捨象すればヤ行のエとなる。したがって、「阿《あ》志《し》毘《び》縁《え》」は〈足冷え〉の意となろう。これもエ段音の特異性に起因するものかもしれない。

（6）神社名ではないが、イ段音の万葉仮名として特異なものに「天津枳《き》値《ち》可《か》美《み》高日子命」「薦枕志《し》都《つ》沼《ぬ》値《ち》」（出雲郡）の「値」が挙げられる。記紀万葉には見えない用字である。

（7）延喜式神名帳に照らすと、諸写本に誤写かと思われる例がいくつかある。「斯保禰社」（意宇郡）は「志保美神社」とあることから、「弥（彌）」を「禰」に誤ったものかと見られる。したがって、「斯《し》保《ほ》弥《み》社」と校訂するのが適当であろう。「布吾禰社」（意宇郡）も「布吾弥神社」とあって、「弥（彌）」を「禰」に誤ったものかと見られる。「布《ふ》吾《ご》弥《み》社」と校訂するべきであろう。「加弖利社」（出雲郡）は「加毛利神社」と見えることから、「毛」が「氐（弖）」に誤写されたかと思われ、「加《か》毛《も》利《り》社」と校訂するのがよいように思われる。

（8）「兎」は『出雲国風土記』では「兎《う》原《はら》野」（大原郡）という正訓の用法が見える。ちなみに、大原郡には「宮《みや》津《つ》日《ひ》社」がみえるが、そのツヒと関係があるか。

第二節　『播磨国風土記』の音韻と表記

はじめに

『播磨国風土記』は、和銅六年（七一三）の官命が出された後、ほどなく撰述されたと考えられている。巻首を欠いているものの、平安時代後期の書写と見られる三条西家本が伝わっており、上代撰述風土記中最も信頼される本文を有している。ただ、これまでの本文校訂は恣意的になりがちであったように見受けられる。そこで、そのような恣意性を極力排し、上代語としての妥当な訓読を提供しようとして、佐藤信・矢嶋泉との共編で『播磨国風土記』（山川出版社、二〇〇五年）を編集した次第である。その共同作業の過程で校訂・訓読に関する事柄について思いついたことをいささか述べることにするが、本稿はあくまで私個人の考察によるものであって、文責はすべて筆者に帰すものである。

一　限定詞の表記

行政単位を表す「郡・里・村」、神社を示す「社」、地勢に関する「山・川・岡・井」などを後続させているものを含めて、ここでは地名表記と総称することにし、「賀古郡」「針間井」「美保山」を例にすると、「郡・井・山」という普通名詞は範疇詞、それに前接する、区別して呼ばれる要素である「賀古・針間・美保」を限定詞と呼ぶことにする。

地名は漢字二字で表記されることが一般的であるが、『出雲国風土記』(1)と同じく限定詞が一字の正訓であるものは次のように数多い。

○限定詞が一字の正訓である場合

［里］　私里《きさき》（餝磨郡）

［村］　館《たち》村（賀古郡）

［墓］　褶《ひれ》墓（賀古郡）

［山］　氷《ひ》山（揖保郡）　鼓《つづみ》山（揖保郡）

［川］　湯《ゆ》川（神前郡）

［谷］　奪谷《うばひ》（宍禾郡）　箕谷《み》（賀毛郡）
［野］　会野《あひ》（飾磨郡）
［岡］　日岡《ひ》（賀古郡）　船丘《ふな》（飾磨郡）
［島］　雀島《すずめ》（揖保郡）　家島《いへ》（揖保郡）
［潮］　林潮《はやし》（賀古郡）　継潮《つぎ》（飾磨郡）

これら限定詞が一字の訓による場合は、範疇詞とともに訓で二字表記となって、地名二字表記に準じるものとなる。また、限定詞が音仮名による場合、『出雲国風土記』のように音仮名の一音節表記に引き音相当の要素を表記するという方式は見当たらない。

○限定詞が一音節の音仮名による

佐岡《さ》（揖保郡）

右が唯一のもので、これは『出雲国風土記』にも唯一「蘇島」とあった類である。このように、出雲・播磨の両風土記を通して見ても、限定詞の音仮名一字表記はきわめて稀であることがわかる。これは、範疇詞が訓読みであることから、限定詞を音仮名一字で表記すれば、地名の漢字二字表記が形式上、音訓交用になってしまうことを避けたからに他ならない。このため、一音節語の限定詞は、普通には前記のような「湯川」「氷山」「日岡」などという訓によるのが好ましいことになる。

一方、『播磨国風土記』では、限定詞表記が三字の万葉仮名によるものがかなり見られる。

美奈志川《みなし》（揖保郡　→无水川《みなし》）　宇須伎津《うすき》（揖保郡）　宇波良村《うはら》（宍禾郡　→表戸《うはと》）　比良美村《ひらみ》（宍禾郡　→褶村《ひらび》）
伊奈加川《いなか》（宍禾郡）　阿和賀山《あわか》（宍禾郡）　伊加麻川《いかま》（宍禾郡）　阿多加野《あたか》（託賀郡）　伎須美野《きすみ》（賀毛郡）

その地名起源説話の後に、「美奈志川」では「无水川」、「宇波良村」は「表戸」、「比良美村」は「褶村」と書き換えている場合もある。また、「雲箇《うるか》里」（宍禾郡）では逆に「宇留加」と言うと記しているように、新しくは二字に書き換えられたことをうかがわせるものもあるが、右のような三字表記が見えることから、まだ正式には二字に書き改められていなかったものが『播磨国風土記』編纂時では存在していたように思われる。特に村名という行政単位を除く、津・川・山・野などの名については書き換えないものが少なくないことを見れば、まだ十分には二字表記が徹底されていなかったことを物語っていよう。

二　有韻尾字の用法

『播磨国風土記』には、音仮名で母音連続となるような表記が次のように見える。

◎異なる母音の連接

［a—o］　賀意理多《かおりた》之谷（賀古郡）

この「賀意理」は「香降《かお》り」というような意味であろうか。いずれにしても、「かをり」ではないということを明示するための万葉仮名表記かと見られる。

一方、訓による表記に母音の連続となる例が見える。

①同一母音の連続における後続母音の脱落

［a—a］　粟粟里《あはは》（賀古郡）　川合里《かはひ》（賀毛郡）

［i—i］　上生石《おひし》大夫（飾磨郡）　八千軍《やちくさ》野（神前郡）

②異なる母音の連続における後続母音の脱落

［a—i］　石海里《いはみ》（揖保郡）

「o—u」　大内《おほち》駅家（揖保郡）

③異なる母音の連続における前接母音の脱落

［a—u］　河内《かふち》国（讃容郡）　河内《かふち》里（賀毛郡）

［o—u］　大海《おふみ》山（託賀郡）　淡海《あふみ》（美嚢郡）

「i—a」　宍禾《しさは》郡（宍禾郡）

ちなみに、次のような例は脱落のないものである。

［o—a］　大羅《おほあみ》野（託賀郡）

このほか、同一または類似の音節連続における音節脱落の例としては次のものがある。

穴无《あなし》神（餝磨郡）

このような表記は中央の状況と全く変わりがない。

さて、『播磨国風土記』の地名表記には二合仮名の用法が相当広く見られる。

【二合仮名】

◎m韻尾　品太《ほむだ》天皇（賀毛郡）　含藝《かむき》里（印南郡）　談奈《たまな》志《し》・淡奈《たまな》志《し》（揖保郡）　当麻《たぎま》品遅《ほむち》部《べ》（賀毛郡）

志深《しじみ》里（賀毛郡・美嚢郡、濁音）

「含藝《かむき》」（印南郡）は播磨国風土記の記述では「瓶落」に地名の起源を求めているが、音韻から見て元来は「瓶酒《かめき》」であった可能性がある。ただし、編纂当時に「含藝」がカメキの表記であれば、わざわざカメオチなどと関連づける必要はなかったであろうから、奈良時代ではカメキからカムキに音韻変化していたかと見られる。ちなみに、「含」

は呉音ガム、漢音カムであり、漢音によるものであろう。このような語頭の清濁に関してみれば、「談奈志《たまなし》・淡奈志《たまなし》」（揖保郡）の「談」は呉音ダム、漢音タムであるから、これも漢音によるものであろう（「淡」は呉音・漢音ともタム）。これに対して、「志深《しじみ》」（賀毛郡）の「深」は呉音ジム、漢音シムであって、ここでは呉音によるものと見てよい。ちなみに、「信深貝《しじみかひ》」（美嚢郡）は「信」の連合仮名の用法による濁音の明示である。

◎n韻尾　安師里《あなし》（飾磨郡・宍禾郡）　新羅訓村《しらくに》（飾磨郡）　讃藝国《さぬき》・讃伎国《さぬき》（飾磨郡）　丹波《たには》（託賀郡）

「雲潤《うるみ》」（賀毛郡）は「潤」だけでウルム・ウルミと読むことができるが、ここで「雲」を敢えて用いているのは二字全体でウルミと読めせるための、語頭が「ウル」で始まることを示す「迎え仮名」としての用法であると見てよかろう。n韻尾がラ行音に用いられるのは「雲潤」以外にも次のような例がある。

（n→r）　雲箇里《うるか》（宍禾郡）　播磨《はりま》（美嚢郡）

◎ŋ韻尾　望理里《まがり》（賀古郡）　英保村《あがほ》（飾磨郡）　英馬野《あがま》（飾磨郡）　香山里《かぐやま》（揖保郡）　当麻品遅部《たぎまほむちべ》（賀毛郡）

安相里《あさご》（飾磨郡）　阿相郡《あさご》（神前郡、但馬の地名）　美嚢郡《みなぎ》（賀毛郡）

◎p韻尾　鴨波里《あはは》（賀古郡）　邑智駅家《おほち》（揖保郡）　揖保郡《いひぼ》（揖保郡）　邑由胡《おほゆこ》（讃容郡）　邑曰野《おほわち》（神前郡）

法太里《はふだ》（託賀郡）

「法太」（託賀郡）は「匐田《はふだ》」と関連づけており、「法」は漢音ハフに由来するものである（呉音はホフ）。

◎t韻尾　邑曰野《おほわち》（神前郡）　因達《いだて》（飾磨郡）

このほか、t韻尾をラ行音に用いた例も見られる。

（t→r）　宇達郡《うたり》（揖保郡）

ただし、「讃伎国」の地名である。

◎k韻尾　筑紫《つくし》（印南郡）　飾磨《しかま》郡（飾磨郡）　麻跡《まさき》里（飾磨郡）　阿竺《あつき》村（揖保郡）　佐伯《さへき》部（神前郡）

「阿竺」（揖保郡）は諸注釈書では「阿笠」とするが、「其れ胸の中熱《あつ》し」とあるのを見れば、その「熱し」の連体形アツキに地名起源を求めるのが自然であろう。したがって、「笠」は「竺」の誤写と見る。(2) ちなみに、もう一つの地名起源の記事でも「集まる」のアツと関係づけていると認められる。「竺」は呉音ヂク、漢音チクで、ここでは清音の使用であることから、漢音によるものかと見られる。ちなみに、「麻跡」（飾磨郡）の「跡《さき》」は呉音シャクによるものである。

以上、「邑曰野《おほわち》」（神前郡）のように二合仮名どうしで四音節が書き表される場合もあって、二合仮名の用法は地名表記にとって重要なものであったと言える。

次に、連合仮名であるが、これも撥韻尾と、t韻尾を除く入声韻尾に見られる。

[連合仮名]

◎m韻尾→バ行（濁音表示）　南毘都麻《なびつま》（賀古郡）
◎n韻尾→ナ行　印南《いなみ》郡（印南郡）　雲濃《うの》里（讃容郡）
　→ダ行（濁音表示）　因達《いだて》（飾磨郡）
〔→ザ行（濁音表示）　信深貝《しじみ》（美嚢郡）〕
◎ŋ韻尾→ガ行（濁音表示）　英賀《あが》里（飾磨郡）
◎p韻尾→ハ行　邑宝《おほ》里（讃容郡）
◎k韻尾→カ行　益気《やけ》里（印南郡）　託賀《たか》郡（託賀郡）

撥韻尾はそれぞれ濁音の表示に機能していて、ガザダバ行のすべてにわたっていることが注意される。これらに比して、略音仮名の用法はかなり少ない。

［略音仮名］

◎n韻尾　安相里《あさご》（飾磨郡）　讃容郡《さよ》・讃用都比売命《さよつひめ》（讃容郡）　雲弥《うみ》（賀毛郡）

◎ŋ韻尾　雲濃里《うの》（讃容郡）

「邑宝里《おほ》」（讃容郡）のような副母音を省略する例を除くと、略音仮名は入声韻尾には見られず、撥音便に限られている。また、「雲弥《うみ》」（賀毛郡、「雲潤里《うるみ》」を導くもとの名）はマ行に続く鼻音表示と見ることもできるかもしれないが、これは「雲潤」に基づく用字の「雲」をウに当てた臨時的な用字であって、n韻尾の省略は本来的なものではない。このように、略音仮名が少ないことは、逆に言えば、『播磨国風土記』では漢字の韻尾にかなりの配慮が見られ、不要な韻尾は省略すればよいという単純な判断がなされるというものではなかったことを物語っていよう。

ちなみに、音節を挿入させるものに次のような例がある。

積幡郡《しさは》（飾磨郡）

「積」は〈蓄え〉の意で、呉音・漢音ともシであり、一方「幡」はハであるから、サは挿入音として補読されることになる。

三　特異な万葉仮名字母

『播磨国風土記』所用の音仮名は次のとおりである（乙類を「／」に続けて示す）。

阿安　伊貽　宇有　意於

賀加可箇　藝伎岐支／貴　久　奚／気　古／許巨挙起

我		具		胡
佐	志師	須酒条宗	勢	蘇／曾
射	自	受		
多太	智知	都	弖代	刀／等
太駝	治	頭都		
奈那	爾		禰尼	弩努怒濃／乃
波	比鼻	布富	閉	保報宝菩布富
	毘備	夫		
麻磨	美弥眉／尾	牟武	売／米	毛
也夜		由		用／与
良	理	留	礼	漏／呂
和	為		恵	乎袁

この中には、万葉仮名としては珍しい字母も見える。

「貽」貽《い》和《わ》里（飾磨郡）

「貽」は宍禾郡には「伊和里」とも見えるが、他の上代文献には例がない。「伊和」の変字法によるものであろうが、〈物を与える〉という好字に基づくものであろうか。

「起」起《こ》勢《せ》里（賀毛郡）

「起」は呉音漢音ともキであるが、形声符「己」に照らせば、コは古音に由来するかと見られる。あるいは、呉音コである「己」に増画した可能性も考えられる。いずれにしても他に類例がない。

「挙」　葦原志《し》挙《こ》乎《を》命（揖保郡）

「挙」は『日本書紀』には歌謡及び訓注に用いられているが、その他には稀である。これも漢音系の新しい万葉仮名に従ったものかもしれない。

「宗」　宗《す》々《が》我《す》々《が》志《し》（揖保郡）　宗《す》我《が》富《ふ》（揖保郡）

「宗」は『古事記』に「針間阿《あ》宗《そ》君」「宗《そ》賀《が》倉王」などというように、ソ甲類として用いられている。しかし、『播磨国風土記』では「菅生」の地名起源の別伝として「宗我富」とあるところから、この「宗」はスと見るべきである。「宗」をスの音仮名として用いる例は他に類例がない。しかし、『万葉集』巻二十の防人歌の「志留波乃伊宗等」(4324)は普通シルハノイソトと読まれているが、同じ歌にカヨフ（ヨは甲類）をカユフとした例があり、これから見ると、オ段甲類音がウ段音と対応するのであれば、むしろ「伊宗」はイス（磯《いそ》のこと、ソは甲類）の表記と見るべき可能性が高い。このことから、「宗」はスの音仮名として用いられることが地方性用字として存したとも考えられる。

「条」　条《す》布《ふ》里（賀毛郡）

「条」は正字「條」が「修」に通じて用いられたもので、呉音シュに基づきスの音仮名となる。したがって、あるいは「修」に本文を校訂した方がわかりやすかったかもしれないが、しばらく原文の字体を生かした。いずれに校訂するにせよ、他に用例が見えない。

「駝」　多《た》駝《だ》里（神前郡）

「駝」は上代文献には他に例がない。

「投」　山投《やまと》（美嚢郡）

右はヤマト（大和）を表す表記で、この「投」を音仮名用法と見れば、音訓交用表記となる。「投」は韻鏡では内転第三十七舌音全濁平声一等韻（小韻字「頭」）で、呉音ヅ、漢音トゥであり、同じ舌音全清上声一等韻の「斗」から見て、ト甲類音相当かと見られる。しかし、〈大和〉のトは乙類であるから、この「投」の音仮名としての表記には音韻的に疑問が残る。

そこで、『播磨国風土記』における音訓交用表記について、少し見ておくことにする。まず人名・神名では、「大《おほ》帯《たらし》比《ひ》古《こ》天皇」（揖保郡）などのように、より大きな構成要素ごとに音と訓が交えられていたり、「大帯日《ひ》古《こ》天皇」（印南郡）「大帯日《ひ》売《め》命」（揖保郡）などのようにヒコ・ヒメという形態素ごとに音訓交用されていたりする例がある他は、次のとおりである。

◎活用語尾相当　玉帯志《たらし》比古大稲女（美嚢郡）　玉帯志《たらし》比売豊稲女（美嚢郡）　八戸挂須《かかす》御諸命（美嚢郡）

◎接頭語　小保弖《こほて》（揖保郡）

◎形容詞語幹　小比古尼《すくなひこね》命（神前郡）　阿遅須伎高比古尼《たかひこね》命（神前郡）

宇知賀久牟豊富《とよほ》命（神前郡、「豊穂命」とも）

いずれも接辞的な要素に交用されていると見て取れる。次に地名であるが、「城牟礼《きむれ》山」（神前郡）のように大きな構成要素に分けられるもの以外では、「兎寸村」（讃容郡）、「英馬《あがま》野・我馬《あがま》野」（飾磨郡）および「安師《あなし》・穴師《あなし》」（飾磨郡。宍禾郡にも「安師里」が見える）が問題となろう。「英馬野・我馬野」および「安師・穴師」では「馬《ま》」「師《し》」はそれぞれ音訓が同音の両用仮名であって、いずれの場合でも音訓交用ではないと意識されていたように思われる。「兎寸」は前節（二九三〜四頁）でも述べたように、トノキという音訓交用ではなく、いずれも訓仮名でウキと読むべきである。このように、一語の地名のなかに音訓を交えるものは稀である。したがって、右の「山投」は音訓交用表記ではなく、訓主体の歌謡表記に用いられた修辞的な表記として借訓である可能性が高い。観智院本『類聚名義抄』には「トラフ」「トル」という訓が見えることから、あるいは「投」をトルの語幹であるト乙[3]類に用いた特殊な訓仮名と見るのが穏当のように思われる。

「弩」　弩《の》都《つ》比売（餝磨郡）　土師弩美《のみ》宿禰（揖保郡）

「弩」はノ甲類で、『万葉集』巻八にも見られるが、使用の稀な万葉仮名である。讃容郡では「有怒」「宇努」というように字形のやや異なる万葉仮名が使用されている。郡別に所用の万葉仮名に違いがあったことを想定させる。

「報」　伊射報和《いざほわ》気《け》命（美嚢郡）

「報」は古事記・万葉集には見えず、日本書紀に例があるだけである。このことから、漢音系の音仮名と見てよかろう。

「布」　布理許《ほりこ》（神前郡）

「布」は漢音ホによるもので、他には日本書紀に例が見えるだけである。

「眉」　賀眉《かみ》里（託賀郡）

「眉」はミ甲類の万葉仮名で、上代文献には他に例がない。美嚢郡には「伊等尾《いとみ》」という表記が見え、この「尾」はミ乙類ではあるが、あるいはこの字形から示唆されて、「眉」が万葉仮名として用いられたのかもしれない。

また、古音を用いた万葉仮名は「乃」「支」のほか、「富」がある。

与富等《よほと》（揖保郡）　宇知賀久牟《うちかくむ》豊富《とよほ》命（神前郡）

この「富」は「宗我富《すがふ》」（揖保郡）、「阿富《あふ》山」（託賀郡）のようにフにも用いられている。

清音として用いられたもので注意すべきものを次に示す。

「太」　都《つ》太《た》岐《き》（託賀郡）

「太」は呉音漢音ともタイであるが、上代では一般にダに用いられることが多い。ただ、「大」（呉音ダイ、漢音タイ）と通用して用いられることから、この「太」の清音用法は漢音の影響によるものかと見られる。

「代」　伊《い》太《だ》代《て》（飾磨郡）

右の表記は「因達」のことであるから、「代」が清音テであることは動かない。『万葉集』には「足《あ》利《ど》思《も》代《ひて》」（巻九1718）、「山《やま》越《こし》置《おき》代《て》」（巻十一2698）など清音の、「朝《あさ》井《ゐ》代《で》爾《に》」（巻十1823）に濁音の訓仮名用法が見える一方、「伊《い》隠《かくる》万《ま》代《で》」（巻一17）などに濁音の音仮名と見られる用法もある。この「伊太代」は音訓交用とは認められず、「代」は音仮名テ（清音）の扱いであると見るべきである。したがって、『播磨国風土記』では訓仮名テ（訓仮名では言うまでもなく清音仮名である）の用法を念頭に置きつつ、漢音タイ（呉音ダイ）に基づき音仮名として清音に用いたと考えられる。

「鼻」　田又利君鼻《ひ》留《る》（飾磨郡）

「鼻」は呉音ビ、漢音ヒであり、これは漢音によるものであろう。

以上、音仮名の使用を見ると、「含藝里」（印南郡）、「法太里」（託賀郡）などの二合仮名の用法でも触れたように、『播磨国風土記』は全体として音仮名では漢音の影響がかなり見られるという特徴を認めてよかろう。それは奈良時代の養老四年（七二〇）十二月癸卯（二十五日）条の、漢音を奨励する詔勅などと関係があるかもしれず、霊亀・養老頃の漢字音のあり方を考える上で一つの手がかりを与えるもののように思われる。

他方、訓仮名における特徴では、その清濁との関係があげられる。「安《あ》相《さご》里」（飾磨郡）は本の名を「沙《いさ》部《ご》」と言うと記されており、また「相」は喉内撥韻尾字であることから、「安相」はアサゴの表記であることは確実である。そして、その地名起源である「但馬国の朝来の人」の「朝来」はアサゴと見るべきであろう。また、香《かぐ》山《やま》里（揖保郡）

の本の名は「鹿来墓」とあって、「香」が喉内撥韻尾字であることから、「鹿来」はカグとなる。すなわち、「来」はグの訓仮名となって、飾磨郡・揖保郡にわたって「来」が濁音仮名として用いられていることが注意される。また、逆に「比古汝茅《なむち》」（印南郡）の「茅」は清音チを表す、いわば送り仮名的な用法であると認められる。

四　掲出表記と地名起源説話中の表記

『播磨国風土記』では被注字として掲出された表記と、その地名起源説話の最後に「故、〜と曰ふ（号く）」などと記す場合の表記とが異なることがかなり多い。

【掲出表記】	【故〜と曰ふ（号く）】	【所在】	（分類）
鴨波里	粟粟里	賀古郡	③
益気里（宅）	宅村	印南郡	③
麻跡里	目割	飾磨郡	③
賀野里	加野	飾磨郡	④
新羅訓	新良訓	飾磨郡	④
英馬野	我馬野	飾磨郡	③
安師里	穴師	飾磨郡	③
阿比野	会野	飾磨郡	③
皇子代	子代村	揖保郡	②
菅生	宗我富（一云）	揖保郡	①

談奈志	淡奈志	揖保郡（④）
邑智駅家	大内	揖保郡（③）
握村（旧名）	都可	揖保郡（①）
意比川	圧川	揖保郡（③）
御立阜	御立岡	揖保郡（②）
大家里	大宅里（後改名）	揖保郡（②）
美奈志川	无水川	揖保郡（③）
讃容郡	五月夜郡	讃容郡（③）
邑宝里	大村	讃容郡（③）
中川里（仲川）	仲川	讃容郡（②）
雲濃里	有怒	讃容郡（④）
宇波良村	表戸	宍禾郡（③）
比良美村	褶村	宍禾郡（③）
酒加里（本名）	須加	宍禾郡（④）
阿和賀山	阿和加山	宍禾郡（④）
伊加麻川	烏賊間川	宍禾郡（③）
雲箇里	宇留加	宍禾郡（④）
御方里	御形	宍禾郡（②）

波自加寸	波自賀村	神前郡（④）
託賀郡（託加）	託賀郡	託賀郡（④）
都多支	都太岐	託賀郡（④）
阿多加野	阿多賀野	託賀郡（④）
法太里	匐田	託賀郡（③）
楢原里	柞原	賀毛郡（②）
猪養野（猪飼野）	猪飼野	賀毛郡（②）

これを、字音表記と字訓表記で両者の関係をまとめると次のようになる。

①掲出字の訓表記を「〜と曰ふ」などでは音表記とする　……　二例
②掲出字の訓表記を「〜と曰ふ」などでは別の訓表記とする……　七例
③掲出字の音表記を「〜と曰ふ」などでは訓表記とする　……一五例
④掲出字の音表記を「〜と曰ふ」などでは別の音表記とする……一一例

③が最も多いが、このことは、単なる表音表記の地名を、その意味を訓でわかりやすく示そうという意図があったことを示すもののように思われる。地名起源説話の最後に示されるということからも意味表示との関係が強いことは確かであり、地名の由来を記すことを求められた和銅の官命からも首肯できるところである。次に多いのが音表記を別の音表記とする④であるが、これは「加→賀」が三例、「賀→加」が二例で、増画・省画ともに「加」「賀」に関するものに限られている。このほか、「雲濃」を「有怒」、「酒加」を「須加」などとするのは、読みをわかりやすくするためかと見られる。ただ、訓表記を別の訓表記とするという③から見ても、表記を変えるという楽しみもあったかと

見られる。その立場から見ると、由来を示す説話中の表記とは別の表記（好字）を地名に用いることも肯けよう。

阿賀比古《あが》・阿賀比売　→　英賀里《あが》（飾磨郡）

讃伎国弥濃郡《みの》　→　美濃里《みの》（飾磨郡）

おわりに

最後に『播磨国風土記』の表記上の特徴について付言しておくことにする。

まず、その特異な字順について触れておく。

山使村在於神前山（神前郡）

右は「山使村の神前山に在《いま》しき」という表現であるから、本来は「在於山使村神前山」とあるべきである。連体修飾語が動詞を飛び越えて被修飾語にかかるという特異な表記となっている。もう一つ、地名表記で訓に対して漢字が逆転している場合がある。

引船山《ふなひき》（讃容郡。後には「故、船引と曰ふ」ともある）

前神山《かむさき》（神前郡。その直前には「神前山」とある）

これらは、あるいは書写（もしくは編集）の際に誤った可能性が高いように思われる。

上代に漢語がどれほど用いられていたかはあまり明らかにしがたいのであるが、『播磨国風土記』には漢語を万葉仮名表記した確実な例がある。

伊師《いし》（讃容郡）

この地名起源は「川の底、床の如し」とあり、「床」とは「呉床子」のことで、「椅子」の字音イシと読まれるのである。すなわち、「椅子」という漢語が地方でも使われていたことは確実である。きわめて貴重な一例と言えよう。

註

（1）第五章第一節を参照されたい。

（2）共同作業で校訂・訓読する過程で、「阿笠」と校訂するのは、音訓交用になるため採用せず、三条西家本の字体（「竹」冠に「ユ」のような字）に最も近い「竺」の誤写であろうと考えた。その「阿竺」をアツキと読むことが「熱《あつ》し」「集《あつ》まる」という地名起源説話とも整合すると見た。このような原本に沿った検討の結果とは別に、「阿竺」と校訂すべきであるという説は大野透『萬葉仮名の研究』（明治書院、一九六二年、五二七頁）にすでに見えることが本稿を執筆している過程でわかった。そこでは「竺」はツクと読まれているようであるが、改めて氏に敬意を表しておきたい。

（3）上代特殊仮名遣いでは、トラフ（捉）のトは乙類で、トル（取）に関しては甲乙が混乱しているが、ト乙類と見ることに問題はない。

第三節　古代の地名表記——上代撰述風土記を中心に——

はじめに

日本語の音節を表記した万葉仮名は、もともと中国語の音節構造に対応するものであるから、その用法は決して単純ではない。そのため、閉音節の言語である中国語の漢字を用いて、開音節である日本語を書き表す場合、つとに春日政治『仮名発達史の研究』（一九三三年）による、次のような音仮名用法の分類が知られている。

A　全音仮名　無韻尾で一音節表記するもの

例：多可々々尓《たかたかに》（『万葉集』4107）

B　略音仮名　字音の韻尾を省いたもの

例：木間従文《このまゆも》（『万葉集』134、「文」はn韻尾をもつが、そのnを省いている）

C　連合仮名　字音の韻尾を後続音節の頭子音によって解消するもの

例：獲居《わけ》（稲荷山古墳鉄剣銘、「獲」の韻尾kは後続の「居」の頭子音kと同じ）

D　二合仮名　字音の韻尾に母音を添えて二音節相当にするもの

例：妹見監鴨《いもみけむかも》（『万葉集』134、「監」の韻尾mにuを添えて、韻尾を音節化する）

音仮名の用法で、韻尾を省略する略音仮名は決して多くない。仮名の字源となるものでは「安」「散」「寸」「天」「仁」「八」「末」「遠」がこれに相当するが、その多くは全音仮名である。そして、「監」のような二合仮名は固有名の表記、とりわけ地名の表記に利用されることが多い。

相楽《さがらか》　相模《さがみ》　平群《へぐり》　信楽《しがらき》　信濃《しなの》　群馬《くるま》

（「楽」k韻尾　「相」ŋ韻尾　「信・群」n韻尾）

	入声韻尾	撥韻尾
唇内	-p「挿」	-m「三」
舌内	-t「察」	-n「山」
喉内	-k「作」	-ng「相」

	副母音
開音	-i「愛」
合音	-u「高」

それは、『続日本紀』和銅六年（七一三）五月甲子条の官命に端的に示されているように、漢字二字で地名を書き表す

ことを原則としたことから、三音節以上の固有名の場合、一字の漢字で二音節を表すことがどうしても不可避であったからである。たとえば、サガミは「佐加三」「左我美」などと書くこともできるが、それでは三字になってしまうことから、サガという二音節を、ŋ韻尾を利用して「相」で表したのである。ちなみに、中古音における韻尾には前頁表のようなものがあったことを付記しておく（なお、本稿では、「保」などのu韻尾字は全音仮名として扱う場合がある）。

一　『地名字音転用例』に見える古代地名表記の原則

このような、漢字音が地名の表記においてさまざまに用いられている例に、初めて体系的に取り組んだのが本居宣長である。宣長は『地名字音転用例』（寛政十二年〈一八〇〇〉刊）を著し、地名表記で字音の韻尾をどのように取り扱っているかを分類した。この書は日本漢字音の研究の先駆けの一つでもあった。

そこで、『地名字音転用例』の分類を次に示す（括弧内の説明は私に施したもの）。

①ウノ韻ヲカノ行ノ音ニ転ジ用ヒタル例　「相模《さがみ》」「当麻《たぎま》」（ŋ韻尾をガ行音とする）
②ンノ韻ヲマノ行ノ音ニ通用シタル例　「安曇《あづみ》」「印南《いなみ》」（m韻尾をマ行音とする）
③ンノ韻ヲナノ行ノ音ニ通用シタル例　「信濃《しなの》」「讃岐《さぬき》」（n韻尾をナ行音とする）
④ンノ韻ヲラノ行ノ音ニ転ジ用ヒタル例　「播磨《はりま》」「駿河《するが》」（n韻尾をラ行音とする）
⑤入声フノ韻ヲ同行ノ音ニ通用シタル例　「揖保《いひぼ》」「雑賀《さひが》」（p韻尾をハ行音とする）
⑥入声ツノ韻ヲ同行ノ音ニ通用シタル例　「設楽《しだら》」「秩父《ちちぶ》」（t韻尾をタ行音とする）
⑦入声キノ韻ヲ同行ノ音ニ通用シタル例　「葛飾《かつしか》」「安積《あさか》」（k韻尾をカ行音とする）
⑧入声クノ韻ヲ同行ノ音ニ通用シタル例　「伯太《はかた》」「色麻《しかま》」（k韻尾をカ行音とする）

⑨イノ韻ヲヤノ行ノ音ニ通用シタル例　「拝志《はやし》」「愛智《あゆち》」（i韻尾をヤ行音とする）
⑩アノ行ノ音同行通用セル例　「愛智《えち》」「愛宕《あたご》」
⑪カノ行ノ音同行通用セル例　「菊池《くくち》」「忽美《くたみ》」
⑫サノ行ノ音同行通用セル例　「設楽《しだら》」「安宿《あすかべ》」
⑬タノ行ノ音同行通用セル例　「筑紫《つくし》」「綴喜《つつき》」
⑭ナノ行ノ音同行通用セル例　「寧楽《なら》」
⑮ハノ行ノ音同行通用セル例　「佐伯《さへき》」「阿拝《あへ》」
⑯マノ行ノ音同行通用セル例　「相模《さがみ》」「各務《かがみ》」
⑰ヤノ行ノ音同行通用セル例　「塩冶《やむや》」「勇礼《いくれ》」
⑱ラノ行ノ音同行通用セル例　「等力《とどろき》」
⑲雑ノ転用　（下記参照）
⑳韻ノ音ノ字ヲ添ヘタル例　「紀伊《き》」「斐伊《ひ》」
㉑字ヲ省ケル例　（下記参照）

以上、①から⑨は韻尾を音節化した例で、二合仮名（上記D）に相当する。このような用法を仮に「転用の第一則」としよう。⑩から⑱は同じ行の音節を表したものであるから、母音の相通という「転用の第二則」としておく。また、⑳は一音節の地名を二字で表すために、第一字目の母音と同じような音を有する文字を第二字目に添えたものであるが、これを漢字表記の側から見ると、第二字目の音節そのものが第一字目の末尾に解消されたものとして扱うことができる。したがって、万葉仮名の用法としては連合仮名の変種と見るのが穏当であり、これを広く省略と見て「転用の第三則」と称しておく。

次に⑲「雑ノ転用」については、これを私に分類し直すと次のようになる。

(1)ウノ韻ヲワノ行ノ音ニ通用シタル例「早良《さわら》」「考羅《かわら》」（u韻尾をワ行音とする。⑨に準ずるもの）

(2)同ジ調音点ニヨリ通用シタル例〔頭子音の例〕（鼻音　n→m）「任那《みまな》」

〔韻尾の例〕（破裂音k→p）「伯耆《ははき》」

（唇音　p→m）「宇納《うなみ》」

(3)近似ノ調音点ニヨリ通用シタル例　p（Φ）→wo「賀集《かしを》」

ŋ（鼻音）→nd（鼻濁音）「等力《とどろき》」

(4)類音ノ連続ニヨル省略　(ア)音節の省略「大伯《おほく》」（オホハク→オホク）

(イ)母音連続の回避「新益《にひき》」（ニヒエキ→ニヒキ）

(5)意味ト類音ニヨル例「対馬《つしま》」（i→si「対」つまり二つの島という意味を込める）

(6)反切法ニヨル例　ri→rowi「物理《もとろゐ》」（宣長の説による）

【読みを正すべき除外例】漆沼……シツヌの誤り　各羅……カカラの誤り　鳳至……フゲシの誤り

志筑……シツキの誤りか　甲知……カフチの誤りか

(6)は特殊ではあるが、『肥前国風土記』に「牂戨島《かし》」から「杵島《き》」を説明する例があることから見て、kasi→kiとは逆の、ri→rowiいう類推もありうるであろう。wは実際にはuであることから、あるいは聞こえの小さい母音へ[oui]と漸弱していく三重母音を連想した技巧的な表記と見ることも可能かもしれない。

次に、㉑についても、改めて分類し直すと、①に分類できる例として「英太《あがた》」があるが、その他に次のような例がある。

(2)同ジ調音点ニヨリ通用シタル例　（舌音　n→d）「但馬《たぢま》」「丹比《たぢひ》」

(3)近似ノ調音点ニヨリ通用シタル例　（鼻音　ŋ→m）「養訓《やまくに》」

（鼻音　n→ŋ）「信楽《しがらき》」

(7)音節ヲ添加シタル例　（語中の添加）「美作《みまさか》」「挙母《ころも》」

（語末の添加）「安宿《あすかべ》」「安八《あはちま》」「知夫《ちぶり》」「都賀《つがは》」

上記に含めなかったものに「武蔵《むざし》」（ŋ→si）、「登米《とよめ》」（ŋ→yo、注：この地名はもとトヨマという）がある。これは(7)に準じてそれぞれシ・ヨを添加したとも考えられるが、それでは喉内撥韻尾を全く無視することになる。そこで、調音点の上でその差異は大きいものの、ŋ韻尾がある種の音節の代用音として機能していると仮定して、とりあえずは(3)に準じるものとして扱っておく。

以上の(1)から(7)のうち、(1)は前記の「転用の第一則」に含まれ、(2)(3)は音の相通によるものとして一括することができ、「転用の第二則」に含められよう。これらは前記の⑩から⑱が母音の相通であるのに対して、(2)(3)は子音の相通ということになる。

一方、(4)は音節の省略であり、冒頭に記した略音仮名もしくは連合仮名の用法である。このような省略（解消）は「転用の第三則」に含めることができる。宣長はあえて挙げてはいないが、もちろん「安藝《あき》」の「安」のように韻尾の省略も見られる。

他方、(5)〜(7)は何らかの音の添加という点で共通する。(5)は副母音に対する子音の添加による音節化であり、(6)ははなはだ特殊であるが、「r ow i」という音節中に挿入された例と見ることができ、また(7)は音節の添加である。先に、仮に「転用の第一則」とした韻尾の音節化（二合仮名）も結局は母音の添加である点から見ると、大きく添加を「転用の第一則」として捉えなおし、(5)〜(7)もこれに含めるのがよかろう。

このように、地名における特殊な表記法については、大きく、添加・相通・省略という三つの原則を挙げることができる。これをまとめると、次のようになろう。

○転用の第一則［添加］
(a)韻尾に対する母音の添加（「相模《さがみ》」）
(b)副母音における子音の添加（「対馬《つしま》」）
(c)音節中における音挿入（「物理《もとろゐ》」）
(d)音節の添加（「美作《みまさか》」）
○転用の第二則［相通］
(a)母音の相通（「筑紫《つくし》」）
(b)頭子音の相通（「任那《みまな》」）
(c)韻尾の相通（「武蔵《むざし》」）
○転用の第三則［省略］
(a)後続母音音節の省略［解消］（「紀伊《き》」）
(b)母音の省略（「新益《にひき》」）
(c)韻尾の省略（「安藝《あき》」）
(d)二合仮名の冒頭音節の省略（「大伯《おほく》」）

なかでも、韻尾の巧みな利用は多様な表記を生み出す源泉でもある。そこで、奈良時代の地名表記が実際にどのように行われていたか、それを俯瞰してみることで、このような韻尾を中心とした転用の例をさらに具体的に考察したいと思う。

二　出雲国風土記の地名表記

まず『出雲国風土記』（以下『出雲』と略す）に見える郡・郷・駅・神戸の地名表記七二例（ただし、重複している地名は除く）を音節数によって整理すると、次のとおりである。

一音節地名（一例）

Ⅱ　音仮名によるもの（一例）　斐伊《ひ》郷

二音節地名（二三例）

Ⅰ　訓によるもの（四例）　沼田《ぬた》郷　野城《のき》駅家　八野《やの》郷　三津《みつ》郷

Ⅱ　音仮名によるもの（一九例）

○全音仮名（一六例）　意宇《おう》郡　母理《もり》郷　賀茂《かも》神戸　美保《みほ》郷　加賀《かか》郷　多太《ただ》郷　伊努《いの》郷　宇賀《うか》郷　古志《こし》郷　多伎《たき》郷　多禰《たね》郷　須佐《すさ》郷　波多《はた》郷　仁多《にた》郡　布勢《ふせ》郷　佐世《させ》郷

○略音仮名（三例）　伊農《いの》郷　佐香《さか》郷　阿用《あよ》郷

三音節地名（三三例）

Ⅰ　訓によるもの（二六例）　屋代《やしろ》郷　安来《やすき》郷　舎人《とねり》郷　宍道《ししぢ》郷　忌部《いむべ》神戸　島根《しまね》郡　手染《たしみ》郷　生馬《いくま》郷　千酌《ちくみ》駅家　秋鹿《あきか》郡　大野《おほの》郷　出雲《いづも》郡　河内《かふち》郷　杵築《きづき》郷　神戸《かむべ》郷　神門《かむと》郡　日置《ひおき》郷　滑狭《なめさ》郷　狭結《さゆふ》駅　三屋《みとや》郷　飯石《いひし》

郷　来島《きじま》郷　横田《よこた》郷　屋裏《やぬち》郷　海潮《うしほ》郷　来次《きすき》郷

Ⅱ　音仮名によるもの（六例）

○二合仮名（六例）　拝志《はやし》郷　法吉《ほほき》郷　恵曇《ゑとも》郷　玖潭《くたみ》郷　美談《みたみ》郷　塩冶《やむや》郷

Ⅲ　音訓交用（一例）（有韻尾の利用）　漆沼《しつぬ》郷

四音節地名（一五例）

Ⅰ　訓によるもの（一五例）山国《やまくに》郷　飯梨《いひなし》郷　大草《おほくさ》郷　山代《やましろ》郷　楯縫《たてぬひ》郡　山口《やまくち》郷　朝酌《あさくみ》郷　方結《かたゆひ》郷　健部《たけるべ》郷

朝山《あさやま》郷　高峯《たかきし》郷　熊谷《くまたに》郷　三処《みところ》郷　大原《おほはら》郡　神原《かむはら》郷

好字二字で地名を表記することが求められたために、その地名の音節数によって表記の傾向が異なることがわかる。

○一音節地名は、音仮名に、その母音に相当する音仮名を添える。

○二音節地名は二字の訓で書かれることは少なく、八割以上が音仮名によるものである。しかも全音仮名の割合が高く、略音仮名の例はわずかである。

○三音節地名は訓によるものが八割近くある。ただし、訓で書きがたいような場合は二合仮名が用いられている。

○四音節地名は訓によっている。

三・四音節地名では訓によるものが多くを占めるが、これは表意文字である漢字によって地名の由来を明らかにしようとする意識に基づくものであろう。ただし、二合仮名の例も少なくないということは、古代における漢字音の知識とその受容のあり方を考える上で興味深い。さらに、Ⅲの音訓交用も非常に珍しいものである。木簡などに地名表記として「高志《たかし》」（徳島市観音寺遺跡出土木簡、六六〇年頃）、「与野《よの》」（小松市那谷金比羅山窯跡出土平瓶刻書、七世紀中葉）などの例が知られているが、その数は必ずしも多くない。

次に、『出雲』の、字を改めたと記された表記二八例について、その傾向を見ると、次のようになる。

一音節地名（一例）

Ⅱ　音仮名による（一例）

訓→全音仮名　樋《ひ》→斐伊

二音節地名（一〇例）

Ⅰ　訓による（一例）

全音仮名→訓　努多《ぬた》→沼田

Ⅱ　音仮名による（九例）

全音仮名→全音仮名　加々《かか》→加賀　布世《ふせ》→布勢

全音仮名→略音仮名　伊努《いの》→伊農

略音仮名→全音仮名　文理《もり》→母理　伊農《いの》→伊努　多吉《たき》→多伎

略音仮名→略音仮名　阿欲《あよ》→阿用

訓→全音仮名　鴨《かも》→賀茂　種《たね》→多禰

三音節地名（一五例）

Ⅰ　訓による（九例）

訓　→　訓　社《やしろ》・矢代《やしろ》→屋代　寸付《きづき》→杵築　矢内《やぬち》→屋裏　得塩《うしほ》→海潮

二合仮名→訓　南佐《なめさ》→滑狭　最邑《さよふ》→狭結《さゆふ》

全音仮名→訓　伊鼻志《いびし》→飯石《いひし》

音訓交用→訓　三刀矢《みとや》→三屋　支自真《きじま》→来島

Ⅱ　音仮名による（六例）

二合仮名→二合仮名　忽美《くたみ》→玖潭

訓→二合仮名　林《はやし》→拝志　止屋《やむや》→塩冶

音訓交用→二合仮名　三太三《みたみ》→美談　恵伴《ゑとも》→恵曇

音訓交用→音訓交用（二合仮名）　志刀沼《しつぬ》→漆沼

四音節地名（二例）

Ⅰ　訓による（二例）

訓　→　訓　飯成《いひなし》・云成《いひなし》→飯梨　高岸《たかきし》→高峯

まず、三音節地名に見られるように、音訓交用を避けようとする姿勢が顕著である。また、二音節地名に現れているように、略音仮名を全音仮名に改めて、できるだけ韻尾の省略を避けようとする傾向も読みとれる。これらの改字は、漢字の知識が向上したことによるのであろう。なるべく正訓字で書こうとする態度も見受けられるが、その一方で、三音節地名では二合仮名が多用されていることも注目される。すなわち、韻尾を巧みに利用しようというものである。

三　播磨国風土記の地名表記

次に、『播磨国風土記』（以下『播磨』と略す）の地名表記についても見ておくことにする。郡・里・村の二字表記例（二一〇例）を次に示す。

二音節地名（二四例）

Ⅰ　訓によるもの（四例）　狭野《さの》村　御井《みゐ》村　矢田《やた》村　三重《みへ》里

Ⅱ　音仮名によるもの（二〇例）

○全音仮名（一五例）　賀古《かこ》郡　伊和《いわ》里　賀野《かや》里　巨智《こち》里　美濃《みの》里　佐々《ささ》村　伊都《いつ》村　比治《ひぢ》里　波加《はか》村　多駝《ただ》里　賀眉《かみ》里　都麻《つま》里　賀毛《かも》郡　条布《すふ》里　起勢《こせ》里

○略音仮名（一例）　讃容《さよ》郡

○連合仮名（四例）　益気《やけ》里　英賀《あが》里　邑宝《おほ》里　雲濃《うの》里

三音節地名（五六例）

Ⅰ　訓によるもの（三八例）　酒屋《さかや》村　贄田《にへた》村　宮田《みやた》村　長田《ながた》里　駅家《うまや》里　六継《むつぎ》里　漢部《あやべ》里　菅生《すがふ》里　手苅《てがり》村　枚《ひら》野《の》里　大野《おほの》里　少川《をがは》里　高瀬《たかせ》村　栗栖《くるす》里　越部《こしべ》里　大田《おほた》里　石海《いはみ》里　少宅《をやけ》里　出水《いづみ》里　速湍《はやせ》里　宍禾《しさは》郡　川音《かはと》村　庭音《にはと》村　高家《たかや》里　土間《ひぢま》村　御方《みかた》里　荒田《あらた》村　黒田《くろだ》里　玉野《たまの》村　山田《やまだ》里　端鹿《はしか》里　穂積《ほづみ》里　河内《かふち》里　川合《かはひ》里　御宅《みやけ》村　吉川《よかは》里　枚野《ひらの》里　高野《たかの》里

Ⅱ　音仮名によるもの（一七例）

○二合仮名（一四例）　望理《まがり》里　鴨波《あはは》里　含藝《かむき》里　飾磨《しかま》郡　麻跡《まさき》里　英保《あがほ》里　揖保《いひぼ》郡　阿竺《あつき》村　邑智《おほち》駅家　安師《あなし》里　雲箇《うるか》里　法太《はふだ》里　美嚢《みなぎ》郡　志深《しじみ》里

○略音仮名（一例）　安相《あさご》里

○連合仮名（二例）　印南《いなみ》郡　因達《いだて》里

Ⅲ　音訓交用（一例）　雲潤《うるみ》里

四音節地名（二七例）

	音節	訓	音	音訓	計
出雲国風土記	一音節		1		1
	二音節	4	19		23
	三音節	26	6	1	33
	四音節	15			15
播磨国風土記	二音節	4	20		24
	三音節	38	17	1	56
	四音節	26		1	27
	五音節	3			3

Ⅰ　訓によるもの（二六例）　高宮《たかみや》村　大国《おほくに》里　韓室《からむろ》里　長畝《ながうね》村　豊国《とよくに》村　上岡《かみをか》里　林田《はやしだ》里　広山《ひろやま》里　麻打《あさうち》里　枚方《ひらかた》里　大家《おほやけ》里　浦上《うらかみ》里　荻原《をぎはら》里　桑原《くははら》里　塩沼《しほぬま》村　柏野《かしはの》里　敷草《しきくさ》村　神前《かむさき》郡　聖岡《はにをか》里　川辺《かはのへ》里　高岡《たかをか》里　蔭山《かげやま》里　的部《いくはべ》里　上鴨《かみかも》里　下鴨《しもかも》里　楢原《ならはら》里

Ⅲ　音訓交用（一例）　香山《かぐやま》里

五音節地名（三例）

Ⅰ　訓によるもの（三例）　柏原《かしははら》里　中川《なかつかは》里　石作《いしつくり》里

上記引用の二つの風土記における音節別・用法別の用例数を右表に図示する。

この両者は音節別に見て、極めてよく似た傾向を示している。したがって、先に述べた傾向は古代の地名表記に広く当てはまるもののように思われる。そしてまた、日本語の表記に巧みに韻尾が用いられていることに改めて驚嘆せざるを得ない。その端的な例が次の表記である。

狭結駅。郡家同処。古志国佐与布云人、来居之。故云最邑。〈神亀三年、改字狭結也。其所以来居者、説如古志

郷也。〉（『出雲国風土記』神門郡狭結駅）

これは次のように訓読すべきものと思われる。

狭結駅《さゆふのうまや》。郡家《ぐんけ》と同《おな》じき処《ところ》なり。古志国《こしのくに》の佐与布《さよふ》と云《い》ふ人《ひと》、来《き》て居《す》みき。故《かれ》、最邑《さよふ》と云ふ。〈神亀三年《じんくゐさむねん》、字《まな》を狭結《さゆふ》と改《あらた》む。其《そ》の来《き》て居《す》みし所以《ゆゑ》は、説《と》くこと古志郷《こしのさと》の如《ごと》し。〉

この例についてはすでに触れたことがあるが、地名「最邑」の起源を「佐与布」という人名から説明するもので、サイ（最）の韻尾（副母音）iがヤ行子音となり、後続するオフ（邑）の母音oと結合して、全体でサヨフとなったものと理解される（第三章第一節参照）。このような、字音の韻尾が頭子音となり、後続音節の母音と結合する用法を、「結合仮名」と名付けることにしたが、これを前述の転用の原則に照らすと、副母音iとヤ行子音yとの相通ということになろう。

四　『常陸国風土記』『豊後国風土記』『肥前国風土記』の地名表記

さらに『常陸国風土記』『豊後国風土記』『肥前国風土記』（それぞれ『常陸』『豊後』『肥前』と略す）の順に同じ分類で見ていくことにする。まず、『常陸』では、一字表記の「田《た》里」「浜《はま》里」、また三字表記の「伊《い》多《た》久《く》之郷」「布《ふ》都《つ》奈《な》之村」などの類を除く、郡・里・村（邑）・駅家の二字表記を次に示す。

二音節地名（八例）

Ⅰ　訓によるもの（一例）　小《を》田《た》里

Ⅱ　音仮名によるもの（七例）

○全音仮名（四例）　曾《そ》尼《ね》村　藝《き》都《つ》里　久《く》慈《じ》郡　多《た》珂《か》郷

○略音仮名（一例）　之万《しま》里

○連合仮名（二例）　信太《しだ》郡　薩津《さつ》里

三音節地名（一九例）

Ⅰ　訓によるもの（一六例）　笠間《かさま》村　雄栗《をぐり》村　高来《たかく》里　雄高《をたか》里　麻生《あさふ》里　香澄《かすみ》里　板来《いたく》村　相鹿《あふか》里　大生《おほふ》里　香《か》島《しま》郡　軽野《かるの》里　河内《かふち》里　静織《しとり》里　太田《おほた》郷　飽田《あきた》村　藻島《めしま》駅家　吉前《えさき》之邑

Ⅱ　音仮名によるもの（三例）

○二合仮名（二例）　筑波《つくは》郡　当麻《たぎま》郷

○連合仮名（一例）　密築《みつき》里

四音節地名（一〇例）

Ⅰ　訓によるもの（一〇例）　新治《にひばり》郡　乗浜《のりはま》里　浮島《うきしま》村　茨城《うばらき》郡　行方《なめかた》郡　安伐《やすきり》里　白鳥《しろとり》里　片岡《かたをか》村　大伴《おほとも》村　助《すけ》川《かは》駅家

五音節地名（一例）

Ⅰ　訓によるもの（一例）　道前《みちのくち》里

次に、『豊後』『肥前』についてそれぞれ郡・郷・駅を次に示す。

『豊後』二音節地名（八例）

Ⅰ　訓によるもの（四例）　日田《ひた》郡　海部《あま》郡　丹生《にふ》郷　穂門《ほと》郷

Ⅱ　音仮名によるもの（四例）

○全音仮名（四例）　球珠《くす》郡　佐尉《さゐ》郷　柚富《ゆふ》郷　伊美《いみ》郷

三音節地名（六例）

Ⅰ　訓によるもの（五例）　石井《いしゐ》郷　靫網《ゆけみ》郷　直入《なほり》郷　大野《おほの》郡　速見《はやみ》郡

Ⅱ　音仮名によるもの（一例）

○二合仮名（一例）　球覃《くたみ》郷

四音節地名（二例）

Ⅰ　訓によるもの（二例）　大分《おほきだ》郡　国埼《くにさき》郡

五音節地名（一例）

Ⅰ　訓によるもの（一例）　柏原《かしはばら》郷

『肥前』　一音節地名（一例）

Ⅱ　音仮名による（一例）　基肄《き》郷

二音節地名（一一例）

Ⅰ　訓によるもの（三例）　鳥樔《とす》郷　三根《みね》郡　小城《をき》郷

Ⅱ　音仮名によるもの（八例）

○全音仮名（五例）　米多《めた》郷　佐嘉《さか》郡　賀周《かす》郷　値嘉《ちか》郷　周賀《すか》郷

○略音仮名（三例）　養父《やぶ》郡　登望《とも》駅　能美《のみ》郷

三音節地名（一四例）

Ⅰ　訓によるもの（一二例）　狭山《さやま》郷　漢部《あやべ》郷　船帆《ふなほ》郷　蒲田《かまた》郷　宮処《みやこ》郷　松浦《まつら》郡　遇鹿《あふか》駅　杵島《きしま》郡　藤《ふぢ》

津《つ》郡　彼杵《そのき》郡　浮穴《うきな》郷　高来《たかく》郡

		訓	音	計
常陸国風土記	二音節	1	7	8
	三音節	16	3	19
	四音節	10		10
	五音節	1		1
豊後国風土記	二音節	4	4	8
	三音節	5	1	6
	四音節	2		2
	五音節	1		1
肥前国風土記	一音節		1	1
	二音節	3	8	11
	三音節	12	2	14
	四音節	3		3

Ⅱ　音仮名によるもの（二例）

○二合仮名（二例）　曰理《わたり》郷　託羅《たから》郷

四音節地名（三例）

Ⅰ　訓によるもの（三例）　姫社《ひめこそ》郷　物部《もののべ》郷　神埼《かむさき》郷

二音節では音仮名による表記が多く、三音節では訓による表記が多いという傾向は五つの風土記に共通するものである。また、二合仮名の例がいずれの風土記にも見られ、連合仮名も『播磨』以外にも『常陸』にあって、韻尾の利用には留意している点が確認できる。さらに、略音仮名の例について見ると、各風土記によって次のような傾向があることがわかる。

○第二字目のŋ韻尾が省略される（『出雲』二例）　佐香《さか》郷　阿用《あよ》郷

○第一字目のn韻尾が省略される（『播磨』二例）　安相《あさご》里　讃容《さよ》郡

○第二字目のn韻尾が省略される（『常陸』一例）　之万《しま》里

○第一字目のŋ韻尾が省略される（『肥前』三例）　養父《やぶ》郡　登望《とも》駅　能美《のみ》郷

特に、『肥前』では、省略されたŋ韻尾がすべてマ行・バ行に続くのも偶然でないのかもしれない。いずれにせよ、略音仮名の用法が舌内と喉内の撥韻尾に集中している点は注意されよう。

そこで、「託羅」（『肥前』）であるが、従来これをタラと読んできている。

勅曰、地勢雖少、食物豊足。可謂豊足村。今謂託羅郷、訛之也。（藤津郡）

諸注釈書とも、地名起源とする「豊足」をタラヒと訓読し、そこからタラの地名を説明しようとするが、本稿では「託羅」の「託」を二合仮名と見てタカラと読んでおいた。それは、「豊」字からユタカという同音による説明も可能であるとともに、上記のように入声韻尾の省略は上代撰述の風土記には全く見えないからでもある。かりにk韻尾を省略するのであれば、もとより無韻尾字の「多」などを用いたに違いない。すなわち、喉内入声字を用いたのは二合仮名で地名表記しようとしたからであって、この「託」はタカを表記したものと認めてよかろう。

このように、韻尾の扱いは決して恣意的であるとは言えず、むしろその利用に腐心していると見てよい。今後もさらに上代の地名表記について広く考察を及ぼしていきたいと思う。

〔テキストは沖森・佐藤信・矢嶋泉『出雲国風土記』『播磨国風土記』『常陸国風土記』『豊後国風土記・肥前国風土記』（いずれも山川出版社刊）を用いた。〕

あとがき

本書は前著『日本古代の表記と文体』(吉川弘文館、二〇〇〇年)に次ぐ、古代の文字表記に関する論文で構成したものである。筆者が日本語学研究への道を進み出した発端は、日本古代の漢字の用法に対する興味であった。本来中国語を書き表す文字がどのように日本語を記述しえたのか、また、そこにはどのような問題点があるのか、研究のいわば端緒に付いた頃の論文が本書第二部に収録した「所」および「有・在」に関するものである。これらは研究の出発点とでも言うべきもので、筆者にとって特別の思いがある。その後は少しずつ興味の範囲も広がっていったが、漢字の用法はつねに関心の対象であった。言語研究は文字資料だけによって行われるのではないが、古代日本語研究にとってはまずもって文字資料である。それが古代日本語のすがたをどのように映し出しているかを客観的に記述する作業が実証的な研究の基盤であると確信している。筆者がその如何ばかりを達成しているかは内心忸怩たるものもあるが、本書をさらなる究明への橋頭堡として今後も研究に邁進していきたいと思う。

ところで、本書は既発表の論文から成り立っている。そのため、一部において重複した記述があるが、それぞれの文章の流れから判断して敢えてもとのままにした部分もある。くどいようで宜しきを得ない感も否めないが、ご寛恕を願う次第である。次に、既発表の論文との関係を示しておく。

第一章　漢字の伝来と受容

第一節　漢字の受容　　同名論文(前田富祺・野村雅昭編『朝倉漢字講座1　漢字と日本語』朝倉書店、二〇〇五年三月）を補訂したもの。

第二節　鉄剣銘・木簡　同名論文（『國文學』第四八巻第一二号［特集・古代の環境］、二〇〇三年十二月）を補訂したもの。

第三節　古代東アジアにおける漢文の変容　同名論文（『口訣研究』第一五輯、口訣学会、二〇〇八年四月）を一部削除して補訂したもの。

第四節　漢文の受容と訓読　同名論文（平川南・沖森卓也・栄原永遠男編『文字と古代日本5　文字表現の獲得』吉川弘文館、二〇〇六年二月）を一部削除して補訂したもの。

第二章　上代文献の文字法

第一節　上代の文字法　同名論文（『立教大学日本文学』第五八号、立教大学日本文学会、一九八八年七月）を補訂したもの。

第二節　上代文献における「所」字　同名論文（『国語と国文学』第五五巻第三号、東京大学国語国文学会、一九七八年三月）を補訂したもの。

第三節　上代文献における「有・在」字　同名論文（『国語と国文学』第五六巻第六号、東京大学国語国文学会、一九七九年六月）を補訂したもの。

第四節　上代文献における否定の用字　同名論文（『松村明教授古稀記念　国語研究論集』明治書院、一九八六年十月）を補訂したもの。

第三章　万葉仮名論

第一節　万葉仮名　同名論文（前掲『文字と古代日本5　文字表現の獲得』）を補訂したもの。

第二節　訓仮名の成立　同名論文（『月刊　言語』第三三巻第八号、大修館書店、二〇〇四年八月）を補訂したもの。
第三節　『上宮聖徳法王帝説』の万葉仮名　同名論文（沖森卓也・佐藤信・矢嶋泉著『上宮聖徳法王帝説　注釈と研究』吉川弘文館、二〇〇五年三月）を補訂したもの。
第四節　言語資料としての歌経標式　同名論文（沖森卓也他著『歌経標式　注釈と研究』おうふう、一九九三年五月）を補訂したもの。

第四章　人麻呂歌集の表記

第一節　人麻呂歌集略体歌の表記の特性　同名論文（西條勉編『書くことの文学』笠間書院、二〇〇一年六月）を補訂したもの。
第二節　人麻呂歌集とその後の上代表記　同名論文（『国語と国文学』第七七巻第一一号、東京大学国語国文学会、二〇〇〇年十一月）を補訂したもの。
第三節　子音韻尾の音仮名について　同名論文（『鎌倉時代語研究』第二三輯、武蔵野書院、二〇〇〇年六月）を補訂したもの。

第五章　日本古代の地名表記

第一節　出雲国風土記の音韻と表記　同名論文（『築島裕博士傘寿記念　国語学論集』汲古書院、二〇〇五年十月）を補訂したもの。
第二節　播磨国風土記の音韻と表記　「播磨国風土記の表記と音韻」（『国文学踏査』第一八号、大正大学国文学会、二〇〇六年三月）を補訂したもの。
第三節　古代の地名表記　同名論文（『國學院雜誌』第一〇八巻第一一号、國學院大學、二〇〇七年十一月）を補訂したもの。

なお、本書第二部は東京大学に学位申請論文として提出した『日本上代の表記と文体に関する研究』の一部である。これまで多くの先生・先輩・友人から幾多の学恩を賜った。ことに、築島裕先生には学生時代より数々のご教示を賜った。矢嶋泉、佐藤信の両氏には資料の解読に際して視野の広がりを与えていただいた。ここに改めて深く謝意を表する次第である。

最後に、前著に引き続き出版を快く引き受けてくださった吉川弘文館、ならびに本書製作にご尽力いただいた編集工房トモリーオの高橋朋彦氏に心から御礼申しあげる。

二〇〇九年四月

沖　森　卓　也

索　　引

1　人名・書名・事項をまとめた総合索引として作成した。
2　事項は主要なもののみを示したもので、網羅的ではない。
3　万葉仮名や漢字の用法については、まとまった言及のある場合のみを対象とした。

あ　行

か　行

さ　行

た　行

な　行

は　行

ま　行

や　行

ら　行

わ　行

著者略歴

一九五二年　三重県に生まれる

一九七七年　東京大学大学院人文科学研究科修士課程修了

現在　立教大学文学部教授、博士(文学)

〔主要編著書〕

日本古代の表記と文体　日本語の誕生―古代の文字と表記　日本語史(編著)　上代木簡資料集成(共著)　延喜式祝詞総索引(編著)　文字と古代日本(共編)　出雲国風土記(共著)

日本古代の文字と表記

二〇〇九年(平成二十一)七月一日　第一刷発行

著　者　沖《おき》森《もり》卓《たく》也《や》

発行者　前田求恭

発行所　株式会社　吉川弘文館

郵便番号一一三―〇〇三三

東京都文京区本郷七丁目二番八号

電話〇三―三八一三―九一五一(代)

振替口座〇〇一〇〇―五―二四四番

http://www.yoshikawa-k.co.jp/

印刷＝株式会社 理想社

製本＝株式会社 ブックアート

装幀＝山崎　登

ISBN978-4-642-08523-6